Die Unabhängigkeit des Aufsichtsrats als aktienrechtliches Erfordernis
(AktG und DCGK)

Europäische Hochschulschriften
Publications Universitaires Européennes
European University Studies

Reihe II
Rechtswissenschaft

Série II Series II
Droit
Law

Bd./Vol. 4721

PETER LANG
Frankfurt am Main · Berlin · Bern · Bruxelles · New York · Oxford · Wien

Camilla Kehler

Die Unabhängigkeit des Aufsichtsrats als aktienrechtliches Erfordernis (AktG und DCGK)

PETER LANG
Internationaler Verlag der Wissenschaften

Bibliografische Information der Deutschen Nationalbibliothek
Die Deutsche Nationalbibliothek verzeichnet diese Publikation in der Deutschen Nationalbibliografie; detaillierte bibliografische Daten sind im Internet über <http://www.d-nb.de> abrufbar.

Zugl.: Mannheim, Univ., Diss., 2007

D 180
ISSN 0531-7312
ISBN 978-3-631-58139-1

www.peterlang.de

Meinen Eltern

Danksagung

Herzlicher Dank gilt meinem Doktorvater Herrn Prof. Dr. Carsten Schäfer für die Ermöglichung der Dissertation und Herrn Prof. Dr. Georg Bitter für die Erstellung des Zweitgutachtens.

Weiterhin möchte ich mich bei meinen Freunden Frau Nicola Heil, Herrn Kai Golücke und Frau Christiane Grimm für ihre Freundschaft und Unterstützung und ihre Hilfe bei der Korrektur der Arbeit bedanken.

Der größte Dank gilt meinen Eltern, die mich während der gesamten Zeit meiner Ausbildung in jeder Hinsicht gefördert und liebevoll unterstützt haben. Ihnen ist diese Arbeit gewidmet.

Frankfurt am Main, Februar 2008 Camilla Kehler

Inhaltsverzeichnis:

Abkürzungsverzeichnis XXI

Kapitel 1: Einführung 1

§ 1 Präsentation des Themas, Gang der Untersuchung 1

§ 2 Rechtliche Rahmenbedingungen für den Aufsichtsrat 5

I. Definitionsansätze/Quellen eines Unabhängigkeitsbegriffs 5

II. Konzeption des Aufsichtsrats als unabhängiges Organ 6

1. Wahrung des Unternehmensinteresses 6

2. Geschichte der Aktiengesellschaft 9

3. Zwischenergebnis - Konzeption der Aktiengesellschaft setzt ein gewisses Maß der Unabhängigkeit voraus 10

III. Schlussfolgerung - Unabhängigkeit als wesentlicher Faktor zur Sicherung der Aufsichtsratsfunktionen 11

IV. Versagen der Aufsichtsratskontrolle in der Praxis 11

V. Keine Gefährdung der Unabhängigkeit durch strukturelle Mängel in der Organisationsverfassung der AG 13

1. Betroffene Organisationsebenen 13

2. Keine mangelhafte Aufbauorganisation - Verhältnis der Organe zueinander 14

a. Aufgaben des Aufsichtsrats 14

b. Gesetzliche Reformen der Vorschriften für den Aufsichtsrat seit 1998 16

c. Zwischenergebnis - kein Defizit in der Aufbauorganisation 18

3. Ablauforganisation - keine mangelnden Kompetenzen des Aufsichtsrats 19

a. Umfassende Berichterstattung des Vorstands an den Aufsichtsrat 19

b. Einwirkung auf den Vorstand durch Erlass einer Geschäftsordnung 21

c. Zustimmungspflichtige Geschäfte 22

d. Abberufung von Mitgliedern des Vorstands 25

e. Einberufung der Hauptversammlung 26

f. Prüfung und Feststellung des Jahresabschlusses 26

g. Zwischenergebnis - ausreichende Eingriffsmöglichkeiten des Aufsichtsrats 28

4. Folgerung: Mängel auf Ebene der informellen Organisation 29

VI. Anderweitige Gefährdung der Funktionswahrnehmung durch Ausweitung der Beratungsfunktion 30

1. Inhalt der Beratungsaufgabe 30

2. Bedenken bezüglich der Beratungstätigkeit 32

a. Unvereinbarkeit von Kontrolle und Beratung durch eine Person 32

b. Unterschiedliche Interessenbindungen bei Kontrolle und Beratung 34

c. Vergleichbarkeit mit dem Beratungsverbot des Abschlussprüfers 34

d. Mitwirkung bei unternehmerischen Entscheidungen 36

e. Ausreichende Beratungskompetenz 36

f. Mangelnde Justiziabilität der Beratungshandlung 37

3. Zwischenergebnis - Zunehmende Beratungstätigkeit erfordert höhere Unabhängigkeit 37

VII. Hohe Unabhängigkeitsanforderungen in anderen Rechtsordnungen 37

1. Funktionsweise des monistischen Führungssystems 38

2. Regelungsgehalt des SOX und zugehöriger Verordnungen 40

3. Geltungsbereich 43

4. Zwischenergebnis - strenge Unabhängigkeitsanforderungen in den USA 45

Kapitel 2: Unabhängigkeit als aktienrechtliches Erfordernis 46

§ 1 Regelungen des Aktiengesetzes 46

I. § 105 AktG - Verbot gleichzeitiger Mitgliedschaft in Vorstand und Aufsichtsrat 46

II. § 100 Abs. 2 S. 1 AktG - persönliche Voraussetzungen für Aufsichtsratsmitglieder 47

1. § 100 Abs. 2 S. 1 Nr. 1 AktG - Höchstzahl an Mandaten 47

2. § 100 Abs. 2 S. 1 Nr. 2 AktG - Vertreter abhängiger Unternehmen 48

3. § 100 Abs. 2 S. 1 Nr. 3 AktG - Überkreuzverflechtung 49

4. Rechtsfolge bei Verstoß 50

5. Zwischenergebnis § 100 Abs. 2 AktG - Sanktion anderweitiger Interessenbindungen 50

III. §§ 114, 115 AktG - Verträge mit Aufsichtsratsmitgliedern, Kreditgewährung 51

1. § 114 AktG - Verträge mit Mitgliedern des Aufsichtsrats 51

a. Regelungsgehalt 52

b. Rechtsfolge 54

2. § 115 AktG - Kredite an Mitglieder des Aufsichtsrats 55

a. Regelungsgehalt 55

b. Veröffentlichungspflicht in Börsenverkaufs-prospekten 57

c. Rechtsfolge 57

3. Zwischenergebnis - Offenlegung und inhaltliche Kontrolle von Bindungen zum Vorstand 57

IV. Sonstige Bestimmungen mit Bezug zur Unabhängigkeit 57

1. §§ 116, 93 AktG 58

2. § 125 Abs. 1 S. 3 1. HS AktG sowie §§ 285 Nr. 10, 340a Abs. 4 Nr. 1 HGB 61

3. Zwischenergebnis - Sanktion von Pflichtverletzungen 61

V. Ergebnis - kein verallgemeinerungsfähiges Unabhängigkeitserfordernis im AktG 62

§ 2 Richtlinie 2006/43/EG 63

I. Art. 41 Richtlinie 2006/43/EG - Einrichtung eines Prüfungsausschusses mit einem unabhängigen Mitglied 63
1. Regelungsgehalt 64
2. Auslegung des Unabhängigkeitsbegriffs der Richtlinie 64
3. Betroffene Unternehmen und Anwendbarkeit der Vorgaben 64
II. Nationale Umsetzung - Referentenentwurf Bilanzmodernisiserungsgesetz (BilMoG) 65
§ 3 Ergebnis - künftig erweiterte Anforderungen an die Unabhängigkeit einzelner Mitglieder des Aufsichtsrats 67
Kapitel 3: Unabhängigkeit des Aufsichtsrats im DCGK 68
§ 1 Einführung in den DCGK 68
I. Entstehung des DCGK 68
II. Natur der Unabhängigkeitsempfehlung - keine Zwangswirkung 70
1. Wirkung von Empfehlungen 70
2. Tatsächlicher Anreiz zur Befolgung aufgrund von Rating 72
III. Untersuchungsprogramm 73
§ 2 Ziffer 5.4.2 DCGK - Begriff der Unabhängigkeit 74
I. Regelungen zur Unabhängigkeit 74
II. Abgrenzung zu Interessenkonflikten nach Ziffer 5.5 DCGK 76
III. Bezug auf börsennotierte Gesellschaften 77
IV. Ergebnis - Unabhängigkeitserfordernis aus DCGK 79
§ 3 Auslegung des Begriffs Unabhängigkeit anhand der Empfehlung 2005/162/EG 79
I. Initiative der Europäischen Union zur Corporate Governance 79
II. Weitergehende Regelungen zur Unabhängigkeit in der Empfehlung 2005/162/EG 81
III. Verhältnis der Empfehlung 2005/162/EG zu den Regelungen des DCGK und zur Besetzungspraxis in Deutschland 82

1. Rechtsnatur der Empfehlung 83
2. Auslegung des DCGK anhand der Empfehlung 85
3. Adressat der Empfehlung 2005/162/EG 86
IV. Ergebnis - Pflicht zur Auslegung gemäß der Empfehlung 2005/162/EG 87
§ 4 Regelbeispiele nach Anhang II der Empfehlung 2005/162/EG 87
I. Ehemaliges Vorstandsmitglied (Empfehlung 2005/162/EG, Anhang II 1. a)) 87
1. Inhalt und Regelungszweck 88
2. Relevanz für das deutsche Recht 89
3. Verhältnis zu DCGK 89
4. Ausfüllung von Lücken 91
a. Bezug zur Unabhängigkeit 91
b. Einfügung einer Karenzzeit 92
aa. Regelung für ehemalige Vorstandsmitglieder 92
bb. Karenzzeit für andere Regelbeispiele 93
c. Verbundene Unternehmen 94
5. Rechtspolitische Bewertung 95
a. Bestellungshindernis 95
b. Beirat 95
6. Zwischenergebnis 97
II. Arbeitnehmer (Empfehlung 2005/162/EG, Anhang II 1. b)) 97
1. Inhalt und Regelungszweck 97
2. Relevanz für das deutsche Recht 100
a. Besetzung des Aufsichtsrats 100
b. Mitbestimmungsrechtliche Regelungen 101
c. Befürchtete Pflichtverletzungen bei der Beteiligung von Arbeitnehmern im Aufsichtsrat der Gesellschaft 102
3. Verhältnis zu DCGK 103

4. Ausfüllung von Lücken. 103

5. Rechtspolitische Bewertung 103

6. Zwischenergebnis 104

III. Empfänger einer Vergütung in bedeutendem Umfang (Empfehlung 2005/162/EG, Anhang II 1 c)) 104

1. Überblick: Inhalt und Regelungszweck 104

2. Empfang einer erfolgsbezogenen Vergütung 106

a. Inhalt und Regelungszweck 106

b. Relevanz für das deutsche Recht 106

c. Verhältnis zu DCGK 108

d. Ausfüllung von Lücken 108

e. Rechtspolitische Bewertung 109

f. Zwischenergebnis 109

3. Beratungsverträge 109

a. Inhalt und Regelungszweck 109

b. Relevanz für das deutsche Recht 111

c. Verhältnis zu DCGK 111

d. Ausfüllung von Lücken 112

aa. Vergütung in bedeutendem Umfang, Erstreckung auf verbundene Unternehmen 112

bb. Aufnahme als Regelbeispiel 113

e. Rechtspolitische Bewertung 113

aa. Gesetzesänderung – Genehmigung durch die Hauptversammlung 113

bb. Verbot von Beraterverträgen bei Zeithonoraren für Aufsichtsratsmitglieder 114

f. Zwischenergebnis 115

4. Zusatz: Kreditgewährung 115

a. Inhalt und Regelungszweck der Sanktionierung von Organkrediten 116

b. Verhältnis zum deutschen Recht 117
c. Verhältnis zu DCGK 117
d. Ausgestaltung 118
aa. Aufnahme als Regelbeispiel/Angleichung der Veröffentlichungspflichten 118
bb. Differenzierung nach der Höhe des Kredits 118
e. Rechtspolitische Bewertung 119
f. Zwischenergebnis 119
IV. Vertreter eines Anteilseigners mit Kontrollbeteiligung (Empfehlung 2005/162/EG, Anhang II 1. d)) 119
1. Inhalt und Regelungszweck 119
2. Relevanz für das deutsche Recht 121
a. Kollision mit dem deutschen Konzernrecht 121
b. Ausgestaltung der Konzernleitung 123
c. Einwirkungsmöglichkeiten im faktischen Konzern 124
d. Zwischenergebnis: Billigung von Interessenkonflikten durch das Aktienrecht 125
aa. Umgang mit Interessenkonflikten 125
bb. Konzernspezifische Überwachungsmittel 127
cc. Mehrheitsbesitz ohne Konzernierung 129
e. Vergleich zu anderen Rechtsordnungen 131
3. Verhältnis zu DCGK 132
4. Rechtspolitische Bewertung 132
5. Zwischenergebnis 134
V. Geschäftsverhältnis in bedeutendem Umfang (Empfehlung 2005/162/EG, Anhang II 1. e)) 134
1. Inhalt und Regelungszweck 134
2. Relevanz für das deutsche Recht 135
3. Verhältnis zu DCGK 137
4. Ausfüllung von Lücken 137

a. Umfang des Geschäftsverhältnisses 138
b. Betroffene Personen 138
c. Karenzzeit 139
5. Rechtspolitische Bewertung 139
6. Zwischenergebnis 139
VI. Partner oder Angestellter des derzeitigen oder früheren externen Abschlussprüfers (Empfehlung 2005/162/EG, Anhang II 1. f)) 140
1. Inhalt und Regelungszweck 140
2. Relevanz für das deutsche Recht 140
a. Aktueller Abschlussprüfer 140
b. Ehemaliger Abschlussprüfer 141
3. Verhältnis zu DCGK 143
4. Ausfüllung von Lücken 143
5. Rechtspolitische Bewertung 144
a. Bestellungshindernis 144
b. Verbesserung durch externe Rotation 144
6. Zwischenergebnis 145
VII. Vorstandsmitglied einer anderen Gesellschaft, in der ein Vorstandsmitglied der Gesellschaft Aufsichtsratsmitglied ist (Empfehlung 2005/162/EG, Anhang II 1. g)) 145
1. Inhalt und Regelungszweck 145
2. Relevanz für das deutsche Recht 146
3. Verhältnis zu DCGK 147
4. Zwischenergebnis 147
VIII. Dauer der Mitgliedschaft übersteigt drei Amtszeiten (Empfehlung 2005/162/EG, Anhang II 1. h)) 147
1. Inhalt und Regelungszweck 147
2. Relevanz für das deutsche Recht 148
3. Verhältnis zu DCGK 148

4. Ausfüllung von Lücken 148
5. Rechtspolitische Bewertung 150
6. Zwischenergebnis 150
IX. Enge Familienangehörige eines Vorstandsmitglieds oder anderer als abhängig zu qualifizierender Personen (Empfehlung 2005/162/EG, Anhang II 1. i)) 150
1. Inhalt und Regelungszweck 150
2. Relevanz für das deutsche Recht 151
a. Regelungen des Aktiengesetzes - Vergleich mit der ZPO 151
b. Exkurs: Familienunternehmen 152
3. Verhältnis zu DCGK 153
4. Ausfüllung von Lücken 153
5. Rechtspolitische Bewertung 154
6. Zwischenergebnis 155
X. Zusatz: Organmitglieder von Wettbewerbern (Ziffer 5.4.2. S. 4 DCGK) 155
1. Inhalt und Regelungszweck von Ziffer 5.4.2 S. 4 DCGK 155
2. Gesetzliche Regelung 156
3. Ausfüllung von Lücken - rechtspolitische Bewertung 157
4. Zwischenergebnis 158
§ 5 Ergebnis: Erweiterte Definition der Unabhängigkeit 158
I. Auslegung anhand der Empfehlung 2005/162/EG 158
II. Möglichkeit der Abweichung 159
III. Anpassung der Definition des DCGK 159
IV. Aufnahme von Regelbeispielen 160
V. Bestellungshindernis für Organmitglieder von Wettbewerbern 160
§ 6 Adressaten des Unabhängigkeitserfordernisses 161

I. Ziffer 5.4.3 S. 2 DCGK - Beschränkung auf Vertreter der Anteilseigner 161

II. Notwendigkeit der Differenzierung nach der Position im Aufsichtsrat 161

1. Aufsichtsratsvorsitz 162

2. Vorsitzender und Mitglieder des Prüfungsausschusses 165

a. Einrichtung eines Prüfungsausschusses 165

b. Aufgaben 166

c. Besetzung und Größe 167

d. Ausschussvorsitzender 169

e. Vergleich mit dem Audit Committee im monistischen Leitungssystem 172

3. Stellung als „einfaches Aufsichtsratsmitglied" 173

4. Mitgliedschaft in anderen Ausschüssen 174

5. Zwischenergebnis - Unabhängigkeitserfordernis bei herausgehobenen Positionen 175

III. Unabhängigkeitserfordernis für die Mehrheit der Anteilseignervertreter 175

IV. Berücksichtigung des Unabhängigkeitserfordernisses im Wahlverfahren für Aufsichtsratsmitglieder 177

1. Wahl unabhängiger Mitglieder durch die Hauptversammlung 177

2. Vorbereitung eines Wahlvorschlags, Einschätzung der Unabhängigkeit 178

3. Besetzung der herausgehobenen Positionen innerhalb des Aufsichtsrats 180

4. Zwischenergebnis - Erweiterte Pflichten hinsichtlich der Ausgestaltung des Wahlvorschlags an die Hauptversammlung 180

V. Einfluss auf die Abgabe der Entsprechenserklärung nach § 161 AktG 180

VI. Ergebnis - Unabhängigkeitserfordernis für die Mehrheit der Anteilseignervertreter und bei der Besetzung herausgehobener Positionen 181

§ 7 Haftung bei Verletzung der Verpflichtungen nach § 161 AktG i. V. m. Ziffer 5.4.2 S. 1, 2 DCGK, §§ 116, 93 AktG 181

I. §§ 116, 93 AktG - Haftung des einzelnen Aufsichtsratsmitglieds 182

II. Ergebnis - höheres Haftungsrisiko für Aufsichtsratsmitglieder in herausgehobenen Positionen 184

§ 8 Anwendbarkeit der Empfehlungen zur Unabhängigkeit auf die SE 184

I. Aufgaben des Verwaltungsrats 185

II. Betroffene Personen 185

1. Geschäftsführende Direktoren keine Mitglieder des Verwaltungsrats 186

2. Geschäftsführende Direktoren als Mitglieder des Verwaltungsrats 186

a. Berücksichtigung der unternehmerischen Mitbestimmung 187

b. Ausreichende Anzahl unabhängiger Mitglieder 188

c. Bewertung 189

d. Verbesserung der Unabhängigkeit durch die Organisation des Gremiums 190

III. Ergebnis: eingeschränkte Anwendbarkeit des DCGK 190

Kapitel 4: Zusammenfassung und Ausblick 192

§ 1 Zusammenfassung 192

§ 2 Ausblick 195

Literaturverzeichnis 197

Abkürzungsverzeichnis

AktG 1937	Aktiengesetz von 1937
CEO	Chief Executive Officer
CFO	Chief Financial Officer
DCGK	Deutschen Corporate Governance Kodex
EGV	Vertrag zur Gründung der Europäischen Gemeinschaft
Exchange Act Rule	General rules and regulations promulgated under the Securities Exchange Act of 1934
Kodex-Kommission	Kodex-Kommission Corporate Governance
KonTraG	Gesetz zur Kontrolle und Transparenz im Unternehmensbereich
NYSE	New York Stock Exchange
NYSE Corporate Governance Rules	Final NYSE Corporate Governance Rules
Regierungskommission	Regierungskommission „Corporate Governance - Unternehmensführung - Unternehmenskontrolle - Modernisierung des Aktienrechts"
Sarbanes-Oxley Act	SOX
SE	Societas Europaea
Securities Exchange Act	Securities Exchange Act of 1934
SE-VO	Statut der Europäischen Gesellschaft (SE)
SEAG	SE-Ausführungsgesetz
SEBG	Gesetz über die Beteiligung der Arbeitnehmer in einer Europäischen Gesellschaft - (SE-Beteiligungsgesetz-SEBG)
SEC	Securities Exchange Commission
SEEG	Gesetzes zur Einführung der Europäischen Gesellschaft

Kapitel 1: Einführung

§ 1 Präsentation des Themas, Gang der Untersuchung

Der Begriff der Unabhängigkeit als persönliche Eigenschaft von Aufsichtsratsmitgliedern ist sowohl auf nationaler als auch auf internationaler Ebene Gegenstand rechtspolitischer Diskussion. Verknüpft ist die Debatte mit der grundsätzlichen Frage nach und mit Zweifeln an der Funktionsfähigkeit des Aufsichtsrats in der Aktiengesellschaft.[1] Der Aufsichtsrat ist zwingendes Organ der Aktiengesellschaft und nimmt primär für die Aktionäre die Überwachung der Geschäftsführung durch den Vorstand wahr (§ 111 Abs. 1 AktG), der gem. §§ 76, 77 AktG zur Geschäftsführung befugt ist. Er wird vom Aufsichtsrat bestellt (§ 84 Abs. 1 S. 1 AktG). Die Verwaltung der Aktiengesellschaft wird aus Vorstand und Aufsichtsrat gebildet (vgl. § 120 Abs. 2 S. 1 AktG). Die Hauptversammlung wählt die Anteilseignervertreter im Aufsichtsrat und beschließt über Strukturfragen der Gesellschaft; sie ist Empfänger der Rechenschaftslegung von Vorstand und Aufsichtsrat.

Da die Aufbringung von Eigenkapital über die Börse für Aktiengesellschaften an Relevanz gewinnt, nehmen die Bedeutung der dem Aufsichtsrat übertragenen Aufgaben und seiner Stellung als Überwachungsorgan und Treuhänder der Aktionäre an Gewicht zu. Der einzelne Aktionär hat aufgrund der Streuung des Kapitals in der Regel nicht die Einflussmöglichkeiten auf den Vorstand, um zu bewirken, dass dieser in seinem Sinne handelt.[2] Diese Situation wird als so genannter „Principal-agent"-Konflikt beschrieben.[3] Die Dispositionsbefugnis über die Unternehmenswerte obliegt dem Vorstand, während die Zurechnung des sich daraus ergebenden wirtschaftlichen Ertrags oder Verlusts beim Anteilseigner verbleibt.[4] Risiko und Geschäftsführung liegen im Gegensatz zur Situation bei geschäftsführenden Gesellschaftern anderer Gesellschaftsformen in unterschiedlichen Händen. Mit dem Ausgleich der aus der Trennung von Anteilsbesitz und Geschäftsführung resultierenden Probleme befasst sich die Debatte um verantwortungsbewusste Unternehmensführung („Corporate Governance"), deren Ergebnisse sich z. B. im Deutschen Corporate Governance Kodex (folgend: DCGK) oder der Empfehlung der Kommission vom 15. Februar 2005 zu den Aufgaben von nicht geschäftsfüh-

---

1 Fischer, AcP (154) 1955, S. 85 (111): „Die dem Aufsichtsrat zugedachte Überwachungsfunktion [...] wird zur Farce."; Bleicher, FS Siegwart, S. 47 (55); Schwalbach, AG 2004, S. 186 (186).

2 Vgl. Zimmermann/Wortmann, DB 2001, S. 289 (289).

3 Vgl. Behrens, FS Drobnig, S. 491 (494); Leyens, RabelsZ 2003, S. 57 (62).

4 Vgl. Behrens, FS Drobnig, S. 491 (494); Schäfer/Ott, S. 645.

renden Direktoren/Aufsichtsratsmitgliedern/börsennotierter Gesellschaften sowie zu den Ausschüssen des Verwaltungs-/Aufsichtsrats (2005/162/EG) (folgend: Empfehlung 2005/162/EG) niedergeschlagen haben.

Im Mittelpunkt der Diskussion stehen stets auch die Struktur und das Verhalten des Gremiums, das anstelle des einzelnen Anteilseigners die Überwachung der Geschäftsführung wahrnimmt, also hier des Aufsichtsrats. Zwar kann durch den Aufsichtsrat ein bestehendes Überwachungsdefizit am ehesten ausgeglichen werden,[5] jedoch treten zwischen die Anteilseigner und den Vorstand mit den Aufsichtsräten weitere, eventuell opportunistisch handelnde Personen, deren Handeln kontrolliert werden muss.

So war der Aufsichtsrat in den vergangenen Jahren Gegenstand gesetzlicher Reformbemühungen und intensiver Diskussionen. Es wurde bemängelt, dass er seiner gewachsenen Bedeutung nicht gerecht werde und keine funktionierende Überwachung der Vorstände gegeben sei. Durch eine Ausweitung der Kompetenzen des Aufsichtsrats und durch gesetzliche Konkretisierungen bereits bestehender Rechte und Pflichten wurde versucht, die Überwachungsleistung zu verbessern. Weiterhin wurde vorgeschlagen, die Tätigkeit grundsätzlich zu reformieren, bspw. durch die Ausgestaltung des Aufsichtsratsamts als Hauptamt[6] oder durch die Wahlmöglichkeit zwischen einem dualistischen und einem monistischen Führungssystem anglo-amerikanischer Prägung in der Aktiengesellschaft.[7] Neben diesen grundsätzlichen, organbezogenen Überlegungen rückte auch die Person des einzelnen Aufsichtsratsmitglieds in den Fokus der Betrachtung, sowohl in Bezug auf die dem einzelnen Mitglied zustehenden Kompetenzen als auch hinsichtlich der Anforderungen fachlicher und persönlicher Art, die an potentielle Aufsichtsratsmitglieder zu stellen sind. Zu den in diesem Rahmen geforderten Eigenschaften gehört die persönliche Unabhängigkeit einzelner Mitglieder als Voraussetzung der Unabhängigkeit des gesamten Organs. Die Unabhängigkeit in diesen Ausprägungen - als persönliche Eigenschaft sowie als Eigenschaft des Gesamtorgans - ist Thema der Arbeit.

Zur Ermittlung der Ausprägungen eines Unabhängigkeitserfordernisses sollen zunächst die Normen des Aktiengesetzes, die persönliche Anforderungen an Mitglieder des Aufsichtsrats stellen, einer Analyse dahingehend unterzogen werden, ob sich aus ihnen ein Unabhängigkeitserfordernis ergibt.

---

5 Vgl. Leyens, RabelsZ 2003, S. 57 (68).

6 Vgl. Roth/Wörle, ZGR 2004, S. 565 (629); Claussen/Bröcker, AG 2000, S. 481 (490); v. Rosen, BB 2000, Heft 35, 1. Seite.

7 v. Rosen, BB 2000, Heft 35, 1. Seite.

These ist, dass das Aktiengesetz *de lege lata* noch kein positives Unabhängigkeitserfordernis aufstellt. Einige Vorschriften des Aktiengesetzes, die persönliche Anforderungen an Aufsichtsräte formulieren (§§ 100 Abs. 2 S. 1, 105, 114, 115 AktG sowie §§ 116, 93 AktG), bezwecken zwar neben anderen Zielsetzungen die Trennung von Vorstand und Aufsichtsrat, sind aber nicht verallgemeinerbar zu einem allgemeinen Unabhängigkeitserfordernis.

Auf Grund der Richtlinie 2006/43/EG[8] ergibt sich jetzt für den deutschen Gesetzgeber die Verpflichtung festzulegen, dass mindestens ein Mitglied des Prüfungsausschusses und somit ein Mitglied des Aufsichtsrats unabhängig sein muss.

Daran schließt sich die Fragestellung an, ob sich aber zurzeit sich ein Unabhängigkeitserfordernis aus anderen Rechtsquellen ergeben kann. Auf untergesetzlicher Ebene empfiehlt der DCGK in Ziffer 5.4.1 S. 1, dass dem Aufsichtsrat eine ausreichende Anzahl unabhängiger Mitglieder angehören soll. Die Unabhängigkeitsempfehlung des DCGK stellt ein Erfordernis neuer Art dar. Die Rechtsfolge - die Erklärungspflicht im Rahmen des § 161 AktG - unterscheidet sich von bisher vorhandenen Mechanismen beim Vorliegen bestimmter persönlicher Eigenschaften, wie Stimmverboten, Bestellungshindernissen oder besondere Zustimmungserfordernissen.

Ziffer 5.4.2 S. 2 DCGK definiert die Unabhängigkeit des einzelnen Aufsichtsratsmitglieds und bestimmt, dass ein Aufsichtsratsmitglied als unabhängig anzusehen ist, wenn es in keiner geschäftlichen oder persönlichen Beziehung zu der Gesellschaft steht, die einen Interessenkonflikt begründet.

Davon ausgehend ist zu untersuchen, wie dieser Begriff der Unabhängigkeit im DCGK aufzufassen ist und wann ein Aufsichtsratsmitglied nach der vorgegebenen Definition als unabhängig anzusehen ist. Dabei ergibt sich, dass die Unabhängigkeit nach dem DCGK trotz ihrer rechtlichen Unverbindlichkeit anhand der Empfehlung 2005/162/EG auszulegen ist, da Ziffer 5.4.2 DCGK die Vorschläge des Europäischen Gesetzgebers teils umsetzt.

Insbesondere müssen in Bezug auf die persönliche Unabhängigkeit des einzelnen Aufsichtsratsmitglieds nach Ziffer 5.4.2 S. 2 DCGK die von der Empfehlung 2005/162/EG in Anhang II vorgeschlagenen abhängigkeitsindizierenden Regelbeispiele zur Auslegung herangezogen werden.

---

8 Richtlinie des Europäischen Parlaments und des Rates vom 17.05.2006 über Abschlussprüfungen von Jahresabschlüssen und konsolidierten Abschlüssen, zur Änderung der Richtlinien 78/660/EWG und 83/349/EWG des Rates und zur Aufhebung der Richtlinie 84/253/EWG des Rates 2006/43/EG (folgend: Richtlinie 2006/43/EG).

Ziel ist festzustellen, inwieweit diese Regelbeispiele auf das nationale Recht Anwendung finden können und inwieweit aufgrund nationaler Besonderheiten abgewichen werden kann oder muss. Bei Vorliegen eines zur Auslegung heranzuziehenden Regelbeispiels ist danach davon auszugehen, dass das Aufsichtsratsmitglied nicht als unabhängig anzusehen ist.

Nachdem damit die persönliche Unabhängigkeit des einzelnen Aufsichtsratsmitglieds untersucht und näher bestimmt wurde, wird im Folgenden die Frage beantwortet, wann das Gremium Aufsichtsrat als unabhängig angesehen werden kann. Dies betrifft die Anzahl unabhängiger Mitglieder im Aufsichtsrat. Prämisse ist, dass, damit der gesamte Aufsichtsrat unabhängig im Sinne von Ziffer 5.4.2 S. 1 DCGK ist, die Mehrheit seiner Mitglieder und im Fall eines mitbestimmten Aufsichtsrats die Mehrheit der Vertreter der Anteilseigner unabhängig sein muss. Weiterhin müssen aufgrund ihrer herausgehobenen Position und dem Gewicht der ihnen überantworteten Aufgaben der Aufsichtsratsvorsitzende und die Mehrheit der Mitglieder des Prüfungsausschusses einschließlich des Ausschussvorsitzenden unabhängig sein.

Um diesen Erfordernisses zu genügen, ist der Aufsichtsrat verpflichtet sicherzustellen, dass der Wahlvorschlag an die Hauptversammlung eine ausreichende Anzahl unabhängiger Mitglieder enthält. Er muss Beschluss fassen über die Unabhängigkeit des einzelnen Kandidaten und die ausreichende Anzahl. Diese Vorgehensweise muss jährlich zur Abgabe der Entsprechenserklärung gem. § 161 AktG wiederholt werden.

Aus der Auslegung anhand der Empfehlung 2005/162/EG ergeben sich Vorschläge an den Kodexgeber zur Anpassung des Kodizes. So sollte der Kodexgeber den DCGK um Regelbeispiele nach Vorbild von Anhang II der Empfehlung 2005/162/EG erweitern. Weiterhin muss die Empfehlung in Ziffer 5.4.2 S. 1 DCGK dahingehend angepasst werden, dass sich die Unabhängigkeit auch auf potentielle Interessenkonflikte erstreckt, da zur Verneinung der Unabhängigkeit bereits die Gefahr des Auftretens eines Interessenkonflikts aufgrund einer bestimmten Interessenbindung genügt.

Auf Rechtsfolgenseite stellt sich die Frage des Einflusses der Unabhängigkeitsempfehlung auf die Haftung der Mitglieder des Aufsichtsrats. Die Empfehlung des DCGK verändert die Haftung der Aufsichtsratsmitglieder nicht grundsätzlich. Auf Grund der Besetzung herausgehobener Positionen mit unabhängigen Mitgliedern kann sich das Haftungsrisiko für das unabhängige Aufsichtsratsmitglied aber im Gegensatz zu dem eines einfachen Aufsichtsratsmitglieds vergrößern.

Ergänzend soll untersucht werden, ob die Empfehlungen in Ziffer 5.4.2 DCGK auch auf die Societas Europaea unbeschränkt gelten können. Die Anwendung der Empfehlungen des DCGK auf den monistischen Verwaltungsrat einer mitbestimmten Europäischen Gesellschaft wirft bisher unbeantwortete Fragen auf. Eine paritätische Besetzung des Verwaltungsrats, dem nicht geschäftsführende und geschäftsführende Direktoren angehören, führt zu einem Übergewicht der Vertreter der Arbeitnehmer, so dass eine Einhaltung der Empfehlung Ziffer 5.4.2 S. 1 DCGK kaum erfüllbar erscheinen muss.

§ 2 Rechtliche Rahmenbedingungen für den Aufsichtsrat

Ziel der vorliegenden Arbeit ist, die Unabhängigkeit des Aufsichtsrats - bezogen auf das das einzelne Mitglied und das Organ - einer systematischen Betrachtung zu unterziehen. Prämisse ist, dass erhöhte Unabhängigkeitsanforderungen die Aufgabenwahrnehmung durch den Aufsichtsrat verbessern. Neben einer Bestimmung des Gehalts des Begriffs der Unabhängigkeit sollen die Rechtsfolgen eines Unabhängigkeitserfordernisses untersucht werden.

I. Definitionsansätze/Quellen eines Unabhängigkeitsbegriffs

Anlass zu einer systematischen Betrachtung der Unabhängigkeit von Aufsichtsräten gibt die Nennung des Begriffs in verschiedenen nationalen und internationalen Regelwerken, wie dem DCGK, Rechtsakten der Europäischen Union und dem Sarbanes-Oxley Act of 2002 (folgend: SOX).

Im Aktiengesetz selbst, das die Aufgaben des Aufsichtsrats und die persönlichen Anforderungen an seine Mitglieder regelt, findet sich der Begriff der Unabhängigkeit nicht. Empfohlen wird die Mitgliedschaft einer „ausreichenden Anzahl unabhängiger Aufsichtsratsmitglieder" in Ziffer 5.4.2 S. 1 DCGK. Eine Begriffsbestimmung enthält Ziffer 5.4.2 Satz 2 DCGK: Ein Aufsichtsratsmitglied ist als unabhängig anzusehen, wenn es in keiner geschäftlichen oder persönlichen Beziehung zu der Gesellschaft oder deren Vorstand steht, die einen Interessenkonflikt begründet.

Die Richtlinie 2006/43/EG nennt den Begriff der Unabhängigkeit ebenfalls in Art. 43 Abs. 1: „Mindestens ein Mitglied des Prüfungsausschusses muss unabhängig sein [...]", gibt aber keine weitergehende Definition vor. In Erwägungsgrund (24) der Richtlinie 2006/43/EG heißt es, dass sich die Mitgliedstaaten auf die Empfehlung 2005/162/EG berufen können, um die Anforderungen an ein unabhängiges Mitglied festzulegen.

Die Empfehlung 2005/162/EG definiert die Unabhängigkeit in Art. 13.1 wie folgt: Ein Mitglied der Unternehmensleitung gilt als unabhängig, wenn es in keiner geschäftlichen, familiären oder sonstigen Beziehung zu der Gesellschaft, ihrem Mehrheitsaktionär oder deren Geschäftsführung steht, die einen Interessenkonflikt begründet, der sein Urteilsvermögen beeinflussen könnte.

In den USA hat der SOX[9] die Unabhängigkeit von Mitgliedern des Audit Committee in Sec. 301 definiert und sieht ein Mitglied des Board of Directors als unabhängig an, wenn es keine zusätzliche Vergütung von der Gesellschaft oder einer verbundenen Gesellschaft erhält oder keine mit der Gesellschaft verbundene Person ist.[10]

Die vorliegende Arbeit greift für die Entwicklung eines Unabhängigkeitsbegriffs im ersten Schritt auf die Definition des DCGK zurück, da sie Anhaltspunkte für die Ausgestaltung eines möglicherweise bestehenden Unabhängigkeitserfordernisses bietet und mit der Definition der Empfehlung 2005/162/EG weitgehend übereinstimmt. Lediglich in Bezug auf die Beziehungen zu Anteilseignern trifft der DCGK keine Aussage, indem er allein geschäftliche und persönliche Beziehungen zu der Gesellschaft als abhängigkeitsauslösendes Moment nennt.

II. Konzeption des Aufsichtsrats als unabhängiges Organ

Der Aufsichtsrat darf nicht abhängig von einer bestimmten Interessengruppe handeln. Dies ergibt sich grundsätzlich aus seiner Stellung als Überwachungsorgan und seiner Bindung an das Unternehmensinteresse sowie seiner ursprünglichen Konzeption als Ersatz der staatlichen Aufsicht.

1. Wahrung des Unternehmensinteresses

Zentral für die Beschreibung der Tätigkeit des Aufsichtsrats ist, dass er mit der Überwachung der Geschäftsführung durch den Vorstand originäre Aufgaben der Anteilseigner wahrnimmt, die diese aufgrund der Streuung des Kapitals und den daraus resultierenden mangelnden Einflussmöglichkeiten sowie der Ferne zu dem Geschäft der Gesellschaft nicht ausüben können. Somit ist der Aufsichtsrat gewissermaßen Treuhänder der Interessen der Anteilseigner.[11] Diese Treuhandfunktion setzt voraus, dass er als Treuhänder unabhängig von der Leitungsgruppe, dem Vorstand, agiert.[12] Insoweit verpflichtet der treuhänderische Charakter des Aufsichtsratsamts das Gremium, seine Unabhängigkeit vom Vorstand zu wahren, was aber nicht zur Folge haben kann, dass den Interessen des Treuhänders automatisch der Vorrang eingeräumt werden

---

9 Siehe hierzu ausführlich Kapitel 1 § 2 VIII.

10 Sec. 301: In order to be considered to be independent [...] a member of an audit committee of an issuer may not, other than in his or her capacity as a member of the audit committee, the board of directors, or any other board committee – (i) accept any consulting, advisory, or other compensatory fee from the issuer; or (ii) be an affiliated person of the issuer or any subsidiary thereof.

11 Grundmann, S. 222; Mestmäcker, S. 80; Steinmann/Klaus, AG 1987, S. 29 (30).

12 Wiedemann, GesR Bd. 1, § 9 II 2 b).

darf. Der Aufsichtsrat soll dazu beitragen, Konflikte zu verhindern, die sich aufgrund möglicher Divergenzen der Interessen von Anteilseignern und Vorstand bzw. von anderen Interessengruppen ergeben können.[13] Nach dem Aktiengesetz soll der Aufsichtsrat die Kraft sein, die das Gleichgewicht zwischen den Eigentümerinteressen und dem Geschäfts- und Betriebsinteresse zu garantieren hat.[14]

Teils wird davon ausgegangen, dass der Aufsichtsrat in der Aktiengesellschaft die Rolle der Gesellschafterversammlung bei der GmbH übernimmt,[15] die die laufende Geschäftsführung der Gesellschaft durchführen kann und deren Kompetenzen vorrangig die Satzung und nicht das GmbHG regelt.[16] Hiergegen spricht die Struktur der Verfassung der Aktiengesellschaft: Zum einen besteht eine Versammlung der Anteilseigner in Form der Hauptversammlung, zum anderen ist der Aufsichtsrat kein dem Vorstand übergeordnetes, diesem gegenüber weisungsbefugtes Organ, vielmehr bestehen beide nebeneinander und nehmen unterschiedliche Aufgaben wahr.

Der Aufsichtsrat prüft im Rahmen seiner Überwachungstätigkeit zunächst die Rechtmäßigkeit der Handlungen des Vorstands.[17] Prüfungsmaßstab für den Aufsichtsrat sind nicht nur das Aktiengesetz und die Satzung der Gesellschaft, vielmehr ist er auch zur Überwachung der übrigen für Wirtschaftsunternehmen und ihre Repräsentanten relevanten Normen verpflichtet.[18]

Die Überprüfung der Rechtmäßigkeit umfasst die Einhaltung der Beachtung des Unternehmensinteresses durch den Vorstand bei der Erfüllung seiner Leitungsaufgaben.[19] Dem Vorstand steht bei seinen unternehmerischen Entscheidungen ein Ermessen zu, das vom Aufsichtsrat nur eingeschränkt überprüft werden kann.[20]

---

13 Siehe Leyens, RabelsZ 2003, S. 27 (68).

14 Vgl. Fischer, AcP (154) 1955, S. 85 (111).

15 Oetker in: Handbuch Corporate Governance, S. 261 (262).

16 Hueck/Windbichler, § 36, Rn. 7.

17 Vgl. Mertens in: Kölner Kommentar AktG, § 111, Rn. 11; Semler in: MünchKomm AktG, § 111, Rn. 122.

18 Lutter/Krieger, Rn. 72, bspw. die Einhaltung von für das Unternehmen relevanten Normen des öffentlichen Rechts.

19 BVerfGE 50, 290 ff.; BGHZ 36, 96 ff.; Semler in: MünchKomm AktG, § 111, Rn. 147.

20 Vgl. BGHZ 69, 207 (213); Mertens in: Kölner Kommentar AktG, § 111, Rn. 25; Semler in: MünchKomm AktG, § 111, Rn. 131; Semler, FS Ulmer, S. 627 (641).

Im deutschen Rechtsraum geht man traditionellerweise davon aus, dass der Vorstand seine Handlungen am Unternehmensinteresse auszurichten hat.[21] Das Unternehmensinteresse als Handlungsmaxime umfasst die Beachtung der Interessen aller am und im Unternehmen Beteiligten (den so genannten „Stakeholders"). Im Unternehmen sind dies neben den Aktionären auch die Mitarbeiter, da ihre Beiträge das Unternehmen prägen.[22] Darüber hinaus besteht ein solches Interesse bei Kunden, Lieferanten und weiteren Gläubigern sowie Gemeinden, Fiskus und anderen staatlichen Einrichtungen.[23] Die Interessen aller Beteiligter hat der Vorstand bei seiner Tätigkeit zu berücksichtigen, wobei nicht einem Interesse per se Vorrang zukommt.[24] Somit erstreckt sich die Überwachungsaufgabe des Aufsichtsrats auf die Berücksichtigung der Interessen sowohl der Anteilseigner als auch der externen Stakeholders (Kunden, Lieferanten etc.) durch die Geschäftsführung des Vorstands. Die Wahrung der Mitarbeiterinteressen im Unternehmen wird durch den mitbestimmten Aufsichtsrat institutionell gewährleistet.

Nach dem aus dem anglo-amerikanischen Raum stammenden Shareholder-Value-Konzept ist das Leitungsorgan verpflichtet, dem Interesse der Anteilseigner Vorrang einzuräumen.[25] Bei einer Abwicklung der Gesellschaft steht ihnen nur das Residualvermögen zu, wenn alle vertraglichen Verpflichtungen gegenüber den anderen Interessenträgern erfüllt sind.[26] Die Vertragspartner der Gesellschaft können sich gegen die aus ihrer Verbindung zur Gesellschaft ergebenden Risiken durch vertragliche Vereinbarungen absichern.[27] Dies gilt jedoch nur in beschränktem Umfang für die Mitarbeiter des Unternehmens, denn sie können mit der Einbringung ihrer Arbeitskraft ihre Verpflichtung nicht präzise begrenzen und erwarten dafür als Gegenleistung die Mitberücksichtigung ihrer Interessen bei der Geschäftsführung.[28] Ein Konflikt zwischen den Zielsetzungen kann auftreten, wenn einzelne Aktionäre über den Auf-

---

21 Hopt/Roth in: Großkommentar AktG, § 111, Rn. 103; Mertens in: Kölner Kommentar AktG, § 116, Rn. 3; Semler, FS Ulmer, S. 627 (635).

22 Vgl. Semler/Spindler in: MünchKomm AktG, vor § 76, Rn. 86.

23 Semler/Spindler in: MünchKomm AktG, vor § 76, Rn. 87; Mertens in: Kölner Kommentar AktG, § 76, Rn. 16 ff.; Hopt/Roth in: Großkommentar AktG, § 111, Rn. 103; Henze BB 2000, S. 209 (212).

24 Vgl. Hüffer, AktG, § 76, Rn. 12; Semler in: MünchKomm AktG, § 76, Rn. 57; Mertens in: Kölner Kommentar AktG, § 76, Rn. 14 f.

25 Hefermehl/Spindler in: MünchKomm AktG, § 76, Rn. 64; Ulmer, AcP (202) 2002, S. 143 (155).

26 Schäfer/Ott, S. 645.

27 Vgl. Grundmann, S. 412.

28 Grundmann, S. 412.

sichtsrat versuchen, ihre kurzfristigen Rendite maximierenden Interessen bevorzugt durchzusetzen, und dabei die Interessen anderer in den Hintergrund treten. Bei der Verfolgung langfristiger Ziele werden Shareholder- und Stakeholder-Value häufig parallel verlaufen. Da der Stakeholder-Value bzw. das Unternehmensinteresse die bestehenden pluralistischen Interessen an einem Unternehmen abbildet und zu einem Ausgleich führt, ist diesem Konzept der Vorrang zu geben.

Aus der Bindung an das am Stakeholder-Value orientierte Unternehmensinteresse resultiert das Erfordernis der Unabhängigkeit des Aufsichtsrats, da keinem der am Unternehmen bestehenden Interessen per se der Vorrang eingeräumt werden darf.

Der Aufsichtsrat kontrolliert ferner die Ordnungsmäßigkeit, also die Einhaltung der formalen Berichts-, Organisations- und Planungspflichten etc.,[29] die Zweckmäßigkeit und die Wirtschaftlichkeit der Vorstandsentscheidungen,[30] insbesondere die Beachtung des Sorgfaltsmaßstabs des § 93 AktG. In Bezug auf die Wirtschaftlichkeit, die ein vertretbares Verhältnis zwischen Aufwand und Nutzen fordert,[31] und die Zweckmäßigkeit besteht nur ein eingeschränktes Prüfungsrecht des Aufsichtsrats. Der Vorstand ist innerhalb des ihm zustehenden Entscheidungsspielraums frei, den ihm am wirtschaftlichsten und zweckmäßigsten erscheinenden Weg zu wählen. Der Aufsichtsrat kann ihn hieran nicht hindern, selbst wenn er eine andere Geschäftsführungsentscheidung treffen würde.[32]

2. Geschichte der Aktiengesellschaft

Aus der Geschichte der Aktiengesellschaft lässt sich ersehen, dass durch die erste Aktiennovelle vom 11.06.1870, die das Allgemeine Deutsche Handelsgesetzbuch (ADHGB)[33] reformierte, mit dem Aufsichtsrat ein neutrales unabhängiges Überwachungsorgan geschaffen werden sollte.

---

29 Semler/Spindler in: MünchKomm AktG, vor § 76, Rn. 93.

30 Siehe BGH NJW 1980, S. 1629 (1629 ff.); Hoffmann-Becking in: Münchener Hdb. des GesR Bd. 4, § 29, Rn. 26; Semler in: MünchKomm AktG, § 111, Rn. 122; Mertens in: Kölner Kommentar AktG, § 111, Rn. 11.

31 Vgl. Semler/Spindler in: MünchKomm AktG, vor § 76, Rn. 128.

32 Semler/Spindler in: MünchKomm AktG, vor § 76, Rn. 125 ff.; Semler, FS Ulmer, S. 627 (635); Mertens in: Kölner Kommentar AktG, § 111, Rn. 25; Hopt/Roth in: Großkommentar AktG, § 111, Rn. 84.

33 Seit 1862 galt in den Staaten des Deutschen Bundes das ADHGB, das erstmals ein kodifiziertes Aktienrecht enthielt, ab 1869 galt das Gesetz in ganz Deutschland.

Vor 1870 bestanden in den meisten Gesellschaften so genannte Verwaltungsräte. Diese vertraten die Gesellschaft im Rechtsverkehr nach außen und waren gegenüber der Direktion, die unmittelbar mit der Führung der Geschäfte betraut war, unbeschränkt weisungsberechtigt. Diese Ausgestaltung des Verwaltungsrats entspricht im Wesentlichen der heutigen Regelung in Rechtskreisen mit einer monistischen Unternehmensverfassung.[34]

Seit 1870 war die Einrichtung eines Aufsichtsrats Pflicht. Er sollte als Überwachungsorgan die staatliche Aufsicht ersetzen, die infolge der Abschaffung des Konzessionssystems und der Einführung des Normativsystems verloren gegangen war.[35] Seine Ausgestaltung blieb zunächst den Gesellschaftsstatuten überlassen, und so wurde der Aufsichtsrat meist wie zuvor der Verwaltungsrat organisiert und besetzt, bzw. agierten Vorstand und Aufsichtsrat als zusammengesetztes einheitliches Aufsichtsorgan.[36] Erst 1884 wurde im Rahmen der 2. Novelle des Aktienrechts die zwingende Trennung von Geschäftsführung und Überwachung im Sinne des heutigen § 105 AktG in das Gesetz aufgenommen und die Möglichkeit abgeschafft, neben dem Aufsichtsrat einen Verwaltungsrat zu konstituieren.[37] Somit sollte der Aufsichtsrat die Aufgaben der staatlichen Kontrolle übernehmen, jedoch konnte er weiterhin Geschäftsführungsbefugnisse wahrnehmen. Erst das Aktiengesetz von 1937 (folgend: AktG 1937) reduzierte die Kompetenzen des Aufsichtsrats dahingehend, dass lediglich ein Mitwirkungsrecht in Form zustimmungsbedürftiger Geschäfte verblieb. Die Ersetzung der staatlichen Aufsicht durch ein gesellschaftsinternes Gremium verdeutlicht, dass Zweck des Aufsichtsrats eine neutrale Überwachung der Geschäftsführung war.

3. Zwischenergebnis – Konzeption der Aktiengesellschaft setzt ein gewisses Maß der Unabhängigkeit voraus

An die Stelle der staatlichen Aufsicht getreten nimmt der Aufsichtsrat die ihm übertragenen Aufgaben, insbesondere die Überwachung des Vorstands, im Unternehmensinteresse, das heißt im Interesse der am Unternehmen beteiligten Gruppen, wahr.[38] So ist der Aufsichtsrat bei seinen Entscheidungen gehalten, keinem Interesse von vornherein Vorrang einzuräumen. Nach der Struktur der Aufsichtsratsaufgabe muss der Aufsichtsrat unabhängig von den am

---

34 Die Gesamtheit aller Geschäftsführungs- und Kontrollaufgaben konzentriert sich nur auf ein Organ (in den USA das Board of Directors), so Leyens, RabelsZ 2003, S. 57 (68).

35 Vgl. Mestmäcker, S. 85.

36 Hommelhoff, Eigenkontrolle, S. 8.

37 Siehe Minuth, S. 91.

38 Vgl. Hoffmann-Becking in: Münchener Hdb. des GesR Bd. 4, § 29, Rn. 27.

Unternehmen beteiligten Gruppen agieren. Dies spricht dafür, dass das Aktiengesetz die Unabhängigkeit des Aufsichtsrats grundsätzlich voraussetzt.

Aus dem Charakter des Aufsichtsratsamts als Nebenamt[39] ergibt sich aber, dass Aufsichtsratsmitglieder grundsätzlich noch anderen Interessenbindungen unterliegen und dies zu materiellen Interessenkonflikten führen kann. Diese können bspw. aus seiner jetzigen oder früheren hauptamtlichen Tätigkeit resultieren, aber auch aus der Wahrnehmung anderer Aufsichtsratsämter.

III. Schlussfolgerung – Unabhängigkeit als wesentlicher Faktor zur Sicherung der Aufsichtsratsfunktionen

Die Unabhängigkeit des Aufsichtsrats ist ein relevanter Faktor für die wirksame Überwachung der Geschäftsführung des Vorstands im Interesse der Anteilseigner. Die dem Aufsichtsrat übertragenen Aufgaben und seine Bindung an das Unternehmensinteresse legen nahe, dass seine Mitglieder ihre Entscheidungen frei von anderen Interessenbindungen treffen müssen.

IV. Versagen der Aufsichtsratskontrolle in der Praxis

Die Bestrebungen, erhöhte Anforderungen an die Unabhängigkeit von Aufsichtsräten zu stellen, wurden durch Unternehmenskrisen und Unternehmenszusammenbrüche in der Vergangenheit bestärkt, bei denen ein Fehlverhalten des Aufsichtsrats mit Ursache gewesen ist.

So wurden durch Handeln von Vorständen, das nicht im Unternehmensinteresse lag, Unternehmenswerte vernichtet und die Aktionäre in der Folge durch niedrigere Marktbewertungen, den Ausfall von Dividenden, die Erforderlichkeit von Kapitalherabsetzungen oder die Notwendigkeit der Anmeldung von Insolvenzen geschädigt.[40] Aber auch neben den Aufsehen erregen-

---

39 Vgl. Semler in: MünchKomm AktG, § 100, Rn. 123.

40 Zu Unternehmenskrisen, die in den Medien auch stets mit einem Versagen des Aufsichtsrats verknüpft wurden, gehören:

Metallgesellschaft AG: Bei der Krise der Metallgesellschaft AG im Jahr 1993 verschwieg der Vorstandsvorsitzende dem Aufsichtsrat riskante Warentermingeschäfte, die einen Verlust in Höhe von über 4 Milliarden DM verursachten. Hier wurde dem Aufsichtsrat vorgeworfen, auf mangelhafte Berichte des Vorstands und sich aufdrängende Fehlentwicklungen nicht ausreichend eingegangen zu sein (vgl. FAZ, 06.12.1994, S. 22).

Balsam AG: Im Fall der Insolvenz der Balsam AG 1994 erschlich sich der Vorstand der Gesellschaft Summen in Milliardenhöhe durch die Vorlage gefälschter Forderungen. Es entstand ein Schaden von 2,5 Milliarden DM. Im Rahmen der Insolvenz der Balsam AG wurde ein Aufsichtsratsmitglied wegen der Verletzung seiner Überwachungspflichten zu Schadensersatz verurteilt (vgl. LG Bielefeld, WM 1999, S. 2456). Allerdings war die Balsam AG nicht börsennotiert.

den Fällen wird die Aufsichtsratstätigkeit in der Praxis als mangelhaft bewertet.[41] Dies lässt sich unter anderem an der tatsächlich geringen Sitzungszahl[42] und der Vielzahl von nebenamtlich ausgeübten Aufsichtsratsämtern bei bestimmten Mitgliedern ablesen.[43]

Insbesondere die Besetzungspraxis deutscher Aufsichtsräte wird vielfach bemängelt. Üblich ist eine Besetzung des Organs - neben den aufgrund der unternehmerischen Mitbestimmung entsandten Arbeitnehmervertretern - mit ehemaligen Mitgliedern des Vorstands, Vertretern von Geschäftspartnern sowie Vertretern von Großaktionären. Es wird kritisiert, dass der Aufsichtsrat mehr im Sinne eines Organs zur Beziehungspflege denn als Überwachungsorgan besetzt wird.[44] Dies wird damit erklärt, dass der Vorstand faktisch großen Einfluss auf die Auswahl der zur Wahl vorgeschlagenen Kandidaten nimmt und diese selbst häufig nach Gesichtspunkten des geschäftlichen Nutzens auswählt.[45]

Die so geäußerte Kritik deutet darauf hin, dass persönliche Verflechtungen zu einer mangelhaften Aufgabenwahrnehmung führen und die Forderung nach unabhängigen Mitgliedern des Aufsichtsrats berechtigt ist.

Thyssen AG: Im Zuge der Übernahme der Thyssen AG durch die Krupp AG (1997) war ein Vorstandsmitglied der Deutschen Bank AG, deren Investmentbanking-Sparte Deutsche Morgan Grenfell die Krupp AG bei der Übernahme beriet, Aufsichtsratsmitglied bei der Thyssen AG. Das Mitglied verschwieg im Rahmen der Aufsichtsratssitzungen seine Kenntnisse über das bevorstehende Übernahmeangebot (vgl. Die Zeit, 04.04.1997, S. 17).

Bremer Vulkan AG: Bei der Insolvenz der Bremer Vulkan AG veruntreute der Vorstandsvorsitzende Subventionen, indem er sie zum Ausgleich von Verlusten der Bremer Vulkan AG verwendete, anstatt sie bestimmungsgemäß für die Sanierung der ostdeutschen Werften zu nutzen. Der Aufsichtsrat ignorierte jahrelang Anzeichen einer Krise (vgl. FAZ, 07.09.1999, S. 30).

Mannesmann AG: In jüngerer Zeit wurde ein Versagen des Aufsichtsrats im Fall Mannesmann beklagt. Hier schüttete ein Aufsichtsratsausschuss, der für Vorstandsangelegenheiten zuständige „Präsidialausschuss", während bzw. kurz nach der feindlichen Übernahme durch die Vodafone AirTouch Plc. als Anerkennungsprämien deklarierte Zahlungen („appreciation awards") an Vorstandsmitglieder und andere (wie auch den Aufsichtsratsvorsitzenden selbst, der gleichzeitig den Beschluss angeregt hatte) in Höhe von 112 Millionen DM aus (vgl. BGH 3 StR 470/04).

41 Scheffler, ZGR 1993, S. 63 (63 f.).

42 Vgl. Holl, S. 103.

43 Siehe Bernhardt, ZHR 159 (1995), S. 310 (316).

44 Vgl. Fischer, AcP (154) 1955, S. 85 (110); Semler, FS Lutter, S. 721 (726); Mestmäcker, S. 91.

45 Vgl. Semler, FS Lutter, S. 721 (726).

V. Keine Gefährdung der Unabhängigkeit durch strukturelle Mängel in der Organisationsverfassung der AG

Die Funktionsfähigkeit der Überwachung des Vorstands durch den Aufsichtsrat wird in Praxis und Literatur angezweifelt.[46] Vermutung ist, dass die mangelhafte Funktionsfähigkeit aus der ungenügenden Umsetzung gesetzlicher Vorgaben resultiert sowie auf die persönlichen Voraussetzungen der Mitglieder, insbesondere auf ihre mangelnde Unabhängigkeit, zurückzuführen ist und nicht auf die Verfassungsstruktur der Gesellschaft.

1. Betroffene Organisationsebenen

Relevante Mängel der Überwachung des Vorstands durch den Aufsichtsrat können auf der Aufbauorganisation[47] der Aktiengesellschaft, der Verknüpfung der organisatorischen Elemente (der Organe) zu einer organisatorischen Struktur (der Verfassung der Aktiengesellschaft), beruhen. Weiterhin können Defizite in der Ablauforganisation,[48] der Ordnung der innerhalb und zwischen den Organen stattfindenden Prozesse, liegen. Ferner ist es möglich, dass ein Mangel nicht auf die formelle Organisationsstruktur einer Gesellschaft zurückzuführen ist, sondern auf die praktische Durchführung der Vorgaben durch die handelnden Personen, die man als Ebene der informellen Organisation bezeichnet.[49]

Ein Mangel in der Aufbauorganisation wäre Ursache, wenn das dualistische System mit der organisatorischen Trennung von Vorstand und Aufsichtsrat nicht geeignet wäre,[50] die Überwachung des Vorstands durch den Aufsichtsrat zu ermöglichen. Ein Fehler in der Ablauforganisation würde vorliegen, wenn das Berichtswesen oder die dem Aufsichtsrat zur Verfügung stehenden Überwachungs- und Sanktionsmittel nicht geeignet wären, fehlerhafte Geschäftsführungsmaßnahmen zu erkennen und zu verhindern. Es könnte die gesetzlich vorgesehene Berichterstattung des Vorstands an den Aufsichtsrat per se nicht ausreichend sein, um sich ein realistisches Bild der Gegebenheiten zu machen.[51] Ein Mangel in der informellen Organisation würde vorliegen, wenn

---

46 Vgl. z. B. Bernhardt, ZHR 159 (1995), S. 310 (310 ff.); Lutter, ZHR 159 (1995), S. 287 (287 ff.).

47 Vgl. zur Organisationslehre im Allgemeinen: Wöhe/Döring, S. 132 f.; zur Aufbauorganisation: Wöhe/Döring, S. 133 ff.

48 Vgl. Wöhe/Döring, S. 147 f.

49 Wöhe/Döring, S. 147 f.

50 Vgl. zur Funktionsweise des monistischen Board of Directors Kapitel 1 § 2 VII. 1 sowie Kapitel 3 § 9.

51 Vgl. Scheffler, ZGR 1993, S. 63 (71).

der Aufsichtsrat aufgrund der persönlichen Disposition seiner Mitglieder nicht in der Lage wäre, die ihm übertragenen Aufgaben sachgemäß zu erfüllen. Beispiele hierfür wären mangelnder Sachverstand oder Zeit, eine einseitige Interessenwahrnehmung bzw. ein einseitiges Rollenverständnis als Aufsichtsrat sowie persönliche Eitelkeiten.[52]

2. Keine mangelhafte Aufbauorganisation – Verhältnis der Organe zueinander

Das dualistische Leitungssystem der Aktiengesellschaft, die Trennung von Geschäftsführung und Überwachung, ermöglicht durch die unterschiedliche personelle Besetzung von Vorstand und Aufsichtsrat grundsätzlich eine ordnungsgemäße Überwachung der Geschäftsführung. Die Unabhängigkeit des überwachenden Gremiums von der Geschäftsführung wird durch die Trennung der Organe begünstigt. Hauptaufgabe des Aufsichtsrats ist nach § 111 Abs. 1 AktG die Überwachung der Geschäftsführung durch den Vorstand, die dessen Kontrolle (vergangenheitsbezogen) und Beratung (zukunftsbezogen)[53] umfasst.[54] Diese Vorschrift regelt die Aufgaben aber nicht abschließend:[55] Indem das Gesetz dem Aufsichtsrat an verschiedenen Stellen bestimmte Kompetenzen zuweist, verpflichtet es ihn gleichzeitig, diese wahrzunehmen, sofern es erforderlich ist.[56]

a. Aufgaben des Aufsichtsrats

Der Aufsichtsrat überwacht gem. § 111 Abs. 1 S. 1 AktG die Geschäftsführung. Der Begriff der Geschäftsführung in § 111 Abs. 1 S. 1 AktG entspricht dem der Geschäftsleitung gem. § 76 Abs. 1 AktG und nicht dem Begriff der Geschäftsführung in § 77 Abs. 1 AktG.[57] Das bedeutet, dass der Überwachung durch den Aufsichtsrat alle Maßnahmen des Vorstands unterliegen, die zur Leitung

---

52 Vgl. Scheffler, ZGR 1993, S. 63 (71); Säcker, AG 2004, S. 180 (184).

53 Vgl. z. B.: BGHZ 114, 127 (130); Semler in: MünchKomm AktG, § 111, Rn. 93; Hüffer, AktG, § 111, Rn. 5; Mertens in: Kölner Kommentar AktG, § 111, Rn. 11.

54 Hierbei ist streitig, ob es sich um eine Funktionsüberwachung (so Schneider in: Scholz, GmbHG, § 52, Rn. 59) oder eine Handelndenüberwachung (Semler, Leitung und Überwachung, Rn. 100) handelt. Die Frage hat jedoch keine praktische Auswirkung, da Funktion und Organ identisch sind (Semler/Spindler in: MünchKomm AktG, vor § 76, Fn. 98; Hüffer, AktG, § 111, Rn. 2; Lutter/Krieger, Rn. 63).

55 Außerdem: Bestellung und Abberufung des Vorstands, Ernennung und Widerruf des Vorstandsvorsitzenden, Vertretung der Gesellschaft gegenüber Vorstandsmitgliedern, Geltendmachung von Schadensersatzansprüchen gegenüber Vorstandsmitgliedern etc.

56 Vgl. Semler, Leitung und Überwachung, Rn. 90.

57 Siehe Hoffmann-Becking in: Münchener Hdb. des GesR Bd. 4, § 29, Rn. 22; Hüffer, AktG, § 111, Rn. 3; Semler in: MünchKomm AktG, § 111, Rn. 95; Hopt/Roth in: Großkommentar AktG, § 111, Rn 160.

der Geschäfte zählen. Dies umfasst alle Vorgänge, die wesentlichen Einfluss auf die Lage und die Entwicklung der Gesellschaft haben.[58] Es sollen dabei nicht nur die eigentlichen Führungsentscheidungen des Vorstands der Überwachung unterliegen, sondern auch wesentliche Einzelmaßnahmen.[59] § 76 Abs. 1 AktG definiert den Umfang der Leitungsaufgabe des Vorstands nicht.[60] Unklarheiten übertragen sich auf die Bestimmung der Überwachungsaufgabe des Aufsichtsrats.[61]

Ausreichend konkretisiert werden können die Pflichten des Aufsichtsrats anhand der Berichtspflicht des Vorstands nach § 90 AktG.[62] Die Sachverhalte, die Gegenstand der Berichtspflicht sind, hat er regelmäßig zu überwachen, und auf diese kann er sich im Wesentlichen beschränken.[63] § 90 Abs. 1 Nr. 1 bis 3 AktG stellen dabei die den Führungsfunktionen entsprechenden Berichtspflichten des Vorstands dar.[64] Aus § 90 Abs. 1 Nr. 1 AktG ergibt sich, dass die Überwachung sowohl vergangenheits- als auch zukunftsbezogen sein muss. Ferner umfasst sie sowohl bereits getroffene als auch unterlassene Maßnahmen des Vorstands.[65]

Die Beschränkung auf die Prüfung wesentlicher Entscheidungen bedeutet, dass der Aufsichtsrat grundsätzlich nicht in das Tagesgeschäft miteinbezogen

---

58 Semler in: MünchKomm AktG, § 111, Rn. 96.

59 Nicht jedoch jede Maßnahme der Geschäftsführung, was unter anderem durch die Streichung des Satzteils „in allen Zweigen der Verwaltung" (so § 246 HGB a. F.) im Zuge der Aktienrechtsreform 1937 deutlich wird (Semler in: MünchKomm AktG, § 111, Rn. 87; Semler, Leitung und Überwachung, Rn. 102; Hopt/Roth in: Großkommentar AktG, § 111, Rn. 26, 159; Lutter/Krieger, Rn. 65; Hüffer, AktG, § 111, Rn. 3).

60 Es soll zwischen originären Führungsfunktionen und Führungsentscheidungen des Vorstands differenziert werden (Semler in: MünchKomm AktG, § 111, Rn. 98). Führungsfunktionen sind die Funktionen, die ausgeübt werden müssen, um die Funktionsfähigkeit des Unternehmens zu gewährleisten (vgl. Semler/Spindler in: MünchKomm AktG, vor § 76, Rn. 57). Hierzu gehören die Unternehmensplanung, -koordinierung und -kontrolle sowie die Besetzung der Führungspositionen (Semler/Spindler in: MünchKomm AktG, vor § 76, Rn. 59 f.; Henze, BB 2000, S. 209 (210)). Führungsentscheidungen sind die Entscheidungen, die wesentliche Bedeutung für die Ertragslage, die Vermögenslage oder die Belegschaft haben (Semler/Spindler in: MünchKomm AktG, vor § 76, Rn. 57).

61 So Hüffer, AktG, § 111, Rn. 3.

62 Vgl. Mertens in: Kölner Kommentar AktG, § 111, Rn. 14; Hopt/Roth in: Großkommentar AktG, § 111, Rn. 162; Hoffmann-Becking in: Münchener Hdb. des GesR Bd. 4, § 29, Rn. 23; Lutter/Krieger, Rn. 64.

63 BGHZ 114, 119 ff.

64 Semler, Leitung und Überwachung, Rn. 104.

65 Hoffmann-Becking in: Münchener Hdb. des GesR Bd. 4, § 29, Rn. 22.

wird und somit unabhängig vom Vorstand agiert, jedoch andererseits auch, dass der Aufsichtsrat zum Teil lediglich eine passive Rolle einnimmt.

b. Gesetzliche Reformen der Vorschriften für den Aufsichtsrat seit 1998

Um Fehlentwicklungen entgegenzuwirken und die Passivität von Aufsichtsratsmitgliedern zu reduzieren, hat der Gesetzgeber in den vergangenen Jahren mehrfach das Aktiengesetz und dabei insbesondere die Regelungen, die den Aufsichtsrat betreffen, geändert.[66] Diese Veränderungen betrafen insgesamt nicht die persönlichen Anforderungen an Mitglieder des Aufsichtsrats, sondern zielten darauf, die Rolle des Aufsichtsrats in der Gesellschaft durch erweiterte Anforderungen und Kompetenzen zu stärken.

Zunächst ist das Gesetz zur Kontrolle und Transparenz im Unternehmensbereich (folgend: KonTraG) zu nennen, das am 01.05.1998 in Kraft getreten ist.[67] Ziel des Gesetzes war unter anderem, die Überwachungstätigkeit des Aufsichtsrats zu verbessern.[68] Um dies zu erreichen, wurden die Sitzungshäufigkeit des Aufsichtsrats erhöht (§ 110 Abs. 2 AktG), die Erteilung des Prüfungsauftrags an die Wirtschaftsprüfer zur Aufgabe des Aufsichtsrats gemacht (§ 111 Abs. 2 S. 3 AktG) und erweiterte Berichtspflichten des Aufsichtsrats gegenüber den Aktionären (§§ 124 Abs. 3 S. 2, 125 Abs. 1 S. 3, 171 Abs. 2 S. 2 AktG) sowie die Pflicht zur Prüfung des Konzernabschlusses (§ 171 Abs. 1 S. 1 AktG) eingeführt. Ferner wurde der Vorstand durch § 91 Abs. 2 AktG dazu verpflichtet, ein Überwachungssystem einzurichten. Hieraus resultiert die Verpflichtung des Aufsichtsrats, die Einführung dieses Systems zu überwachen. Da es dem Vorstand aber bereits zuvor als Teil seiner Leitungsaufgabe oblag, ein Überwachungssystem einzuführen, bestand diese Pflicht des Aufsichtsrats schon vor der Einfügung des § 91 Abs. 2 AktG. Soweit Funktionsdefizite des Aufsichtsrats aber nicht in mangelnden Kompetenzen, sondern in der mangelnden Durchführung gesetzlicher Vorgaben lagen, führten diese Reformen nicht zu einer wesentlichen Verbesserung der Überwachung durch den Aufsichtsrat.[69]

Weiter reformiert wurde die Aufsichtsratstätigkeit im Jahr 2002. Das Gesetz zur weiteren Reform des Aktien- und Bilanzrechts, zu Transparenz und Publizität (Transparenz- und Publizitätsgesetz)[70] (folgend: TransPuG) fügte zu-

---

66 Lutter/Krieger, Rn. 51.

67 Gesetz vom 27.04.1998, BGBl. 1998 I, S. 786.

68 Seibert in: Saitz/Braun, KonTraG, S. V.

69 Siehe Holl, S. 60 ff.

70 Gesetz vom 19.07.2002, BGBl. 2002 I, S. 2681.

nächst § 161 AktG und damit die Pflicht zur Abgabe einer Entsprechenserklärung für börsennotierte Aktiengesellschaften ein. Dies schuf die Grundlage für die Tätigkeit der „Kodex-Kommission Corporate Governance“ (folgend: Kodex-Kommission), die den DCGK entwickelte, weiterführte und aktualisiert.

Darüber hinaus enthielt das Gesetz Vorschriften zur Änderung des Aktiengesetzes, die ebenfalls den Aufsichtsrat betrafen. Durch das TransPuG wurde die Informationsversorgung des Aufsichtsrats dahingehend reformiert, dass § 90 Abs. 1 Nr. 1 AktG den Vorstand nunmehr verpflichtet, auch auf Abweichungen von früher berichteten Zielen unter Angabe von Gründen einzugehen.[71] Wie schon bei der Reformierung der Vorschrift durch das KonTraG gilt auch hier, dass diese Verpflichtung des Vorstands bereits zuvor bestand, die Änderung folglich lediglich klarstellenden Charakter hatte.[72] Dies galt ebenfalls für die Ausweitung der Berichtspflicht auf Konzerndaten gem. § 90 Abs. 1 S. 2 AktG.[73] Weiterhin wurde die Schriftlichkeit der Vorstandsberichte in § 90 Abs. 5 S. 2 AktG verankert. Um eine zeitnahe Berichterstattung zu forcieren, wurde in § 90 Abs. 4 AktG festgelegt, dass der Vorstandsbericht „möglichst rechtzeitig“ zu erstatten ist. Die Informationsversorgung von Aufsichtsratsmitgliedern, die einem bestimmten Ausschuss nicht angehören, wurde durch die Verpflichtung zur Berichterstattung über die Ausschussarbeit in § 107 Abs. 3 AktG festgelegt. Weiterhin wurden die Rechte des einzelnen Aufsichtsratsmitglieds gestärkt: Nach § 90 Abs. 3 S. 2 AktG kann ein einzelnes Mitglied die Abgabe eines Berichts vom Vorstand an den gesamten Aufsichtsrat verlangen, und § 110 Abs. 2 AktG gewährt dem einzelnen Mitglied das Recht, die Einberufung selbst vorzunehmen, wenn seinem Verlangen nach der Einberufung einer Sitzung des Aufsichtsrats nicht stattgegeben wird.

Die Anzahl der Aufsichtsratssitzungen bei börsen- und nicht-börsennotierten Aktiengesellschaften wurde angeglichen (§ 110 Abs. 3 AktG), wobei in nicht-börsennotierten Unternehmen die Möglichkeit besteht, die Anzahl der Sitzungen auf eine pro Jahr zu beschränken. Weiterhin wurde die Teilnahme an Sitzungen via Telefon- oder Videokonferenz ermöglicht (§ 110 Abs. 3 AktG). Einen zentralen Punkt der Reform stellten die Änderungen in Bezug auf die zustimmungspflichtigen Geschäfte dar (§ 111 Abs. 4 S. 2 AktG). Sie sind das

---

71 Mit diesem so genannten „Follow Up“ korrespondiert die Pflicht des Aufsichtsrats, die Gründe für das Abweichen zu überprüfen (so Hopt/Roth in: Großkommentar AktG, § 111, Rn. 163).

72 Vgl. Götz, NZG 2002, S. 599 (600); Breuer/Fraune in: Anwaltkommentar Aktienrecht, § 111 AktG, Rn. 25.

73 Vgl. Mertens in: Kölner Kommentar AktG, § 90, Rn. 18; Lutter/Krieger, Rn. 78; Götz, NZG 2002, S. 599 (600).

stärkste Mittel der Überwachung durch den Aufsichtsrat und gewähren ihm eine unternehmerische (Mit-)Entscheidungskompetenz.[74] Ferner wurde § 116 S. 2 AktG eingefügt, der die Sorgfaltspflicht des Aufsichtsrats in Bezug auf die Verschwiegenheitspflicht konkretisiert. Auch diese Pflicht bestand bereits vor dem Erlass des TransPuG, so dass die Nennung klarstellenden Charakter hat. [75]

Als jüngstes, den Aufsichtsrat betreffendes Gesetz verabschiedete der Bundestag am 17.11.2004 das Gesetz zur Unternehmensintegrität und Modernisierung des Anfechtungsrechts (folgend: UMAG),[76] das auch der Umsetzung weiterer Vorschläge der Regierungskommission „Corporate Governance - Unternehmensführung - Unternehmenskontrolle - Modernisierung des Aktienrechts" (folgend: Regierungskommission) dient.[77] Wesentliche Neuerungen befassten sich mit der Vorbereitung und Durchführung von Hauptversammlungen, dem Anfechtungsrecht sowie dem Organhaftungsrecht. Vor allem der letzte Punkt betraf den Aufsichtsrat, da die vom BGH bereits in seiner ARAG-Garmenbeck-Entscheidung[78] entwickelte und aus dem anglo-amerikanischen Rechtsraum bekannte „Business Judgment Rule" Eingang in § 93 Abs. 1 S. 2 AktG fand. Die beiden anderen wesentlichen Regelungsbereiche, wie Änderungen des Anfechtungsverfahrens bei Hauptversammlungsbeschlüssen und die Neuregelung des § 123 AktG (Anmeldung zur Hauptversammlung) tangierten die Aufgaben des Aufsichtsrats nicht.

c. Zwischenergebnis - kein Defizit in der Aufbauorganisation

Mögliche Überwachungsdefizite resultieren nicht aus der Aufbauorganisation der Aktiengesellschaft. Die Abgrenzung der Tätigkeiten zwischen Vorstand und Aufsichtsrat ermöglicht grundsätzlich eine eigenverantwortliche Leitung der Geschäfte durch den Vorstand, aber auch eine effektive Überwachung der Geschäftsführung durch den Aufsichtsrat.

Die gesetzlichen Reformen der vergangenen Jahre dienten dazu, die Einflussmöglichkeiten des Aufsichtsrats zu stärken und ihm eine aktivere Rolle im Unternehmen zuzusprechen, vor allem durch die Teilhabe an wichtigen Ein-

---

74 Götz, NZG 2002, S. 599 (600).

75 Vgl. bspw. Mertens in: Kölner Kommentar AktG, § 111, Rn. 35 ff.

76 Regierungsentwurf und Begründung sind abrufbar unter: http://www.bmj.bund.de-/media/archive/797.pdf (Gesetz zur Unternehmensintegrität und Modernisierung des Anfechtungsrechts (UMAG) v. 22. September 2005, BGBl. 2005 I, S. 2803).

77 Wilsing, DB 2005, S. 35 (35).

78 BGHZ 135, 244 ff.

zelentscheidungen. Zum Teil hatten die Änderungen lediglich deklaratorischen Charakter, da entsprechende Verpflichtungen des Aufsichtsrats bereits zuvor bestanden. Die persönlichen Anforderungen an das einzelne Aufsichtsratsmitglied waren hingegen nicht Gegenstand der Reformen.

3. *Ablauforganisation – keine mangelnden Kompetenzen des Aufsichtsrats*

Weiterhin kann eine mangelhafte Überwachung in der Ablauforganisation begründet sein, das heißt, die dem Aufsichtsrat zur Verfügung stehenden Kompetenzen könnten zur Erfüllung seiner gesetzlich vorgesehen Aufgaben unzureichend oder die Berichterstattung durch den Vorstand nicht geeignet sein, die notwendigen Informationen zur Überwachung der Geschäftsführung zu vermitteln.

Dem Aufsichtsrat stehen ausreichende Kompetenzen zur Verfügung, um die ihm übertragenen Aufgaben wahrzunehmen. Er besitzt zahlreiche Einwirkungsmöglichkeiten, angefangen von dem Recht, zusätzliche Berichte anzufordern und Stellungnahmen abzugeben bis hin zu Mitentscheidungskompetenzen bei bestimmten Geschäften.

Zur Durchsetzung seiner Überwachungspflichten stehen dem Aufsichtsrat verschiedene Reaktions- und Präventionsmittel zu. Der Aufsichtsrat nimmt die Vorstandsberichte nach § 90 AktG entgegen und kann gegenüber dem Vorstand Stellungnahmen und Beanstandungen abgeben.[79] Er besitzt die Kompetenz, eine Geschäftsordnung für den Vorstand festzulegen (§ 77 AktG), und er hat im Rahmen der Zustimmungsvorbehalte des § 111 Abs. 4 S. 2 AktG ein Vetorecht bei bestimmten Geschäftsführungsentscheidungen. Ferner obliegt es dem Aufsichtsrat gem. § 84 Abs. 3 S. 1 AktG, aus wichtigem Grund Mitglieder des Vorstands abzuberufen. Er wirkt bei der Feststellung des Jahresabschlusses mit, und er kann nach § 111 Abs. 2 AktG die Hauptversammlung einberufen.

a. Umfassende Berichterstattung des Vorstands an den Aufsichtsrat

Die dem Aufsichtsrat zur Verfügung stehenden Informationsmöglichkeiten versetzen ihn in die Lage, sich angemessen über die Lage der Gesellschaft und die Tätigkeit des Vorstands zu informieren und auf dieser Grundlage zu handeln. Genügen die periodischen Berichtspflichten des Vorstands nicht, um das Informationsinteresse des Aufsichtsrats zu befriedigen, so kann er zusätzliche Berichte anfordern. Sowohl im Hinblick auf die Häufigkeit der Berichterstat-

---

[79] Vgl. Mertens in: Kölner Kommentar AktG, § 111, Rn. 31; Semler in: MünchKomm AktG, § 111, Rn. 152; Lutter/Krieger, Rn. 100.

tung als auch auf die möglichen Inhalte bestehen also Einwirkungsmöglichkeiten des Aufsichtsrats.

Dem Aufsichtsrat wird nach Vorgabe des § 90 AktG über die beabsichtigte Geschäftspolitik und andere grundsätzliche Fragen der Unternehmensplanung, insbesondere die Finanz-, Investitions- und Personalplanung berichtet. Auf Abweichungen der tatsächlichen Entwicklung von früher berichteten Zielen ist unter Angabe von Gründen einzugehen (Nr. 1). In den Bericht aufzunehmen ist ferner die Darstellung der Rentabilität der Gesellschaft (Nr. 2), insbesondere die Rentabilität des Eigenkapitals, des Gangs der Geschäfte, insbesondere des Umsatzes und der Lage der Gesellschaft (Nr. 3), sowie der Geschäfte, die für die Rentabilität oder Liquidität der Gesellschaft von erheblicher Bedeutung sind (Nr. 4). Nach § 90 Abs. 1 S. 2 AktG hat der Bericht, sofern die Gesellschaft Mutterunternehmen i. S. d. § 290 Abs. 1, 2 HGB ist, sich auch auf Tochterunternehmen und Gemeinschaftsunternehmen zu beziehen.

Gem. § 90 Abs. 2 AktG sind Berichte nach Nr. 1 und 2 jährlich zu erstatten, solche nach Nr. 3 regelmäßig und mindestens vierteljährlich und jene nach Nr. 4 möglichst so rechtzeitig, dass der Aufsichtsrat eine Stellungnahme abgeben kann.

Sowohl der Gesamtaufsichtsrat als auch jedes einzelne Aufsichtsratsmitglied kann nach § 90 Abs. 3 S. 1 AktG zusätzliche Berichte vom Vorstand anfordern, und ihm steht zum Inhalt der Berichte ein Fragerecht zu.[80] Gegenstand des Verlangens können gem. § 90 Abs. 3 S. 1 AktG sein: Angelegenheiten der Gesellschaft, ihre rechtlichen und geschäftlichen Beziehungen zu verbundenen Unternehmen sowie geschäftliche Vorgänge bei diesen Unternehmen, die auf die Lage der Gesellschaft von erheblichem Einfluss sein können. Die Vorschrift soll weit auszulegen sein, und nur bei offensichtlich sachfremdem Berichtsverlangen oder Missbrauchsgefahr soll kein Anspruch auf einen zusätzlichen Bericht bestehen.[81]

Der Aufsichtsrat kann zu den Vorstandsberichten Stellung nehmen und die Berichte beanstanden.[82] Dem kommt aber keine rechtliche Verbindlichkeit zu,

---

80 Semler in: Semler/v. Schenck, § 1, Rn. 181.

81 Oltmanns in: Anwaltkommentar Aktienrecht, § 90 AktG, Rn. 14. Nicht umfasst sind Berichte, die offensichtlich nicht in Zusammenhang mit der Überwachungsaufgabe nach § 111 Abs. 1 AktG oder den Mitentscheidungsrechten nach § 111 Abs. 4 AktG stehen.

82 Vgl. Mertens in: Kölner Kommentar AktG, § 111, Rn. 31; Semler in: MünchKomm AktG, § 111, Rn. 152; Lutter/Krieger, Rn. 100; Hoffmann-Becking in: Münchener Hdb. des GesR Bd. 4, § 29, Rn. 30.

und der Aufsichtsrat hat gegenüber dem Vorstand kein Weisungsrecht.[83] Wenn der Vorstand der Gesellschaft ein bestimmtes Verhalten schuldet und dies vom Aufsichtsrat beanstandet wird, besteht eine Pflicht des Vorstands, sich entsprechend zu verhalten, aber kein Weisungsrecht des Aufsichtsrats.[84]

Wenn die Vorstandsberichte nicht zeitnah erfolgen, unvollständig, unrichtig, rein vergangenheitsorientiert oder auch unübersichtlich sind, kann dies die Bewertung der Geschäftsführung durch den Aufsichtsrat behindern.[85] Im Fall der Metallgesellschaft und auch bei einigen anderen der genannten Fälle[86] war die Berichterstattung der Vorstände mangelhaft, aber die Aufsichtsräte ergriffen trotz der offensichtlichen Mängel in den Berichten keine Maßnahmen.[87] Gelingt es einem pflichtwidrig oder gar kriminell handelnden Vorstand die Berichte so zu gestalten, dass der Aufsichtsrat im Rahmen seiner normalen und zu erwartenden Überwachungstätigkeit dies nicht erkennen kann, liegt kein Überwachungsdefizit seitens des Aufsichtsrats vor.

b. Einwirkung auf den Vorstand durch Erlass einer Geschäftsordnung

Nach § 77 Abs. 2 AktG kann der Aufsichtsrat eine Geschäftsordnung für den Vorstand erlassen, und auch der DCGK empfiehlt dies in Ziffer 4.2.1. Zweck der Geschäftsordnung ist die Organisation der Arbeitsweise des Kollegialorgans Vorstand[88] und die Sicherstellung eines ordnungsgemäßen Ablaufs. So kann die Geschäftsordnung Regelungen über die Kompetenzen einzelner Vorstandspositionen enthalten und funktionale Ressorts festlegen sowie eine Spartenverantwortung oder regionale Zuständigkeiten verankern; dies muss jedoch stets in Einklang mit dem Prinzip der Gesamtverantwortung des Vorstands geschehen. [89] Materiellrechtliche Bedeutung erlangt die Geschäftsordnung dann, wenn das Einstimmigkeitsprinzip bei der Fassung von Vorstandsbeschlüssen aufgegeben werden soll, weil dies explizit geregelt werden muss.[90]

---

83 Vgl. Lutter/Krieger, Rn. 101; Semler in: Semler/v. Schenck, § 1, Rn. 182.

84 Vgl. Mertens in: Kölner Kommentar AktG, § 111, Rn. 32.

85 Vgl. Scheffler, ZGR 1993, S. 63 (71).

86 Vgl. Fußnote 40.

87 Vgl. FAZ, 06.12.1994, S. 22.

88 Mertens in: Kölner Kommentar AktG, § 77, Rn. 39; Hopt/Roth in: Großkommentar AktG, § 111, Rn. 168; Fonk in: Semler/v. Schenck, § 9, Rn. 350.

89 Vgl. Hüffer, AktG, § 77, Rn. 21; Hopt/Roth in: Großkommentar AktG, § 111, Rn. 168; Mertens in: Kölner Kommentar AktG, § 77, Rn. 39; Fonk in: Semler/v. Schenck, § 9, Rn. 350 ff.

90 So Fonk in: Semler/v. Schenck, § 9, Rn. 351.

Der Aufsichtsrat ist zum Erlass einer Geschäftsordnung nicht verpflichtet,[91] und es wird auch ihr Sinn bezweifelt, da eine Geschäftsordnung allein keine effiziente Vorstandsarbeit bewirken könne und das Nichtbestehen einer Geschäftsordnung noch kein Indiz für die Ineffizienz des Leitungsorgans darstelle.[92] Dieser Einwand ist nachvollziehbar, spricht aber nicht gegen den Erlass einer Geschäftsordnung, mit der der Versuch unternommen wird, organisatorische Angelegenheiten verbindlich zu regeln und einer möglichen Ineffizienz vorzubeugen.

c. Zustimmungspflichtige Geschäfte

Als stärkstes Eingriffsmittel in die Geschäftsführung durch den Vorstand steht dem Aufsichtsrat ein Vetorecht bei zustimmungspflichtigen Geschäften i. S. d. § 111 Abs. 4 S. 2 AktG zu. Diese Vorschrift wurde durch das TransPuG eingefügt und soll den Aufsichtsrat stärker in den Entscheidungsprozess einbinden.[93] Damit wird einerseits die Kontrollaufgabe des Aufsichtsrats erweitert, andererseits könnten bestehende Abhängigkeiten der Aufsichtsratsmitglieder zu anderen Interessengruppen durch die größere Nähe zum Vorstand und dessen operativer Tätigkeit verstärkt wirksam und die Versagung oder Erteilung einer Zustimmung nicht allein am Unternehmensinteresse ausgerichtet werden.

Die Aufstellung eines Katalogs von zustimmungsbedürftigen Geschäften wurde nun explizit zur Pflicht. Zuvor war die Verabschiedung eines entsprechenden Katalogs fakultativ.[94] Pflichtwidrig i. S. d. §§ 116, 93 AktG handelt demnach ein Aufsichtsrat, wenn er es unterlässt, einen Katalog zustimmungspflichtiger Geschäfte zu verabschieden.[95]

Die zustimmungspflichtigen Geschäfte können sowohl in der Satzung als auch in der Geschäftsordnung des Aufsichtsrats aufgeführt werden.[96] Das Aktiengesetz selbst trifft keine diesbezügliche Regelung. Eine Aufnahme in die Sat-

---

91 Sofern die Satzung nichts anderes vorgibt. Insgesamt ist dies jedoch streitig, gegen eine Verpflichtung des Aufsichtsrats: Fonk in: Semler/v. Schenck, § 9, Rn. 350; Hüffer, AktG, § 77, Rn. 23; Mertens in: Kölner Kommentar AktG, § 77, Rn. 49.

92 Vgl. Fonk in: Semler/v. Schenck, § 9, Rn. 350.

93 Regierungsbegründung zum TransPuG (BT-Drucks. 14/8769), S. 17.

94 Vgl. Mertens in: Kölner Kommentar AktG, § 111, Rn. 79; Götz, ZGR 1990, S. 633 (637 ff.). Es war zuvor umstritten, ob der Aufsichtsrat auf Zustimmungsvorbehalte vollständig verzichten kann (vgl. Hopt/Roth in: Großkommentar AktG, § 111, Rn. 15 m. w. N.).

95 So Berrar, DB 2001, S. 2181 (2184).

96 Vgl. Mertens in: Kölner Kommentar AktG, § 111, Rn. 62.

zung der Gesellschaft fällt nach § 179 Abs. 1 S. 1 AktG in die Zuständigkeit der Hauptversammlung. Grundsätzlich sind die Gründer der Gesellschaft oder die Hauptversammlung oder der Aufsichtsrat gleichberechtigt bei der Aufstellung eines Katalogs zustimmungsbedürftiger Geschäfte.[97] Jedoch trägt der Aufsichtsrat die endgültige Verantwortung für die Festlegung ausreichender Zustimmungsvorbehalte, und er ist verpflichtet, den Katalog nachzubessern, wenn die Festlegungen in der Satzung ungenügend sind.[98] Der Zustimmungsvorbehalt muss sich auf ein konkretes Geschäft beziehen und es genügt nicht, eine pauschale Zustimmungspflicht für bestimmte Arten von Geschäften vorzusehen.[99]

Bei der Festlegung zustimmungsbedürftiger Geschäfte steht Aufsichtsrat und Hauptversammlung ein Ermessen zu, das durch die Geschäftsführungsbefugnis des Vorstands beschränkt wird.[100] Das Aktiengesetz enthält keine weiteren Angaben, welche Geschäfte einem Zustimmungsvorbehalt unterworfen werden sollen. Dies ist sinnvoll angesichts der Unterschiede bezüglich der Größe und Struktur der Unternehmen sowie der Branchenzugehörigkeit. Nach der Regierungsbegründung zum TransPuG sollen Geschäfte von grundlegender Bedeutung einem Zustimmungsvorbehalt unterliegen.[101] Dazu zählen Geschäfte, die nach den Planungen oder Erwartungen die Ertragsaussichten der Gesellschaft oder ihre Risikoexposition grundlegend verändern und damit existentielle Bedeutung für das künftige Schicksal der Gesellschaft haben.[102] Es muss sich jedenfalls um Geschäfte von materieller Bedeutung handeln.[103] Zu-

---

97 So Hopt/Roth in: Großkommentar AktG, § 111, Rn. 590; Semler in: MünchKomm AktG, § 111, Rn. 402; Hüffer, AktG, § 111, Rn. 17; Hoffmann-Becking in: Münchener Hdb. GesR Bd. 4, § 29, Rn. 38.

98 Semler in: MünchKomm AktG, § 111, Rn. 411.

99 Hopt/Roth in: Großkommentar AktG, § 111, Rn. 644; Semler in MünchKomm AktG, § 111, Rn. 399; Mertens in Kölner Kommentar AktG, § 111, Rn. 67; Hüffer, AktG, § 111, Rn. 18; Götz, ZGR 1990, S. 633 (640).

100 Vgl. Hopt/Roth in: Großkommentar AktG, § 111, Rn. 639; Mertens in: Kölner Kommentar AktG, § 111, Rn. 66; Götz, NZG 2002, S. 599 (602).

101 Regierungsbegründung zum TransPuG (BT-Drucks. 14/8769), S. 17.

102 Vgl. Bericht der Regierungskommission Corporate Governance, D., Rn. 34; Regierungsbegründung zum TransPuG (BT-Drucks. 14/8769), S. 17.

103 Semler in: MünchKomm AktG, § 111, Rn. 412. Vereinzelt wird dies nicht für ausreichend gehalten, da es Geschäfte gebe, die zwar einen herausragenden Einfluss auf die Ertragslage und die Risikoexposition der Gesellschaft haben, deren Scheitern aber nicht ihre Existenz bedrohe (Götz, NZG 2002, S. 599 (602)). Deshalb solle der Begriff „existentiell" im Sinne von „herausragend für das künftige Schicksal der Gesellschaft", ohne dass es einer Existenzgefährdung bedarf, interpretiert werden (Götz, NZG 2002, S. 599 (603)).

meist betreffen zustimmungsbedürftige Geschäfte Beteiligungsakquisitionen oder -veräußerungen, die Aufnahme neuer Produktionszweige, die Gründung oder die Beendigung von Gemeinschaftsunternehmen.[104] Wenn ein Geschäft nicht zustimmungspflichtig ist, aber den Eintritt eines schweren Schadens für die Gesellschaft befürchten lässt, muss der Zustimmungsvorbehalt (gewissermaßen ad hoc) verabschiedet werden, wenn der Aufsichtsrat von dem drohenden Schaden erfährt.[105]

Zumeist wird die Zustimmung (zweckmäßigerweise) in Form der Einwilligung erteilt werden.[106] Eine Genehmigung des Geschäfts durch den Aufsichtsrat nach Vornahme durch den Vorstand soll nur ausnahmsweise zulässig sein.[107] Voraussetzung ist, dass eine besondere Eilbedürftigkeit gegeben ist[108] und der Vorstand nach pflichtgemäßem Ermessen davon ausgehen kann, dass der Aufsichtsrat dem Geschäft zustimmen würde.[109]

Der Aufsichtsrat kann einem zustimmungspflichtigen Geschäft nach seinem Ermessen auch dann widersprechen, wenn es zwar ordnungs- und rechtmäßig ist, er es aber für zweckmäßiger hält, die entsprechende Handlung nicht vorzunehmen.[110] Dem Vorstand verbleibt kein eigenes Ermessen, da der Aufsichtsrat hier tatsächlich ein unternehmerisches Mitentscheidungsrecht innehat und nicht nur überwachend tätig wird.[111]

Der Aufsichtsrat ist gehalten, sein Handeln am Unternehmensinteresse auszurichten, das für alle unternehmerischen Entscheidungen in der Gesellschaft

---

104 Beispiele bei Hoffmann/Preu, Rn. 301.

105 BGHZ 124, 111 (127); vgl. Schmidt, GesR, S. 875 f.

106 Hopt/Roth in: Großkommentar AktG, § 111, Rn. 680; Semler in: MünchKomm AktG § 111, Rn. 435; Mertens in: Kölner Kommentar AktG, § 111, Rn. 80.

107 So h. M.: Hoffmann-Becking in: Münchener Hdb. des GesR Bd. 4, § 29, Rn. 46; Mertens in: Kölner Kommentar AktG, § 111, Rn. 80.

108 Vgl. Semler in: MünchKomm AktG, § 111, Rn. 436.

109 Siehe Hoffmann-Becking in: Münchener Hdb. des GesR Bd. 4, § 29, Rn. 46. Teils werden auch strengere Voraussetzungen aufgestellt: So wird vertreten, dass der Vorstand nur dann pflichtgemäß handelt, wenn er zumindest versucht hat, die Einwilligung des Aufsichtsrats zu erwirken (Lutter/Krieger, § 3, Rn. 115) oder der Aufsichtsrat pflichtwidrig handeln würde, wenn er die Zustimmung verweigern würde (so Götz, ZGR 1990, S. 633 (643)).

110 Hopt/Roth in: Großkommentar AktG, § 111, Rn. 671; Semler in: MünchKomm AktG, § 111, Rn. 443; Mertens in: Kölner Kommentar AktG, § 111, Rn. 85; Lutter/Krieger, Rn. 116.

111 Vgl. Semler in: MünchKomm AktG, § 111, Rn. 443; Mertens in: Kölner Kommentar AktG, § 111, Rn. 85; Hopt/Roth in: Großkommentar AktG, § 111, Rn. 66.

Leitlinie ist. Zustimmungspflichtige Geschäfte haben doppelten Charakter, da einerseits die Überwachung des Vorstands im Interesse der Anteilseigner, andererseits aber ausnahmsweise eine originäre Geschäftsführungsaufgabe wahrgenommen wird.[112] Durch die Verpflichtung zur Verabschiedung eines Katalogs zustimmungsbedürftiger Geschäfte wird der Aufsichtsrat aktiv in die Geschäftsführung eingebunden, was das Wesen der Aufsichtsratstätigkeit verändert, da der Aufsichtsrat nicht mehr rein überwachend tätig ist.

d. Abberufung von Mitgliedern des Vorstands

Das Recht zur Abberufung des Vorstands steht dem Aufsichtsrat gem. § 84 Abs. 3 AktG zu, weil er im Gefüge der Verfassung der Aktiengesellschaft gegenüber den Anteilseignern die Pflicht hat, dafür Sorge zu tragen, dass der Vorstand der unternehmerischen Verantwortung gerecht wird.[113] Diese Verpflichtung des Aufsichtsrats soll nicht dazu dienen, ihm operativen Einfluss zu sichern, sondern stellt eine Treuhandfunktion gegenüber den Aktionären und eine Ausformung der Überwachungsaufgabe gem. § 111 Abs. 1 AktG dar.[114]

Nach § 84 Abs. 3 S. 1 AktG kann der Aufsichtsrat die Bestellung zum Vorstand widerrufen, wenn ein wichtiger Grund vorliegt. Nach § 84 Abs. 3 S. 2 AktG soll dies bei groben Pflichtverletzungen oder der Unfähigkeit zu ordnungsgemäßer Geschäftsführung[115] der Fall sein, so wenn der Gesellschaft die Beibehaltung des Vorstandsmitglieds bis zum Ablauf seiner Amtszeit nicht mehr zugemutet werden kann.[116] Jedenfalls liegt ein wichtiger Grund bei notorischer Erfolglosigkeit oder Überforderung des Vorstands vor.[117] Aber auch Streitigkeiten über die grundsätzliche Unternehmenspolitik können einen wichtigen Grund darstellen, wenn die Differenzen nach eingehender Diskussion nicht zu beseitigen sind und der Aufsichtsrat die Politik im Unterneh-

---

112 Siehe Hoffmann/Preu, Rn. 302.

113 Vgl. Fonk in: Semler/v. Schenck, § 9, Rn. 290.

114 Hopt/Roth in: Großkommentar AktG, § 111, Rn 67; Hoffmann/Preu, Rn. 106; Roth/Wörle, ZGR 2004, S. 565 (566).

115 Während die Abberufung aufgrund grober Pflichtverletzung retrospektiv, das heißt als Reaktion auf einen eingetretenen Schaden erfolgt (vgl. Fonk in: Semler/v. Schenck, § 9, Rn. 289), ist die Abberufung aufgrund der Unfähigkeit zu ordnungsgemäßer Geschäftsführung zukunftsgerichtet und zielt darauf, einen bevorstehenden Schaden von der Gesellschaft abzuwenden (vgl. Fonk in: Semler/v. Schenck, § 9, Rn. 290).

116 Vgl. Mertens in: Kölner Kommentar AktG, § 84, Rn. 103; Lutter/Krieger, Rn. 364; Fonk in: Semler/v. Schenck, § 9, Rn. 288.

117 Siehe Mertens in: Kölner Kommentar AktG, § 84, Rn. 103.

mensinteresse für nicht ausreichend oder unvertretbar hält.[118] Auf ein Verschulden des Vorstandsmitglieds kommt es indessen nicht an,[119] es soll aber eine Abwägung zwischen den Interessen des Organmitglieds und denen der Gesellschaft vorgenommen werden.

Die Wirksamkeit dieses Rechts hängt wesentlich davon ab, dass die Entscheidung über die Ergreifung des Sanktionsmittels allein am Unternehmensinteresse ausgerichtet ist und nicht Abhängigkeitsbeziehungen zwischen Aufsichtsratsmitgliedern und Vorstandsmitgliedern einer objektiven Entscheidungsfindung entgegenlaufen.

e. Einberufung der Hauptversammlung

Nach § 111 Abs. 3 AktG kann der Aufsichtsrat mit einfacher Mehrheit seiner Stimmen beschließen, die Hauptversammlung einzuberufen, wenn das Wohl der Gesellschaft es erfordert. Die Einberufung der Hauptversammlung ist eines der stärksten Mittel, das der Aufsichtsrat einsetzen kann, und die Entscheidung kann nicht auf einen Ausschuss übertragen werden (§ 107 Abs. 3 S. 2 AktG). Wann eine Einberufung der Hauptversammlung geboten ist, kann anhand ihrer Kompetenzen bestimmt werden. Sie muss bezüglich des entsprechenden Gegenstands beschlussberechtigt sein, und die Beschlussfassung muss den Interessen der Gesellschaft dienen, die ohne sie nicht vergleichbar gewahrt werden könnten.[120] Die Hauptversammlung kann einberufen werden, damit sie dem Vorstand gem. § 84 Abs. 3 S. 2 AktG das Vertrauen entzieht. Der Beschluss der Hauptversammlung bildet in der Folge die Grundlage für eine Abberufung des Vorstands durch den Aufsichtsrat.[121]

Entsprechend den Überlegungen zur Abberufung von Vorstandsmitgliedern gilt auch hier, dass das Recht zur Einberufung einer Hauptversammlung nur wirksam wahrgenommen werden kann, wenn der Aufsichtsrat im Unternehmensinteresse handelt und in diesem Sinne über die Einberufung und folgend die Abberufung des Vorstands entscheidet.

f. Prüfung und Feststellung des Jahresabschlusses

Der Aufsichtsrat ist an der Prüfung und Feststellung des Jahresabschlusses (§§ 171, 172 AktG) beteiligt. Auch diese Aufgabe hat eine Doppelfunktion,

---

118 Fonk in: Semler/v. Schenck, § 9, Rn. 290; Lutter/Krieger, Rn. 365.

119 BGH WM 1955, 1222; Mertens in: Kölner Kommentar AktG, § 84, Rn. 103; Fonk in: Semler/v. Schenck, § 9, Rn. 288.

120 Breuer/Fraune in: Anwaltkommentar Aktienrecht, § 111 AktG, Rn. 23.

121 Vgl. Semler in: Münchener Hdb. des GesR Bd. 4, § 35, Rn. 9.

denn sie stellt einerseits ein Überwachungsinstrument und andererseits eine Maßnahme der Geschäftsführung dar.[122] Der Vorstand leitet den von ihm erstellten Jahresabschluss dem Aufsichtsrat zu, der die Unterlagen dem von der Hauptversammlung bestellten (§ 119 Abs. 1 Nr. 4 AktG) und vom Aufsichtsrat beauftragten (§ 111 Abs. 2 S. 3 AktG) Abschlussprüfer vorlegt. Die Beauftragung durch den Aufsichtsrat wurde durch das KonTraG eingefügt und ist sachgerecht, da der Abschlussprüfer gewissermaßen als „Überwachungsgehilfe" des Aufsichtsrats handelt.[123] Durch die Erteilung des Prüfungsauftrags soll die Zusammenarbeit von Aufsichtsrat und Abschlussprüfer gestärkt und dem Aufsichtsrat die Möglichkeit eingeräumt werden, Prüfungsschwerpunkte selbst festzulegen und so die Kontrolle zu intensivieren.[124] Darüber hinaus soll der Kontakt zwischen Vorstand und Abschlussprüfer zur Förderung der Unabhängigkeit des Abschlussprüfers eingeschränkt werden.

Den Prüfbericht legt der Abschlussprüfer dem Aufsichtsrat vor; dem Vorstand ist zuvor Gelegenheit zur Stellungnahme zu geben, die aber nicht in den Prüfbericht einfließt.[125] Hat der Aufsichtsrat den Prüfbericht erhalten, muss er den Jahresabschluss (eventuell den Konzernjahresabschluss), den Lagebericht, den Prüfbericht und den Vorschlag für die Gewinnverwendung prüfen und das Ergebnis schriftlich an die Hauptversammlung berichten (§ 171 Abs. 2 AktG). Wenn der Aufsichtsrat den Jahresabschluss billigt, ist er damit festgestellt (§ 172 AktG). Billigt der Aufsichtsrat den vom Vorstand aufgestellten und vom Abschlussprüfer geprüften Jahresabschluss nicht, so muss gem. § 173 Abs. 1 S. 1 AktG die Hauptversammlung einen Beschluss über die Feststellung des Jahresabschlusses fassen.

Die Prüfung und Billigung des Jahresabschlusses hat entscheidende Bedeutung, weil die Rechnungslegung der wichtigste Parameter für die Bewertung des Unternehmens ist, denn Zweck der Rechnungslegung ist es, Anteilseigner, Gläubiger, Belegschaft, potentielle Aktionäre, staatliche Instanzen etc. über die Vermögens- und Ertragslage des Betriebes zu informieren.[126] Auch diese Aufgaben setzen voraus, dass der Aufsichtsrat sie neutral wahrnimmt und Fehler oder Fehlentwicklungen nicht aufgrund von Bindungen zum Vorstand oder anderen beteiligten Interessengruppen hinnimmt. Interessengeleitete falsche Bilanzierungen durch den Vorstand, die vom Aufsichtsrat nicht gerügt wer-

---

122 Hoffmann/Preu, Rn. 306.

123 Vgl. Hoffmann/Preu, Rn. 310; Hommelhoff/Mattheus, AG 1998, S. 249 (251).

124 Kropff in: Semler/v. Schenck, § 8, Rn. 153.

125 Hoffmann/Preu, Rn. 311.2.

126 Wöhe/Döring, S. 823.

den, können für die Gesellschaft negative Folgen haben. Durch die Verlagerung von Kompetenzen vom Vorstand auf den Aufsichtsrat sollten entsprechende Fehlentwicklungen gerade verhindert werden und eine neutrale Prüfung ermöglicht werden.

g. Zwischenergebnis - ausreichende Eingriffsmöglichkeiten des Aufsichtsrats

Grundsätzlich besteht eine ausgewogene Kompetenzverteilung zwischen Vorstand und Aufsichtsrat. Dem Aufsichtsrat steht ein weites Spektrum von Instrumenten unterschiedlicher Intensität zur Wahrnehmung seiner Überwachungsaufgabe zur Verfügung, beginnend bei der Möglichkeit, Stellungnahmen abzugeben, über den Erlass einer Geschäftsordnung für den Vorstand, die Festlegung von zustimmungspflichtigen Geschäften und der Beauftragung der Abschlussprüfer bis hin zur Kompetenz, den Vorstand abzuberufen. Der Aufsichtsrat hat die Möglichkeit, auf verschiedenen Ebenen der Entscheidungsfindung tätig zu werden und auf angemessener Informationsgrundlage zu entscheiden, denn die Berichtspflichten des Vorstands sind so ausgestaltet, dass der Aufsichtsrat einen ausreichenden Überblick über das Handeln der Vorstände und die Lage des Unternehmens gewinnen kann. Auf Grundlage dieser Informationen kann der Aufsichtsrat entscheiden, ob er weitere Informationen als notwendig erachtet – auch hierzu stehen ihm ausreichende Kompetenzen zu – oder ob er andere Maßnahmen ergreift. § 111 Abs. 4 S. 2 AktG ermöglicht es dem Aufsichtsrat zudem, bei besonders wesentlichen Entscheidungen mitzuwirken.

Ein Teil der Sanktionsmöglichkeiten wurde nach den oben erwähnten Firmenzusammenbrüchen und Unternehmensschädigungen neu eingeführt. Bestimmte Informationsrechte, wie die Möglichkeit des Berichtsverlangens eines einzelnen Aufsichtsratsmitglieds, standen den damaligen Aufsichtsräten also nicht zur Verfügung. Jedoch wurden die bereits vorhandenen Möglichkeiten nicht hinreichend genutzt[127] und bspw. im Falle sich aufdrängender Fehlentwicklungen keine gesonderten Berichte angefordert.[128] Auch wurde seitens der Aufsichtsräte nicht die Verpflichtung wahrgenommen, Hinweisen der Presse oder sonstiger Dritter, die auf eine Fehlentwicklung hindeuteten, nachzugehen.[129] Wenn der Aufsichtsrat eingriff, geschah dies häufig zu spät, und er nutzte die ihm zur Verfügung stehenden Kompetenzen nicht aus.[130]

---

127 Lutter, ZHR 159 (1995), S. 287 (295).

128 Vgl. zur Metallgesellschaft: FAZ, 06.12.1994, S. 22.

129 Lutter, ZHR 159 (1995), S. 287 (293).

130 Vgl. Roth/Wörle, ZGR 2004, S. 565 (570); Lutter, ZHR 159 (1995), S. 287 (295).

Voraussetzung für die Wirksamkeit dieser Instrumente ist, dass der Aufsichtsrat unabhängig im alleinigen Unternehmensinteresse seine Aufgaben wahrnimmt. Wenn der Aufsichtsrat die zur Verfügung stehenden Instrumente konsequent nutzen würde, kann davon ausgegangen werden, dass er die Leitungsentscheidungen des Vorstands angemessen beurteilen kann und ihm geeignete Eingriffsmöglichkeiten zustehen, um Fehlentwicklungen zu verhindern.

4. Folgerung: Mängel auf Ebene der informellen Organisation

Die Mängel in der Überwachung durch den Aufsichtsrat resultieren nicht aus der grundsätzlichen Aufbau- und Ablauforganisation in der Aktiengesellschaft. Die dem Gremium zur Verfügung stehenden Instrumentarien sind ausreichend und zweckmäßig, werden in der Regel aber nicht hinreichend genutzt. Vielmehr basiert ein zu beobachtendes Überwachungsdefizit in der unzureichenden Umsetzung der gesetzlich vorgegebenen Aufgaben. Diese Schwäche in der Aufgabenwahrnehmung ist auf die Zusammensetzung des Organs und auf die Art, wie das einzelne Mitglied die ihm übertragenen Aufgaben wahrnimmt, zurückzuführen. Geht man davon aus, dass nicht stets eine unzureichende fachliche Qualifikation, die auch einen wesentlichen Teil der persönlichen Eignung eines Aufsichtsratsmitglieds ausmacht, Grund für die Schwäche der Aufgabenwahrnehmung ist, so muss dieser im Fehlen anderer persönlicher Qualifikationen zu suchen sein. In der Literatur wird mangelndes persönliches Engagement[131] und eine fehlerhafte Besetzung des Aufsichtsrats mit Geschäftspartnern im Sinne eines Organs zur Beziehungspflege[132] oder ehemaligen Mitgliedern des Vorstands der Gesellschaft als Gründe für das Versagen der Aufsichtsräte genannt.

Gemein ist diesen Vorwürfen, dass bei den Aufsichtsräten Eigenschaften und Verhaltensweisen bemängelt werden, die auf die Ausrichtung an anderen Interessen und somit auf das Fehlen persönlicher Unabhängigkeit schließen lassen. Dies führt zu einem nicht der Überwachungsaufgabe angemessenen (Selbst-)Verständnis der Aufsichtsratsmitglieder und daraus resultierend zu Nachlässigkeiten oder Pflichtwidrigkeiten bei der Wahrnehmung der gesetzlich übertragenen Überwachungsaufgabe. Die Unabhängigkeit als persönliche Eigenschaft stellt einen Faktor dar, der innerhalb einer bestehenden Organisationsstruktur der Aktiengesellschaft auf der Ebene der informellen Organisati-

---

131 So nennt Lutter, ZHR 159 (1995), S. 287 (295) als Gründe für Fehlentwicklungen „Bequemlichkeit, Unterbezahlung, Überbeschäftigung, mangelnde Professionalität und Ritualisierung".

132 Semler, FS Lutter, S. 721 (726).

on wirksam wird. Dies bedeutet, dass die Gründe für die unzureichende Überwachung in der Besetzung des Organs und dabei insbesondere in der persönlichen Eignung des einzelnen Mitglieds zu suchen sind, und dass eine Besetzung mit Aufsichtsratsmitgliedern, die in geringerem Maße von anderen Interessen geleitet sind, zu einer Verbesserung der Überwachung führen würde.

VI. Anderweitige Gefährdung der Funktionswahrnehmung durch Ausweitung der Beratungsfunktion

Den Bestrebungen, die Unabhängigkeit des Aufsichtsrats zu fördern, stehen Tendenzen entgegen, den Aufsichtsrat vorrangig als Beratungsorgan für den Vorstand anzusehen. Die in die Zukunft gerichtete Überwachung der Geschäftsführung findet vor allem durch die Beratung des Vorstands statt,[133] zu der der Aufsichtsrat verpflichtet ist. Die Beratung soll dazu dienen, die Zukunft des Unternehmens zu gestalten.[134] Der Aufsichtsrat soll gewissermaßen „institutioneller Ratgeber" und Gesprächspartner des Vorstands sein.[135]

Der Charakter der dem Aufsichtsrat übertragenen Aufgaben sowie seine Bindung an das Unternehmensinteresse erfordern Mitglieder, die möglichst frei von anderen Interessenbindungen ihr Amt wahrnehmen. Zunehmend veränderte sich in den letzten Jahren das gesetzliche Leitbild des Aufsichtsrats von einem rein kontrollierenden zu einem beratenden Organ.[136] Diese Ausrichtung fördert innergesellschaftliche Abhängigkeiten zwischen Vorstand und Aufsichtsrat und kann die Überwachungsfunktion beeinträchtigen. Die grundsätzliche Unabhängigkeit des Organs vom Vorstand wird gemindert. Diese Tendenzen bedingen, dass an einzelne Aufsichtsratsmitglieder höhere Anforderungen hinsichtlich ihrer persönlichen Unabhängigkeit gestellt werden müssen, um weitere Abhängigkeiten zu regulieren.

1. Inhalt der Beratungsaufgabe

Es ist allgemeine Auffassung, dass der Aufsichtsrat dem Vorstand im Rahmen seiner Überwachungstätigkeit beratend zur Seite stehen soll.[137] Dies wird da-

---

133 BGHZ 114, 127 (129 f.); Semler in: MünchKomm AktG, § 111, Rn. 93; Hopt/Roth, Großkommentar AktG, § 111, Rn. 58; Mertens in: Kölner Kommentar AktG, § 111, Rn.34; Hüffer, AktG, § 111, Rn. 5; Hoffmann-Becking in: Münchener Hdb. des GesR Bd. 4, § 29, Rn. 32; dagegen Scheffler, ZGR 1993, 63 (69).

134 Lutter/Krieger, Rn. 94.

135 BGHZ 114, 127 (130); BGH 126, 340 (344 ff.); Lutter/Krieger, Rn. 94.

136 Vgl. Lutter/Krieger, Rn. 57.

137 Siehe die Nachweise oben. So bezeichnet bspw. Dreher, FS Boujong, S. 71 (74) die Beratung des Vorstands als „Primäraufgabe" des Aufsichtsrats.

mit begründet, dass nur so auf künftige Geschäftsvorfälle Einfluss genommen werden könne und darüber hinaus ansonsten Kenntnisse des Aufsichtsrats ungenützt blieben, die insbesondere dem Management mittelständischer Unternehmen wertvolle Impulse liefern könnten.

Dies hat der BGH in mehreren Entscheidungen bestätigt,[138] es ist herrschende Meinung in der aktienrechtlichen Literatur[139] und auch die Bundesregierung geht von einer Beratungspflicht des Aufsichtsrats aus,[140] was sich an den vom Bundesministerium der Justiz gebilligten Regelungen des DCGK zeigt.[141] Somit besteht über die Notwendigkeit und rechtliche Zulässigkeit bzw. Gebotenheit der Beratung durch den Aufsichtsrat wenig Streit. Von der Mehrzahl der Autoren[142] werden mögliche negative Auswirkungen auf die Kontrollpflicht des Aufsichtrats nicht thematisiert und wenn doch,[143] werden hieraus keine Konsequenzen gezogen.

Eine genaue Definition von Beratung findet sich weder im Aktiengesetz, noch wurde eine Begriffsbestimmung in Bezug auf die Aufsichtsratstätigkeit von der Rechtsprechung gefordert. Es lässt sich aber eine vom BGH zur Beratungstätigkeit von Wirtschaftsprüfungsunternehmen entwickelte Definition heranziehen. Laut BGH versteht man unter Beratung, die „Abgabe oder Erörterung von Empfehlungen durch sachverständige Personen im Hinblick auf künftige Entscheidungen".[144] Orientiert man sich an dieser Definition für Beratung,

---

138 Z. B.: BGHZ 114, 127; BGHZ 126, 340.

139 So v. Schenck, in: Semler/v. Schenck, § 7, Rn. 107 („ganz wichtiges Element richtig verstandener Aufsichtsratsarbeit"); Lutter/Krieger, Rn. 94; Hoffmann-Becking in: Münchener Hdb. des GesR Bd. 4, § 29, Rn. 32; Hopt/Roth in: Großkommentar AktG, § 111, Rn. 61; Mertens in: Kölner Kommentar AktG, § 111, Rn. 34; Servatius, AG 1995, S. 223 (224).

140 Vgl. Kropff, AktG 1965, S. 96 (Begründung Regierungsentwurf). Allerdings wird hier zur Beratung des Vorstands durch den Aufsichtsrat lediglich auf die Berichtspflichten nach § 90 Abs. 1 S. 1 Nr. 1 und Nr. 4 AktG verwiesen. Heute wird vielfach zukunftsgerichtete Beratung im Sinne ständiger begleitender Beratung gefordert und verstanden. Aus diesem Grund ist der häufige Verweis in der Literatur auf die Regierungsbegründung zur Herleitung einer umfassenden Beratungspflicht des Aufsichtsrats irreführend.

141 Ziffer 5.1.1 DCGK nennt die Beratung sogar vor der Überwachung („Aufgabe des Aufsichtsrats ist es, den Vorstand bei der Leitung des Unternehmens regelmäßig zu beraten und zu überwachen") und macht sie nicht als den zukunftsgerichteten Teil der Überwachung kenntlich.

142 Ausnahme: Oetker in: Handbuch Corporate Governance, S. 261 (263 f.); Deckert, AG 1997, S. 109 (111) schlägt eine Reduzierung der Beratungstätigkeit vor.

143 Lutter/Krieger, Rn. 95 f.

144 BGH 135, 260 (264), „Allweiler".

folgt, dass der Aufsichtsrat selbst – berät er den Vorstand insbesondere bei strategischen Angelegenheiten – gezwungen ist, unternehmerische Entscheidungen zu treffen und nicht lediglich die Recht-, Ordnungs- und Zweckmäßigkeit sowie die Wirtschaftlichkeit des unternehmerischen Handelns anderer nachzuvollziehen hat.[145] Zur Beratungsaufgabe des Aufsichtsrats gehört, dass er die Vorlagen und Vorhaben des Vorstands auf Plausibilität analysiert und prüft, ob ein anderes Verhalten zweckmäßiger oder wirtschaftlicher sein könnte. Ergeben sich Bedenken, so muss er diese dem Vorstand darlegen und erläutern, die endgültige Entscheidung obliegt jedoch dem Vorstand.[146]

2. Bedenken bezüglich der Beratungstätigkeit

Die Vermutung, dass die Beratungsfunktion die Kontrollfunktion des Aufsichtsrats gefährdet, beruht auf der Annahme, dass Beratung und Kontrolle schwer zu verbindende Funktionen unterschiedlichen Charakters sind.

a. Unvereinbarkeit von Kontrolle und Beratung durch eine Person

Dagegen, Beratung und Kontrolle von der selben Person durchführen zu lassen, spricht zunächst, dass Kontrolle und Beratung miteinander nicht vereinbare Rollen sind, da die Beratung eine möglichst weitgehende Einbindung in den Entscheidungsprozess erfordert, weil sie die technische Dimension der Unternehmensführung betrifft, wohingegen die Kontrollrolle die normative Dimension des Vorstandshandelns betrifft.[147] Aufgrund der faktischen Trennung von Eigentum und Verfügungsgewalt ist die Kontrollrolle des Aufsichtsrats unverzichtbar. Ihr muss deshalb vor der Beratungsrolle der Vorzug gegeben werden.[148]

Ferner ist festzustellen, dass das Verhältnis von Vorstand und Aufsichtsrat im Sinne der diesen Überlegungen zugrunde liegenden Systemtheorie durch Misstrauen geprägt ist und Beziehungen dieser Art kontrollierender Aktivität (in Form von Kontrollberichten, periodischer Rechnungslegung etc.) und nicht beratender Begleitung bedürfen.

These der von Niklas Luhmann begründeten Systemtheorie[149] ist, dass die soziale Komplexität der Beziehung im Rahmen sozialen Kontakts durch die Beteiligten (hier Vorstand und Aufsichtsrat) reduziert wird, indem Vertrauen oder Misstrauen gebildet wird. Die soziale Komplexität ergibt sich daraus,

---

145 Vgl. Kapitel 1 § 2 II. 1.

146 Lutter/Krieger, Rn. 94.

147 Steinmann/Klaus, AG 1987, S. 29 (31).

148 Steinmann/Klaus, AG 1987, S. 29 (31).

149 Vgl. Luhmann, Soziale Systeme, S. 1 ff.

dass die Rolle des Vorstands nicht insoweit festgelegt ist, dass der Aufsichtsrat bestimmte Verhaltenserwartungen bezüglich des Vorstands entwickeln und von deren Einhaltung durch den Vorstand sicher ausgehen kann.[150]

Um diese Situation handhabbar zu machen, ist die Bildung von Vertrauen oder Misstrauen notwendig: Wird Vertrauen gebildet, wird so verfahren, als habe der Gegenüber die Leistung bereits erbracht oder als sei ihre Erbringung sicher. Da Erfolg der Parameter ist, nach dem sich die Leistung bspw. eines Managers bemisst, das zum Erfolg führende Handeln aber erst im Nachhinein ersichtlich ist, werden ihm seine Position und die mit ihr verbundenen Kompetenzen unter der Zubilligung von Vertrauen eingeräumt.[151] Das Gegenstück zur Reduzierung sozialer Komplexität durch die Bildung von Vertrauen ist die Bildung von Misstrauen. Hier werden bestimmte Erwartungen ins Negative zugespitzt,[152] und es wird durch die Ansammlung von Information versucht nachzuvollziehen, ob sich der Gegenüber entsprechend rollenkonform verhält.[153]

Für die Bildung von Vertrauen ausschlaggebend sind die Spezifizierbarkeit der Rollenerwartung, die Aufkündbarkeit der Kooperationsbeziehung, die Kompensationsfähigkeit von Enttäuschungen und die perzipierte Vertrauenswürdigkeit des Partners.[154] Diese Faktoren sind in Bezug auf die Vorstandsrolle nicht ausgeprägt, so dass sich Vertrauen nicht eignet, um die soziale Komplexität im Gefüge zwischen Vorstand und Aufsichtsrat zu reduzieren,[155] die Vorstandsrolle kann, dies zeigt die offene Formulierung des § 76 AktG, nicht präzise beschrieben werden.[156] Die Kooperationsbeziehung ist auch nicht aufkündbar, da der Aufsichtsrat nicht ohne weiteres an die Stelle des Vorstands treten kann und Fehlleistungen des Vorstands nicht einfach und ohne bleibende negative Konsequenzen ausgeglichen werden können. Ferner kann der Aufsichtsrat die Vertrauenswürdigkeit des Vorstands kaum im Vorhinein abschätzen.[157] Im Rahmen kontrollierender Tätigkeit muss dann ex post überprüft werden, ob sich der Vorstand entsprechend der Rollenerwartung verhält.

---

150 Steinmann/Klaus, AG 1987, S. 29 (31).

151 Vgl. Luhmann, Vertrauen, S. 30.

152 Luhmann, Vertrauen, S. 93.

153 Luhmann, Vertrauen, S. 93.

154 Vgl. Steinmann/Klaus, AG 1987, S. 29 (32).

155 Steinmann/Klaus, AG 1987, S. 29 (33).

156 Steinmann/Klaus, AG 1987, S. 29 (33).

157 Steinmann/Klaus, AG 1987, S. 29 (33).

b. Unterschiedliche Interessenbindungen bei Kontrolle und Beratung

Neben diesem Erklärungsmodell sprechen weitere Gründe gegen eine Vereinbarkeit von Beratung und Kontrolle. Von Wirtschaftswissenschaftlern wird vertreten, dass Kontrolle und Beratung nicht gleichzeitig erfolgen können, da Kontrolle stets im Interesse Dritter und Beratung im Interesse des Ratsuchenden vorgenommen würden.[158] So würde zwar die Überwachung vom Vorstand eventuell subjektiv als Beratung wahrgenommen, jedoch dürfe die zukunftsgerichtete Überwachung keinesfalls als Unterstützungsfunktion im Interesse und/oder als Ergänzung von dessen Leitungsfunktion verstanden werden, damit ein Funktionswechsel vom Bewacher zum „Mit"-Geschäftsführer ausgeschlossen werden könne.[159] Dem wird entgegengehalten, dass die Beratung auch im Interesse der Anteilseigner liege, da das frühzeitige Erkennen und Korrigieren von Fehlern in ihrem Sinne sei.[160]

Nicht ausreichend berücksichtigt dieser Einwand jedoch, dass Fehler auch im Rahmen der Kontrolle durch die Überprüfung der Vorstandsberichte nach § 90 Abs. 1 S. 1 Nr. 1, 4 AktG vermieden werden können.[161] Die Kontrolldichte mit einem jährlichen Pflichtbericht ist zwar gering, es besteht aber die Möglichkeit, zusätzliche Berichte anzufordern.

c. Vergleichbarkeit mit dem Beratungsverbot des Abschlussprüfers

In Bezug auf den Abschlussprüfer ist die Unvereinbarkeit von Kontrolle und Beratung anerkannt (§ 49 WPO, § 319 Abs. 2 Nr. 5 HGB), und es wird teils eine gleiche Ausgestaltung der Regelungen für den Aufsichtsrat erwogen.[162]Allerdings können diese Prinzipien nur eingeschränkt auf den Aufsichtsrat übertragen werden, da sich zum einen die Rollen von Abschlussprüfer und Aufsichtsrat strukturell unterscheiden und das Beratungsverbot allein in eng begrenzten Fällen eingreift.

Festzustellen ist zunächst, dass die Unvereinbarkeit von Kontrolle und Beratung nur in bestimmten Fällen, die direkt mit der Rolle als Abschlussprüfer zusammengehören, angenommen wird:[163] § 319 Abs. 2 Nr. 5 HGB soll verhindern, dass der Abschlussprüfer den selbst aufgestellten Jahresabschluss prüft. Eine verbotene Selbstprüfung liegt bei einer Mitwirkung „im technischen Sin-

158 So Theisen, AG 1995, S. 193 (199).

159 Theisen, AG 1995, S. 193 (199).

160 Vgl. Lutter/Krieger, Rn. 97.

161 Vgl. Kropff, AktG 1965, S. 96 (Begründung Regierungsentwurf).

162 Theisen, AG 1995, S. 193 (199).

163 Auch zum Zeitpunkt, da der Aufsatz von Theisen, AG 1995 verfasst wurde.

ne" des Prüfers am Jahresabschluss vor, und auch nur dann, wenn der Prüfer im Rahmen der Beratung anstelle des Vorstands die unternehmerische Entscheidung trifft.[164]

Somit sind die Vorschriften nur bedingt dazu geeignet, ein Beratungsverbot für Aufsichtsräte zu rechtfertigen. Wollte man eine Parallele ziehen, so müsste eine „technische Mitwirkung" des Aufsichtsrats an den Vorstandsbeschlüssen angenommen werden. Dies kann aber lediglich bei § 111 Abs. 4 S. 2 AktG der Fall sein. Im Bereich der Geschäftsführung, die der allgemeinen Überwachung durch den Aufsichtsrat unterliegt, trifft der Vorstand die unternehmerische Entscheidung in eigener Verantwortung.[165] Somit kann ein Vergleich mit dem Beratungsverbot für den Jahresabschlussprüfer nicht zur Begründung oder Rechtfertigung eines Beratungsverbots für Aufsichtsräte dienen.

Weiterhin unterscheiden sich die Stellung von Abschlussprüfer und Aufsichsrat der Gesellschaft wesentlich. Zwar wird der Abschlussprüfer gewissermaßen als Gehilfe des Aufsichtsrats angesehen, denn er wirkt an der Kontrolle der Geschäftsführung durch die Prüfung des Jahresabschlusses mit.

Während der Aufsichtsrat jedoch als Organ der Aktiengesellschaft dem Unternehmensinteresse verpflichtet ist und die Aktionärsinteressen vertritt, wird der Abschlussprüfer quasi hoheitlich tätig[166] und ist strengen berufsständischen Regelungen unterworfen.[167] Er ist kein Organ der Aktiengesellschaft und auch als Gehilfe des Aufsichtsrats als Garant der öffentlichen Rechnungs-

---

164 BGHZ 135, 260 (265) „Allweiler"; Ebke in: MünchKomm HGB, § 319, Rn. 27; a. A. Zimmer in: Großkommentar HGB, § 319, Rn. 41, der einen erheblichen Einfluss des Abschlussprüfers für ausreichend hält. Aufgrund der Maßgeblichkeit der Steuer- für die Handelsbilanz (§ 5 Abs. 1 S. 1 EStG) und der umgekehrten Maßgeblichkeit gem. § 5 Abs. 1 S. 2 EStG soll dieser bereits bei allgemeiner Beratung in Form der Steuerberatung vorliegen. Eine dritte enge Ansicht nimmt eine verbotene Mitwirkung bei der Aufstellung nur dann an, wenn ein konkreter Auftrag zur Mitwirkung an der Buchführung oder der Aufstellung besteht (vgl. Bay ObLG WM 1987, S. 1361 (1366)).

165 BGHZ 135, 260 (265) bzgl. des Verbleibs der „funktionalen Entscheidungszuständigkeit" für die Aufstellung des Jahresabschlusses beim Unternehmen, die das Eingreifen von § 319 Abs. 2 Nr. 5 HGB ausschließt.

166 So stehen dem Abschlussprüfer weitgehende Einsichts- und Kontrollrechte gegenüber dem zu prüfenden Unternehmen zu, indem er befugt ist, alle im Unternehmen vorhandenen, für die Durchführung der Abschlussprüfung relevanten Informationsquellen zu nutzen (§ 320 Abs. 2 S. 1 HGB), vgl. Ball, S. 52.

167 Zwar übt er kein öffentliches Amt aus, jedoch hat die privatwirtschaftliche Organisation der Abschlussprüfung einen starken öffentlich-rechtlichen Einschlag, was sich u. a. an der umfassenden gesetzlichen Reglementierung des Berufsstandes der Wirtschaftsprüfer (öffentliche Bestellung und Vereidigung etc.) zeigt (so Ball, S. 53).

legung im öffentlichen Interesse tätig.[168] Durch die unparteiische Tätigkeit des Wirtschaftsprüfers in seiner Rolle als Abschlussprüfer soll das Vertrauen der Öffentlichkeit in die Glaubwürdigkeit der Rechnungslegung von Unternehmen geschaffen werden.[169]

d. Mitwirkung bei unternehmerischen Entscheidungen

Die Beratung des Vorstands versetzt den Aufsichtsrat in die Lage, an unternehmerischen Entscheidungen mitzuwirken. Mit der Beteiligung wächst aber auch die Verantwortlichkeit für unternehmerische Fehlentwicklungen, deren Kontrolle und Ahndung Aufgabe des Aufsichtsrats ist. Mithin ist das Gremium zur Kontrolle seiner eigenen Entscheidungen verpflichtet.[170] Selbst wenn der Vorstand final zur Entscheidung berufen bleibt, wächst durch die Beratung die Verantwortlichkeit des Aufsichtsrats. Im Fall negativer Entwicklungen ist der Aufsichtsrat aufgrund seines Mitwirkens an der Entscheidung in der rückhaltlosen Aufklärung gehemmt.[171] Dies bedingt, dass die Beratungsfunktion die Kontrollfunktion einschränkt. Ferner wächst durch eine Intensivierung der Beratung die Nähe zum Vorstand, was zu persönlichen Dependenzen führen kann und die Unabhängigkeit des Aufsichtsrats vom Überwachungsobjekt gefährdet.

e. Ausreichende Beratungskompetenz

Die Beratungskompetenz des Aufsichtsrats kann in vielen Fällen bestehen und unterliegt keinen grundsätzlichen Bedenken. Es wird zwar moniert, dass Beratung stets einen Wissensvorsprung des Beraters voraussetzt, der aber in modernen Großunternehmen, die von einem professionellen Management geführt werden, in der Regel nicht bestehen dürfte.[172] Es können aber in der Person eines Aufsichtsrats Spezialkenntnisse oder besondere Erfahrungen vorhanden sein, die der Vorstand der Gesellschaft nicht besitzt. Insbesondere kann dies bei kleineren Aktiengesellschaften oder neu gegründeten Unternehmen der Fall sein. Aus diesem Grund trifft eine grundsätzliche Vermutung, dass kein Wissensvorsprung des Aufsichtsrats besteht, nicht zu.

---

168 Vgl. Ball, S. 51.

169 Siehe Hagel, Wpg 2002, S. 1355 (1355).

170 So auch Stadler, S. 102 f.

171 Vgl. zu ähnlich gelagerten Konflikten beim Abschlussprüfer: Ernst, Wpg 2003, S. 18 (21); Bauer, WiSt 2004, S. 178 (179).

172 Steinmann/Klaus, AG 1987, S. 29 (31).

f. Mangelnde Justiziabilität der Beratungshandlung

Auch die mangelnde Justiziabilität von Beratungshandlungen des Aufsichtsrats in dem Fall, dass diese zu weit in die Geschäftsführungsbefugnisse des Vorstands eingreifen, wird als Argument gegen eine Beratung durch den Aufsichtsrat angeführt.[173] Dem Vorstand stünden kaum Erfolg versprechende Mittel zur Verfügung, um sich gegen eine zu weitgehende „Einmischung" des Aufsichtsrats zu wehren.[174]

3. Zwischenergebnis – Zunehmende Beratungstätigkeit erfordert höhere Unabhängigkeit

Der Aufsichtsrat wird zunehmend, auch vom Gesetzgeber und der Rechtsprechung, als Beratungsorgan des Vorstands gesehen. Beratung und Kontrolle sind einander fremde Aufgaben. So birgt die Forderung nach einer weitergehenden Einbindung des Aufsichtsrats in die Geschäftsführung durch die laufende Beratung des Vorstands die Gefahr in sich, dass die verantwortliche Mitwirkung an unternehmerischen Entscheidungen des Vorstands zu einer verminderten Überwachungstätigkeit führen kann. Um das möglicherweise daraus entstehende Kontrolldefizit gering zu halten, wird die Forderung nach persönlicher Unabhängigkeit eines Aufsichtsratsmitglieds für eine im Unternehmensinteresse funktionierende Überwachung umso wichtiger.

VII. Hohe Unabhängigkeitsanforderungen in anderen Rechtsordnungen

Auch international wird die Unabhängigkeit der Mitglieder von Verwaltungsräten und vergleichbaren Gremien diskutiert[175] und in zahlreichen Ländern sind Regelungen zur Unabhängigkeit von Mitgliedern des Board of Directors oder des Aufsichtsorgans erlassen worden.[176] Beispielhaft genannt werden können neben den USA Großbritannien[177] und Frankreich.[178]

---

173 Stadler, S. 96.

174 Vgl. Stadler, S. 97. Stadler merkt an, dass der Vorstand ein Fehlverhalten des Aufsichtsrats substantiiert darlegen müsste, was den Vorstand in Konflikt mit dem Geheimhaltungsinteresse der Gesellschaft bringen würde. Ferner sieht Stadler die Parteistellung auf der Passivseite bei einem Interorganstreit zwischen Vorstand und Aufsichtsrat als problematisch an, da dem Aufsichtsrat keine Parteifähigkeit im Sinne von § 50 Abs. 1 ZPO zukommt und auch keine Analogie zu § 61 Nr. 2 VwGO gezogen werden kann.

175 Vgl. IOSCO-Report.

176 Vgl. IOSCO-Report, S. 34.

177 The Combined Code of Corporate Governance, July 2003, A.3, Board Balance and Independence.

178 Rapports EFEP-MEDEF, Le gouvernement d'entreprise des sociétés cotées, No. 8, Administrateurs Indépendants.

Hervorzuheben ist insbesondere die Gesetzgebung der USA im Bereich des Kapitalmarktrechts und damit verbunden auch des Gesellschaftsrechts börsennotierter Gesellschaften. Diese beeinflusst die Tätigkeit des europäischen und deutschen Gesetzgebers. So orientiert sich die Empfehlung 2005/162/EG sichtlich an den Regelungen des SOX. Auch andere kapitalmarktrechtliche und gesellschaftsrechtliche Institute, wie z. B. Regelungen über Insidergeschäfte,[179] Directors' Dealings,[180] das Geschäftsleiterermessen (Business Judgment Rule),[181] wurden aus dem US-amerikanischen Recht vom deutschen Gesetzgeber übernommen.[182] Beim SOX handelt es sich um ein Gesetz, das als Antwort auf mehrere Unternehmenszusammenbrüche (Enron, Worldcom) erlassen,[183] dazu beitragen sollte, das Vertrauen der Anleger in den Kapitalmarkt zu stärken respektive wieder herzustellen.[184] Der SOX verkörpert die weitgreifendste Reform des amerikanischen Gesellschafts- und Kapitalmarktrechts seit dem Erlass des Securities Exchange Act of 1934 (folgend: Securities Exchange Act).

Der Blick auf Regelungen zur Unabhängigkeit im monistischen System nimmt auch in Deutschland an Bedeutung zu, da sich zunächst durch die Erweiterung der Beratungsfunktion des Aufsichtsrats das dualistische auf das monistische Leitungssystem zubewegt.[185] Daneben besteht mit der Societas Europaea (SE) nunmehr auch in Deutschland die Möglichkeit, eine Gesellschaft mit einem einheitlichen Leitungsorgan zu gründen.

1. Funktionsweise des monistischen Führungssystems

Während im dualistischen System Leitung und Überwachung organschaftlich getrennt sind (vgl. § 105 AktG), werden diese Funktionen im monistischen Leitungssystem von einem einzigen Gremium ausgeführt,[186] das dadurch eine nahezu uneingeschränkte Machtfülle besitzt.[187] Ein Teil der Geschäftsfüh-

---

179 § 14 WpHG.

180 § 15a WpHG, Veröffentlichung und Mitteilung von Geschäften.

181 § 93 Abs. 1 S. 2 AktG.

182 Vgl. Fleischer, ZIP 2006, S. 451 (453).

183 Vgl. Gruson/Kubicek, AG 2003, S. 337 (337).

184 Vgl. Block, BKR 2003, S. 774 (774); AKEIÜ der Schmalenbach - Gesellschaft, BB 2004, S. 2399 (2399).

185 So zum Beispiel: Oetker in: Handbuch Corporate Governance, S. 261 (263 f.); Berrar, DB 2001, S. 2181 (2186); Auch die Präambel des DCGK trifft diese Feststellung.

186 Siehe Leyens, RabelsZ 2003, S. 57 (69); Lück, DB 1999, S. 441 (441).

187 Diese Machtfülle ist laut v. Hein mehr auf tatsächliche Gegebenheiten, wie die bessere Information über die Vorgänge innerhalb des Unternehmens, die Mitgliedschaft von, vom CEO abhängigen leitenden Angestellten der Gesellschaft im Board of Directors,

rungsaufgaben wird angestellten Führungskräften (Executives, Officers) übertragen, jedoch können auch Mitglieder des Board of Directors diese Funktionen innehaben.[188] Dem Aspekt der Selbstüberwachung wird durch eine verstärkte Funktionstrennung innerhalb des Board of Directors Rechnung getragen. So genannte Non-Executive Directors (auch: Outside Directors) sind Mitglieder des Board of Directors, nehmen aber keine Geschäftsführungsaufgaben wahr; Executive Directors (auch: Inside Directors) sind gleichzeitig Mitglieder des Board of Directors und stellen die höchste Geschäftsführungsebene dar.[189] Durch die Mitgliedschaft von Non-Executive Directors soll die Überwachung verbessert werden.[190] Inside Directors und Outside Directors treffen aber dieselben Pflichten und Aufgaben.[191] Außerdem sind die Aufgaben im Rahmen der Jahresabschlussprüfung dem Audit Committee überantwortet,[192] für dessen Besetzung besonders strenge Voraussetzungen bestehen.[193] Weiterhin soll die Personenidentität zwischen dem Chairman of the Board (Vorsitzender des Board) und dem Chief Executive Officer (höchstes Exekutivorgan, folgend: CEO)[194] vermieden werden.

Im monistischen System stellt sich grundsätzlich das Problem der Selbstüberwachung, wie es im dualistischen System nicht gegeben ist, da Überwachung und Geschäftsführung unterschiedlichen Organen zugewiesen sind.[195] Als Vorteil der monistischen Verfassung wird die bessere und umfangreichere[196] Informationsversorgung der Non-Executive Directors durch ihre Teilnahme an den regelmäßigen, häufiger stattfindenden Sitzungen angeführt.[197] Selbst in dem Fall, dass der CEO gleichzeitig Chairman of the Board ist – eine Beset-

---

sowie die vom Board selbst vorgeschlagenen und im Wege der Listenwahl aufgenommenen Mitglieder des Board denn auf rechtliche Vorgaben zurückzuführen. Grundsätzlich ist auch das Board of Directors angelsächsischer Prägung ein Kollegialorgan (vgl. v. Hein, RIW 2002, S. 501 (503)).

188 Siehe Windbichler, ZGR 1985, S. 50 (52).

189 Vgl. Rössler, S. 75.

190 Vgl. Windbichler, ZGR 1985, S. 50 (58).

191 Wellkamp, INF 1995, S. 561 (562).

192 Vgl. Sec. 10 A (m) (2), (4) Exchange Act (eingefügt durch Sec. 301 SOX).

193 Die Einrichtung eines den Vorschriften entsprechenden Audit Committee ist Teil der Börsenzulassungsvoraussetzungen seit Erlass des SOX (siehe hierzu Kapitel 3 § 6 II 2. e).

194 Vgl. Lück, DB 1999, S. 441 (441).

195 Vgl. Fleischer, AcP (204) 2004, S. 502 (526).

196 Fleischer, AcP (204) 2004, S. 502 (527).

197 In Bezug auf eine monistische SE wird dies ebenfalls vermutet: Teichmann, BB 2004, S. 53 (54); Gruber/Weller, NZG 2003, S. 297 (300); Schiessl, ZHR 167 (2003), S. 235 (250).

zung, die überwiegend nicht als ideal im Sinne Guter Corporate Governance angesehen wird - wird angenommen, dass die Informationsversorgung der des Aufsichtsrats überlegen ist.[198] Dies impliziert zwangsläufig auch eine höhere Beratungsleistung für die künftige Ausrichtung des Unternehmens und ist Voraussetzung wirksamer Beratung.[199] Durch die unabhängige Besetzung des Audit Committee wird ein Gegengewicht zu den vorhandenen Interessenbindungen der Inside Directors geschaffen. Es wird aber festgestellt, dass kein System dem anderen grundsätzlich überlegen ist.[200]

2. Regelungsgehalt des SOX und zugehöriger Verordnungen

Durch Sec. 301 SOX wurde Sec. 10 A (m) Exchange Act eingefügt.[201] Nach Sec. 10 A (m) 3 A hat jedes Mitglied des Audit Committee unabhängig zu sein.[202] Die Unabhängigkeit der Mitglieder des Audit Committees gem. Sec. 10 B (m) 3 B i, ii bestimmt sich anhand zweier Kriterien.[203] Zum einen soll eine Person als unabhängig gelten, wenn sie weder direkt noch indirekt Vergütungen vom Emittenten oder einem seiner Tochterunternehmen bezieht, zum anderen darf die Person nicht mit dem Unternehmen oder einem seiner Tochterunternehmen verbunden sein, das heißt es darf sich nicht um eine so genannte „affiliated person" handeln.[204]

Ausgenommen vom Verbot der Vergütung sind die Vergütung für die Tätigkeit als Mitglied des Board of Directors und (sofern in der anwendbaren Börsenordnung nicht anders geregelt) feste Bezüge aus einem Pensionsplan.[205] Zugerechnet werden dem Mitglied des Board of Directors auch Vergütungen,

---

198 Die Executive Directors sind bereits auf Grund ihrer täglichen Einbindung in das Unternehmensgeschehen sicher informiert, wovon wiederum das ganze Board bei Plenumsentscheidungen profitiert; vgl. Leyens, RabelsZ 2003, S. 57 (93).

199 Siehe Leyens, RabelsZ 2003, 57 (93).

200 So Fleischer, AcP (204) 2004, S. 502 (527); Leyens, RabelsZ 2003, S. 57 (96).

201 Sec. 301. Public Company Audit Committees. Section 10A of the Securities Exchange Act of 1934 (15 U.S.C. 78f) is amended by adding at the end the following: (m) STANDARDS RELATING TO AUDIT COMMITTEES [...].

202 Each member of the audit committee of the issuer shall be a member of the board of directors of the issuer, and shall otherwise be independent.

203 In order to be considered to be independent for purposes of this paragraph, a member of an audit committee of an issuer may not, other than in his or her capacity as a member of the audit committee, the board of directors, or any other board committee- i. accept any consulting, advisory, or other compensatory fee from the issuer; or ii. be an affiliated person of the issuer or any subsidiary thereof.

204 Block, BKR 2003, S. 774 (781).

205 Vgl. Sec. II a 2) SEC-Release 33-8220, 34-47654 (Standards Relating to Listed Company Audit Committees).

die Ehegatten oder Kinder erhalten, mit denen es in häuslicher Gemeinschaft lebt, und Vergütungen, die eine Organisation erhält, der es angehört, zum Beispiel als Gesellschafter, Mitglied, Geschäftsführer oder leitender Angestellter eines Buchführungs-, Beratungs-, Rechtsberatungs-, oder Finanzberatungsunternehmens, das Dienstleistungen für den Emittenten erbringt.[206]

Eine Person gilt als „affiliated person“, wenn sie unmittelbar oder mittelbar den Emittenten oder das Tochterunternehmen kontrolliert oder ihrerseits von diesen kontrolliert wird. Kontrolle wird als die Möglichkeit verstanden, die Geschäftsführung und die Unternehmenspolitik zu steuern, unabhängig davon, ob dies aufgrund von Stimmrechten, aufgrund eines Vertrags oder anderer Weise möglich ist.[207]

Durch den SOX wurde der Securities Exchange Commission (folgend: SEC) aufgegeben, Verordnungen zu erlassen, um die gesetzlichen Regelungen durchzusetzen.[208] So sind die US-Börsen verpflichtet, die Notierung eines Unternehmens zu versagen oder aufzuheben, wenn kein den Anforderungen des SOX genügendes Audit Committee besteht.[209] Die SEC hat zusätzlich erklärt, dass es sich lediglich um Mindeststandards handelt und es begrüßt wird, wenn die Börsen weitergehende Anforderungen an die Unabhängigkeit von Emittenten stellen.[210]

In diesem Sinne formuliert das Listed Company Manual der New York Stock Exchange (folgend: NYSE)[211] in Sec. 303 der Final NYSE Corporate Governance Rules (folgend: NYSE Corporate Governance Rules) weitergehende Anforderungen an die Unabhängigkeit der Mitglieder des Board of Directors als dies der SOX vorgibt.[212] Allerdings gelten diese strengeren Voraussetzungen

---

206 Block, BKR 2003, S. 774 (781).

207 Vgl. Gruson/Kubicek, AG 2003, S. 337 (342).

208 Atkins in: Corporate Governance Report, S. 39; SEC VO zu Sec. 301 SOX, SEC-Release 33-8220, 34-47654 (Standards Relating to Listed Company Audit Committees), Fed. Reg. Bd. 69, S. 2638 ff. (17.01.2003).

209 Vgl. Gruson/Kubicek, AG 2003, S. 337 (340).

210 Siehe Gruson/Kubicek, AG 2003, S. 337 (340).

211 Zusammenfassung der Richtlinien zur Börsenzulassung an der NYSE, abzurufen unter: http://www.nyse.com/lcm/lcm_section.html.

212 Auch die Listing Requirements der NASDAQ erfordern, dass eine Mehrheit der Mitglieder des Board of Directors unabhängig sein muss (Sec. 4350 NASDAQ Marketplace Rules). Unabhängige Direktoren müssen über die Berufung und Vergütung der Directors entscheiden (entweder das gesamte Board, das überwiegend mit unabhängigen Direktoren besetzt ist oder ein Ausschuss, der sich ausschließlich aus unabhängigen

nicht für ausländische Emittenten, diese müssen lediglich die vom SOX gesetzten Mindeststandards einhalten. Die Regelungen sollen hier aufgrund des Vorbildcharakters, den sie offensichtlich für die Rechtsetzung des europäischen Gesetzgebers in diesem Bereich hatten, dennoch dargestellt werden.

Die NYSE Corporate Governance Rules konkretisieren die Unabhängigkeit nach der Definition des SOX und enthalten einen der Empfehlung 2005/162/EG entsprechenden Katalog von Regelbeispielen, bei deren Vorliegen die Unabhängigkeit eines Mitglieds des Board of Directors zu verneinen sein soll. Die NYSE Corporate Governance Rules wurden von der SEC genehmigt, die überprüft hat, ob sie den gesetzlichen Voraussetzungen entsprechen. Ein Director soll nach den NYSE Corporate Governance Rules dann als unabhängig gelten, wenn er keine wesentliche Beziehung zu der notierten Gesellschaft unterhält, sei es als Partner, Anteilseigner oder Angestellter („Officer") einer Gesellschaft, die eine Beziehung zu der notierten Gesellschaft unterhält.[213]

In Nr. 1 NYSE Corporate Governance Rules (References to Form 10-K) wird festgelegt, dass dem Board of Directors einer börsennotierten Gesellschaft eine Mehrzahl unabhängiger Directors angehören muss. Das Vorliegen der Unabhängigkeit muss vom Board of Directors positiv festgestellt und begründet und von der Gesellschaft offen gelegt werden, entweder im jährlichen Proxy Statement[214] oder, wenn keines eingereicht werden muss, im jährlichen Bericht in der Form 10K[215]. Im Folgenden listen die NYSE Corporate Governance Ru-

---

Direktoren zusammensetzt) und auch das Audit Committee muss mit unabhängigen Direktoren besetzt sein.

213 Die Listing Rules der NASDAQ definieren einen „independent director" als eine Person, die kein Verhältnis mit der Gesellschaft unterhält, das nach Meinung des Board of Directors der Ausübung eines unabhängigen Urteils entgegenstehen würde (NASDAQ Marketplace Rule Sec. 4200 (Definitions)).

214 Die SEC verlangt von Gesellschaften, deren Aktien nach Sec. 12 Securities Exchange Act registriert sind, dass die Aktionäre eine jährliche Information über die Ausübung der Stimmrechtsvollmacht, das so genannte „Proxy Statement" erhalten (http://www.-sec.gov/answers/proxy.htm), das zuvor bei der SEC eingereicht werden muss. Das nach dem Schema 14A anzufertigende Proxy Statement enthält bspw. Informationen über die Modalitäten der Stimmrechtsabgabe, die zu Bevollmächtigenden, die verschiedenen Klassen stimmberechtigter Aktien, zu den „directors and officers", zur Vergütung der vorgenannten, zum zu wählenden Abschlussprüfer etc.

215 Das US-amerikanische Kapitalmarktrecht verpflichtet Gesellschaften, deren Aktien frei gehandelt werden [publicly] zu ständiger Berichterstattung. Jährlich haben die Gesellschaften einen Bericht in Form 10-K (ANNUAL REPORT PURSUANT TO SECTION 13 OR 15(d) OF THE SECURITIES EXCHANGE ACT OF 1934, abrufbar unter: www.sec.gov/about/forms/form10-k.pdf) zu erstatten, der einen umfassenden Über-

les[216] Tatbestände auf, die einen Director als abhängig qualifizieren sollen: Ein Director soll als abhängig gelten, wenn er oder ein unmittelbares Familienmitglied[217] derzeitig oder in den letzten drei Jahren Angestellter der Gesellschaft war (i), mehr als US $ 100.000 Vergütung pro Jahr von der Gesellschaft erhält bzw. erhalten hat und es sich hierbei nicht um die Vergütung für die Board- oder Ausschussmitgliedschaft oder Leistungen aus einem Pensionsplan handelt bzw. handelte (ii), Angestellter des Abschlussprüfers [external audit][218] oder der Internen Revision [internal audit] war (iii), eine Überkreuzverflechtung vorliegt (iv), er Vorstandsmitglied oder Angestellter einer Gesellschaft ist oder war, die Zahlungen an die Gesellschaft getätigt oder von dieser erhalten hat, sei es für den Erhalt von Vermögensgegenständen oder die Erbringung von Dienstleistungen, die entweder US$ 1.000.000 pro Jahr überstiegen oder 2% des Umsatzes dieser Gesellschaft entsprachen (v).

Diese Voraussetzungen entsprechen weitgehend denen, die die Empfehlung 2005/162/EG aufstellt. Ein Unterschied besteht allerdings darin, dass sowohl die NYSE als auch die NASDAQ[219] den Besitz eines signifikanten Aktienanteils allein nicht als abhängigkeitsauslösendes Moment sehen.[220] Alle abhängigkeitsbegründende Regelbeispiele erstrecken sich auch auf unmittelbare Familienmitglieder und es ist bei allen Regelbeispielen eine dreijährige Karenzzeit vorgesehen, nach deren Ablauf eine Abhängigkeit nicht mehr vermutet wird.

3. *Geltungsbereich*

Obgleich es sich um US-amerikanisches Gesellschaftsrecht handelt, können die Regelung des SOX auch deutsche Gesellschaften unmittelbar betreffen, wenn sie in den USA börsennotiert sind, denn grundsätzlich unterscheidet der SOX nicht zwischen ausländischen und inländischen Emittenten, jedoch kann

---

blick über die geschäftlichen und die finanziellen Bedingungen des Unternehmens bietet und den geprüften Jahresabschluss [audited financial statements] enthält (http://www.sec.gov/answers/form10k.htm).

216 Sec. 4200 der NASDAQ Listing Requirements enthält eine vergleichbare Definition.

217 Als unmittelbares Familienmitglied gelten: Ehepartner, Eltern, Kinder, Geschwister, Schwiegereltern und -kinder, sowie Schwägerinnen und Schwager (General Commentary on Sec. 303A.02 (b)).

218 Abschlussprüfer.

219 Die strengen Voraussetzungen an die Emittenten an der NASDAQ werden gelockert, wenn es sich um eine „controlled company" handelt, das bedeutet ein Unternehmen, bei dem über 50% der Stimmrechte von einer einzelnen Person oder Gruppe gehalten werden (Sec. 4350 NASDAQ Marketplace Rules).

220 NYSE Corporate Governance Rules, Commentary on Sec. 303A.02 (a).

ein Unternehmen unter bestimmten Voraussetzungen als so genannter „Foreign Private Issuer" qualifiziert werden mit der Folge, dass der Emittent von einigen Vorschriften des SOX befreit wird.[221] Hierzu muss der Emittent nach fremdem Recht gegründet oder organisiert sein,[222] wobei die Qualifikation als Foreign Private Issuer im Ermessen der SEC liegt.[223]

Die für ausländische Emittenten bestehenden Ausnahmen betreffen die Qualifikation von Vertretern der Arbeitnehmer, von Vertretern von Mehrheitsaktionären und von Repräsentanten der öffentlichen Hand als unabhängig. Ob ein Unternehmen als Foreign Private Issuer zu behandeln ist, wird anhand mehrerer Ausschlusskriterien bestimmt. Werden mehr als 50% der Aktien des Unternehmens in den USA gehalten, so liegt bei der Nichterfüllung von drei weiteren Kriterien ein Foreign Private Issuer vor.[224] Es dürfen (i) nicht die Mehrzahl der Vorstandsmitglieder oder der Executive Officers Bürger oder Einwohner der USA sein oder (ii) sich über 50% der Aktiva des Unternehmens in den USA befinden oder (iii) die Geschäfte des Unternehmens nicht hauptsächlich von den USA aus geführt werden.[225] Ist also einer der drei Tatbestände, neben dem mehrheitlichen Aktienbesitz in den USA, gegeben, wird der Emittent nicht als Foreign Private Issuer angesehen, er kann sich nicht auf die Ausnahmeregelungen berufen. Ist dies bei einer Gesellschaft der Fall, können Arbeitnehmervertreter im Aufsichtsrat nicht als unabhängig angesehen werden.[226]

Bemerkenswert ist bei der Definition des Foreign Private Issuer und den sich hieran knüpfenden Rechtsfolgen, dass die Regelungen des SOX sich nicht auf börsenrechtliche Veröffentlichungspflichten beschränken, sondern gesellschaftsrechtlichen Charakter haben und in die Unternehmensverfassung des Emittenten eingreifen. Sie wirken folglich einschneidender exterritorial.[227] Durch diese Wirkungsweise können auch deutsche Emittenten, deren Aktien an einer amerikanischen Börse zugelassen sind, von den Regelungen zur inneren Verfassung der börsennotierten Aktiengesellschaft in den USA betroffen

---

221 Siehe Atkins in: Corporate Governance Report, S. 37 (41).

222 Vgl. Exchange Act Rule 3b-4 (b).

223 Vgl. Atkins in: Corporate Governance Report, S. 37 (40).

224 Kersting, ZIP 2003, S. 2010 (2016).

225 General rules and regulations promulgated under the Securities Exchange Act of 1934 (folgend: Exchange Act Rule) 3b-4 (c).

226 Kersting, ZIP 2003, S. 2010 (2016).

227 Siehe Kersting, ZIP 2003, S. 2010 (2016); Donald, WM 2003, S. 705 (711).

sein, wodurch sich Konsequenzen bezüglich des Erfordernisses der Unabhängigkeit ergeben können.

4. Zwischenergebnis – strenge Unabhängigkeitsanforderungen in den USA

In den USA wurden durch den SOX und die auf ihm basierenden Rechtsakte die Anforderungen an die Unabhängigkeit des Board of Directors verschärft. Strenge Anforderungen bestehen für bestimmte Mitglieder des Board of Directors, insbesondere für die des Audit Committee. Die Gesellschaften wurden zusätzlich weitergehenden Offenlegungsregeln unterworfen. Die Einhaltungen der Bestimmungen sind mit strengen Durchsetzungsmechanismen ausgestattet, da ihre Einhaltung eine der Voraussetzungen zur Börsenzulassung ist. Dies verdeutlicht, dass die Unabhängigkeit als ein wichtiges Kriterium für die Aufgabenerfüllung des Überwachungsorgans in einer Aktiengesellschaft gesehen wird. Auch wenn diese Erfordernisse keine direkten Auswirkungen auf das deutsche Recht haben, so beeinflussen sie doch die Schaffung entsprechender Regelungen, abgesehen davon, dass diese Anforderungen für deutsche Gesellschaften, die an US-amerikanischen Börsen notiert sind, Geltung haben.

Kapitel 2: Unabhängigkeit als aktienrechtliches Erfordernis

Die dem Aufsichtsrat übertragenen Aufgaben verlangen, dass das Gremium unabhängig von den verschiedenen am Unternehmen beteiligten Interessengruppen agieren muss. Dies gilt uneingeschränkt für die Vertreter der Anteilseigner. Die Arbeitnehmervertreter im Aufsichtsrat sind ebenfalls verpflichtet, im Unternehmensinteresse zu handeln, allerdings ist zu vermuten, dass tatsächlich in ihrer Person eine verstärkte Berücksichtigung der Arbeitnehmerinteressen zu erwarten ist.[228] Dies wird aufgrund der sozialpolitischen Zielsetzung, die der Einführung der Mitbestimmung zugrunde lag, hingenommen.

Das Aktiengesetz enthält Vorschriften, die persönliche Voraussetzungen zur Übernahme eines Aufsichtsratsamts zum Inhalt haben (§§ 105, 100 Abs. 2 AktG). Ferner bestehen Zustimmungserfordernisse für bestimmte Rechtsgeschäfte zwischen Aufsichtsratsmitgliedern und der Gesellschaft (§§ 114, 115 AktG). Explizit wird die Unabhängigkeit des Aufsichtsrats im Aktiengesetz indes nicht genannt. Zu klären ist somit, ob die speziellen Vorschriften indirekt Hinweise auf ein allgemeines Unabhängigkeitserfordernis enthalten. Im Anschluss stellt sich die Frage, ob sich aus bestehenden Regelungen entnehmen lässt, dass darüber hinausgehende Anforderungen zu stellen sind oder abgelehnt werden müssen.

Das Verhältnis zu anderen Interessengruppen oder die Bindung an andere Interessen betreffen dabei die §§ 105, 100 Abs. 2 Nr. 2, 3, 114, 115 AktG.

Einfluss auf die aktiengesetzlichen Regelungen wird die Richtlinie 2006/43/-EG entfalten, die ein explizites Unabhängigkeitserfordernis enthält und noch umgesetzt werden muss.

§ 1 Regelungen des Aktiengesetzes

I. § 105 AktG – Verbot gleichzeitiger Mitgliedschaft in Vorstand und Aufsichtsrat

Die grundlegende und unverzichtbare Voraussetzung für jegliche Überwachungstätigkeit des Aufsichtsrats nennt § 105 AktG, der die gleichzeitige Mitgliedschaft in Vorstand und Aufsichtsrat verbietet und damit das Trennungsprinzip regelt.

Die Vorschrift schafft die Grundvoraussetzung der Funktionstrennung im dualistischen System und betrifft damit die Unabhängigkeit des Aufsichtsrats vom Vorstand. Die Vorschrift entspricht § 90 AktG 1937. Vor Erlass des AktG 1937 bestand ebenfalls eine entsprechende Vorschrift (§ 248 HGB a. F.), die

---

228 Vgl. Jürgens, S. 58.

weitgehender war und die Mitgliedschaft ehemaliger Vorstandsmitglieder im Aufsichtsrat untersagte, solange der Vorstand, dem sie angehörten, nicht entlastet war.[229] § 105 Abs.1 AktG untersagt die gleichzeitige Mitgliedschaft in Vorstand und Aufsichtsrat. Ausnahmsweise kann gem. § 105 Abs. 2 AktG ein Aufsichtsratsmitglied zeitweilig dem Vorstand angehören, denn der Aufsichtsrat kann einzelne seiner Mitglieder für höchstens ein Jahr zu Stellvertretern von fehlenden oder verhinderten Vorstandsmitgliedern bestellen. Allerdings ruht während dieser Zeit das Aufsichtsratsamt. Somit findet formell keine Durchbrechung des Trennungsprinzips statt.

II. § 100 Abs. 2 S. 1 AktG – persönliche Voraussetzungen für Aufsichtsratsmitglieder

Darüber hinaus geht § 100 Abs. 2 S. 1 AktG und nennt weitere Sachverhalte, die eine Bestellung als Aufsichtsratsmitglied ausschließen.

Die Unabhängigkeit betreffen dabei vor allem § 100 Abs. 2 S. 1 Nr. 2 und 3 AktG. § 100 Abs. 2 S. 1 Nr. 2 AktG verbietet die Mitgliedschaft im Aufsichtsrat von Mitgliedern der Geschäftsführung abhängiger Gesellschaften. § 100 Abs. 2 S. 1 Nr. 3 AktG verbietet so genannte „Überkreuzverflechtungen". Diese Regelungen benennen Extremfälle der Kumulation von Ämtern in einer Person, die zu Inkompatibilität führen und im Sinne einer effektiven Kontrolle vom Gesetzgeber als nicht tragbar angesehen werden.

Wer unter die folgenden Regelungen fällt, kann nicht Mitglied des Aufsichtsrats sein:

1. § 100 Abs. 2 S. 1 Nr. 1 AktG – Höchstzahl an Mandaten

Gem. § 100 Abs. 2 S. 1 Nr. 1 AktG kann nicht Aufsichtsratsmitglied sein, wer bereits in zehn Handelsgesellschaften, die gesetzlich einen Aufsichtsrat zu bilden haben, Aufsichtsratsmitglied ist. Aufsichtsratsvorsitzmandate werden gem. § 100 Abs. 2 S. 3 AktG doppelt gezählt, um der zusätzlichen Arbeitsbelastung mit der Übernahme eines Aufsichtsratsvorsitzes Rechnung zu tragen.[230] Die Gewährleistung der Unabhängigkeit des Aufsichtsrats wird von § 100 Abs. 2 S. 1 Nr. 1 AktG nicht betroffen, bzw. ist sie nicht Regelungszweck.

§ 100 Abs. 2 S. 1 Nr. 1 AktG wurde im Rahmen der Reform des Aktienrechts 1965 eingefügt und geht auf § 86 Abs. 2 S. 2 AktG 1937 zurück. Zunächst umfasste § 86 Abs. 2 S. 2 AktG 1937 lediglich Aufsichtsratssitze in Aktiengesellschaften und Kommanditgesellschaften auf Aktien. Die Erteilung einer Aus-

---

229 Vgl. Schlegelberger/Quassowski, § 90, Rn. 1.

230 Vgl. Regierungsentwurf KonTraG (BT-Drucks. 13/9712) in: ZIP 1997, S. 2059 (2061); Hopt/Roth in: Großkommentar AktG, § 100, Rn. 45.

nahmegenehmigung war möglich, soweit „es zur ausreichenden Wahrnehmung wirtschaftlicher Belange des Reichs, von Ländern, Gemeindeverbänden oder Gemeinden oder von Wirtschaftsunternehmen" nötig erschien.[231] Entsprechende Ausnahmegenehmigungen konnte der Reichsminister der Justiz im Einvernehmen mit den beteiligten Reichsministern erteilen.[232]

Nunmehr ist die Erteilung einer Ausnahmegenehmigung nicht mehr gesetzlich vorgesehen, und es zählen auch Aufsichtsratssitze in anderen Kapitalgesellschaften dazu,[233] die einen gesetzlich vorgeschriebenen Aufsichtsrat einzurichten haben. Damit soll zum einen gewährleistet werden, dass einer Person genügend Zeit zur Ausübung der übernommenen Aufsichtsratsmandate zur Verfügung steht.[234] Zum anderen hat die Norm einen gesellschaftspolitischen Hintergrund: Sie soll die unerwünschte Zusammenballung wirtschaftlicher Macht in einem kleinen Personenkreis verhindern.[235]

§ 100 Abs. 2 S. 2 AktG begünstigt gesetzliche Vertreter[236] des herrschenden Unternehmens eines Konzerns, da die Konzernführung zum Aufgabenbereich des gesetzlichen Vertreters des herrschenden Unternehmens gehört.[237] Damit ist die Wahrnehmung des Aufsichtsratsmandats Teil der hauptamtlichen Aufgabe des gesetzlichen Vertreters und nicht mehr lediglich Nebenamt.

2. § 100 Abs. 2 S. 1 Nr. 2 AktG – Vertreter abhängiger Unternehmen

Gem. § 100 Abs. 2 S. 1 Nr. 2 AktG kann nicht Aufsichtsrat sein, wer gesetzlicher Vertreter eines von der Gesellschaft abhängigen Unternehmens ist. Diese Vorschrift basiert auf der Vorstellung, dass der von den Weisungen eines anderen abhängige Geschäftsführer nicht die notwendige Unabhängigkeit und

---

231 § 86 Abs. 2 S. 2 AktG 1937.

232 Kropff, AktG 1965, S. 135 (Begründung Regierungsentwurf).

233 Alle Aktiengesellschaften, Kommanditgesellschaften auf Aktien, die deutsche Societas Europaea (sofern ein zweistufiges Führungssystem gewählt wurde), Gesellschaften mit beschränkter Haftung, die der Mitbestimmung nach dem MitbestG, DrittelbG, Montan-MitbestG unterliegen, sowie Kapitalanlagegesellschaften in der Rechtsform der GmbH gem. § 6 Abs. 2 InvG (vgl. Hopt/Roth in: Großkommentar AktG, § 100, Rn. 34.).

234 Semler in: MünchKomm AktG, § 100, Rn. 22; Hopt/Roth in: Großkommentar AktG, § 100, Rn. 32; Mertens in: Kölner Kommentar AktG, § 100, Rn. 13.

235 Vgl. Kropff, AktG 1965, S. 136 (Begründung Regierungsentwurf); Semler in: MünchKomm AktG, § 100, Rn. 23; Hopt/Roth in: Großkommentar AktG, § 100, Rn. 32.

236 Mitglieder des Vorstands (AG), persönlich haftende Gesellschafter (KGaA, Personenhandelsgesellschaften), Gesellschafter (BGB-Gesellschaften) sowie auch den Inhaber (Einzelkaufmann), vgl. Semler in: MünchKomm AktG, § 100, Rn. 29.

237 Vgl. Semler in: MünchKomm AktG, § 100, Rn. 27; Hopt/Roth in: Großkommentar AktG, § 100, Rn. 40; Mertens in: Kölner Kommentar AktG, § 100, Rn. 18.

Unbefangenheit besitzt, um den Weisungsbefugten in dessen Geschäftsführung zu überwachen.[238] Folglich betrifft sie die Unabhängigkeit.

§ 100 Abs. 2 S. 1 Nr. 2 AktG wurde durch das AktG 1965 neu eingefügt, zuvor bestand kein entsprechendes Verbot. Grund für das Verbot ist die Annahme, dass eine derartige Besetzung dem natürlichen Organisationsgefälle im Konzern widersprechen würde.[239] Diese Vorschrift dehnt die Organintegrität des § 105 AktG auf den Konzern aus.[240] Die Norm umfasst die Arbeitnehmervertreter im Aufsichtsrat wie auch die gesetzlichen Vertreter abhängiger Unternehmen im Ausland, da auch eine solche Besetzung dem natürlichen Organisationsgefälle widersprechen würde.[241]

3. § 100 Abs. 2 S. 1 Nr. 3 AktG – Überkreuzverflechtung

Gem. § 100 Abs. 2 S. 1 Nr. 3 AktG kann nicht Aufsichtsrat sein, wer gesetzlicher Vertreter einer anderen Kapitalgesellschaft ist, deren Aufsichtsrat ein Vorstandsmitglied der Gesellschaft angehört. § 100 Abs. 2 S. 2 Nr. 3 AktG betrifft damit die Unabhängigkeit des Aufsichtsrats.[242] Bei der Einfügung in das Aktiengesetz war die Sicherstellung der Unabhängigkeit und Unbefangenheit des Aufsichtsrats ein Motiv.[243] Daneben weist die Nennung dieses Tatbestands in Anhang II der Empfehlung 2005/162/EG auf die Unabhängigkeitsrelevanz hin.[244]

Auch § 100 Abs. 2 S. 1 Nr. 3 AktG wurde mit dem Aktiengesetz 1965 eingefügt. Vor der Einführung des Verbotstatbestands war eine Überkreuzbesetzung von Aufsichtsratsmandaten üblich. Bei seiner Einführung war das Verbot stark umstritten und wurde vor allem aus wirtschaftspolitischen Gründen abgelehnt.[245] So wurde auf die neben der Kontrollfunktion bestehende Beratungsfunktion des Aufsichtsrats und die infolgedessen bestehende Notwendigkeit der gegenseitigen Entsendung von Aufsichtsratsmitgliedern hingewiesen.[246]

---

238 Vgl. Semler in: MünchKomm AktG, § 100, Rn. 33; Mertens in: Kölner Kommentar AktG, § 100, Rn. 19.

239 Kropff, AktG 1965, S. 136 (Ausschussbericht).

240 Vgl. Semler in: MünchKomm AktG, § 100, Rn. 27.

241 Vgl. Mertens in: Kölner Kommentar AktG, § 100, Rn. 19.

242 Vgl. Mertens in: Kölner Kommentar AktG, § 100, Rn. 21; Hopt/Roth in: Großkommentar AktG, § 100, Rn. 58.

243 Kropff, AktG 1965, S. 136 (Begründung Regierungsentwurf).

244 Empfehlung 2005/162/EG Anhang II 1. g).

245 Vgl. Konow, DB 1965, S. 849 (849).

246 Siehe Houben, DB 1965, S. 546 (546).

Die Vorschrift sollte vor allem möglichen Gefahren bei der Überwachung des Vorstands durch den Aufsichtsrat aus Überkreuzverflechtungen vorbeugen. Zusätzlich galt auch hier unter gesellschaftspolitischem Aspekt, den Kreis der Personen, aus denen sich Aufsichtsratsmitglieder rekrutieren, zu vergrößern.[247] Die Vorschrift sollte verhindern, dass ein Aufsichtsratsmitglied seine Überwachungspflichten nicht unbefangen wahrnimmt, weil die Aufdeckung möglicher Mängel der Vorstandstätigkeit zu entsprechenden Reaktionen dieses Vorstands als Aufsichtsrat in seiner Gesellschaft führen könnte.[248] Schließlich sollte aufgrund der gegenseitigen Abhängigkeit der erhöhten Gefahr kollusiven Zusammenwirkens zwischen den beiden Personen zum Nachteil der jeweiligen Gesellschaft vorgebeugt werden.

Zusammengefasst war Zweck des Verbots, die Überwachungsfunktion des Aufsichtsrats zu verbessern und eine möglichst objektive Überwachung der Geschäftsführung durch den Aufsichtsrat zu gewährleisten.[249]

4. *Rechtsfolge bei Verstoß*

Wird eine Person trotz des Vorliegens eines Bestellungshindernisses in den Aufsichtsrat einer Gesellschaft gewählt, so ist der Wahlbeschluss nichtig und die Person wird nicht Aufsichtsratsmitglied. Tritt ein gesetzlicher Verbotsgrund erst nach der Wahl ein, so verliert das Aufsichtsratsmitglied, das zu einem späteren Zeitpunkt gesetzlicher Vertreter einer abhängigen Gesellschaft wird, das Aufsichtsratsamt mit der Bestellung als Vorstandsmitglied der abhängigen Gesellschaft.[250] Im Falle einer nachträglich eintretenden Überkreuzverflechtung ist die Bestellung des Aufsichtsratsmitglieds nichtig, wenn hierdurch die Überkreuzverflechtung entsteht.[251]

5. *Zwischenergebnis § 100 Abs. 2 AktG – Sanktion anderweitiger Interessenbindungen*

Im Ergebnis lässt sich feststellen, dass § 100 Abs. 2 S. 1 Nr. 2 und 3 AktG anderweitige Interessenbindungen sanktionieren und implizit die Unabhängigkeit des Aufsichtsrats voraussetzen, da sie Personen von der Mitgliedschaft im Aufsichtsrat ausschließen, deren anderweitige Bindung so fest erscheint, dass eine objektive und unbefangene Überwachung des Vorstands der Gesellschaft als ausgeschlossen angesehen wird. Die Verbote betreffen das Verhältnis des Aufsichtsrats zum Vorstand, indem sie davon ausgehen, dass ein Aufsichts-

---

247 Kropff, AktG 1965, S. 136 (Begründung Regierungsentwurf).

248 Hopt/Roth in: Großkommentar AktG, § 100, Rn. 58.

249 Vgl. Konow, DB 1965, S. 849 (849).

250 Semler in: MünchKomm AktG, § 100, Rn. 100.

251 Semler in: MünchKomm AktG, § 100, Rn. 101.

ratsmitglied, das in anderer Funktion dem Vorstand nicht als Überwacher, sondern als Überwachter oder Vertreter einer abhängigen Gesellschaft gegenübertritt, diesen nicht angemessen kontrollieren kann.

III. §§ 114, 115 AktG – Verträge mit Aufsichtsratsmitgliedern, Kreditgewährung

§§ 114, 115 AktG wurden durch das Aktiengesetz 1965 eingefügt,[252] zuvor bestanden keine entsprechenden Regelungen. § 114 AktG macht Verträge über Dienst- oder Werkleistungen zwischen der Gesellschaft und Aufsichtsratsmitgliedern von der Zustimmung des Aufsichtsrats abhängig, um so einer Beeinflussung einzelner Mitglieder durch den Vorstand mittels nicht gerechtfertiger Sonderzuwendungen entgegenzuwirken.[253] Im selben Kontext steht § 115 AktG, der die Kreditvergabe an Aufsichtsratsmitglieder regelt und eine Parallelvorschrift zu § 89 AktG (Kredite der Gesellschaft an Vorstände) darstellt.[254]

Zweck der Vorschriften ist auch die Gewährleistung der Unabhängigkeit der Aufsichtsratsmitglieder. Im Unterschied zu den Bestellungshindernissen ist hier die Rechtsfolge die Nichtigkeit des Vertrags, das heißt der Konflikt wird zugunsten des Aufsichtsratsamts aufgelöst. Bei Erteilung der Zustimmung wird der Konflikt nicht beseitigt, sondern nur offen gelegt. Eine sachwidrige Beeinflussung durch die Vereinbarung eines, verglichen mit der Vergütung als Aufsichtsrat, hohen Beratungshonorars wird nicht verhindert. Gleiches gilt für die Gewährung eines Kredits an ein Aufsichtsratsmitglied durch die Gesellschaft.

1. § 114 AktG – Verträge mit Mitgliedern des Aufsichtsrats

Nach § 114 AktG bedürfen Werk- und Dienstverträge zwischen einem Aufsichtsratsmitglied und der Aktiengesellschaft über eine Tätigkeit höherer Art,[255] die nicht Teil der gesetzlichen Aufgabe des Aufsichtsrats ist, der Zu-

---

[252] Vgl. Mertens in: Kölner Kommentar AktG, § 114, Rn. 1; Hopt/Roth in: Großkommentar AktG, § 114, Rn. 1.

[253] Kropff, AktG 1965, S. 136 (Begründung Regierungsentwurf); Semler in: MünchKomm AktG, § 114, Rn. 1; Hüffer, AktG, § 114, Rn. 1; Hopt/Roth in: Großkommentar AktG, § 114, Rn. 4.

[254] Hopt/Roth in: Großkommentar AktG, § 115, Rn. 2.

[255] Was eine Tätigkeit höherer Art darstellt, richtet sich nach dem allgemeinen Zivilrecht (§ 627 BGB). Dienste höherer Art im Sinne des § 627 BGB sind solche, die ein überdurchschnittliches Maß an Fachkenntnis, Kunstfertigkeit oder wissenschaftlicher Bildung voraussetzen (AG Köln, NJW-RR 1993, S. 1207 (1208)) und deshalb eine herausgehobene Stellung verleihen (Preis in: Staudinger BGB, § 627, Rn. 18). Somit unterfallen der Vorschrift vor allem Vertreter akademischer Berufe wie Ärzte, Rechtsanwälte, Architekten etc. (vgl. Hopt/Roth in: MünchKomm AktG, § 114, Rn. 10; Henssler in: MünchKomm BGB, § 627, Rn. 15).

stimmung des Aufsichtsrats.[256] Typischerweise handelt es sich bei solchen Verträgen um Beratungsverträge.[257] Ziel dieser Vorschrift ist es, Verflechtungen zwischen Vorstand und Aufsichtsrat abzubauen und es der Gesellschaft trotzdem zu ermöglichen, speziellen Sachverstand der Aufsichtsratsmitglieder nicht ungenutzt zu lassen.[258] Ferner soll eine Umgehung von § 113 AktG vermieden werden, da danach die Vergütung des Aufsichtsrats in der Satzung festgesetzt oder von der Hauptversammlung bewilligt werden kann.[259]

a. Regelungsgehalt

Werk- und Dienstverträge sind nur über Tätigkeiten zulässig, die nicht bereits Teil der gesetzlichen Aufgabe des Aufsichtsrats sind.[260] Ein Vertrag über eine Leistung, zu deren Erbringung er bereits gesetzlich verpflichtet ist, wäre nach § 113 AktG i. V. m. § 134 BGB nichtig.[261] Das heißt konkret, dass sich ein Aufsichtsrat nur zu Beratungsleistungen verpflichten kann, die außerhalb des Überwachungsbereichs liegen.[262] Die Abgrenzung zwischen dem Beratungsauftrag als Teil der Überwachungsaufgabe und einer Beratung neben der Aufsichtsratstätigkeit ist diffizil.[263] Beratung im Bereich der Führungsfunktionen und -entscheidungen des Vorstands ist stets dem Überwachungsauftrag zuzuordnen und kann nicht Inhalt eines Beratervertrags sein.[264] Abgegrenzt wird weiterhin danach, ob ein besonderes Fachgebiet (jenseits der Mindestqualifi-

---

256 Andere Vertragstypen wie Kauf-, Miet-, Leasingverträge fallen nicht unter die Norm. Bei anderen Verträgen wollte der Gesetzgeber dem freien Leistungsaustausch Vorrang gegenüber dem Interesse einräumen, Sonderzahlungen an einzelne Mitglieder des Aufsichtsrats zu verhindern (so Semler in: MünchKomm AktG, § 114, Rn. 62).

257 Semler in: MünchKomm AktG, § 114, Rn. 60; Hopt/Roth in: Großkommentar AktG, § 114, Rn. 10.

258 Semler in: MünchKomm AktG, § 114, Rn. 1.

259 BGHZ 126, 340 (347); Hopt/Roth in: Großkommentar AktG, § 114, Rn. 5; Mertens in: Kölner Kommentar AktG, § 114, Rn. 5.

260 BGHZ 114, 127 ff.; Heussen, NJW 2001, S. 708 (709).

261 BGHZ 114, 127 (135); Mertens in: Kölner Kommentar AktG, § 114, Rn. 5 m. w. N.

262 Heussen, NJW 2001, S. 708 (709).

263 Semler in: MünchKomm AktG, § 114, Rn. 22 ff.; Hüffer, AktG, § 114, Rn. 5; Breuer/Fraune in: Anwaltkommentar Aktienrecht, § 114 AktG, Rn. 7; Hopt/Roth in: Großkommentar AktG, § 114, Rn. 14.

264 So Semler, Leitung und Überwachung, Rn. 265 ff.

kation) eines Aufsichtsratsmitglieds betroffen ist und welche konkrete Funktion das Aufsichtsratsmitglied innerhalb des Gremiums wahrnimmt.[265]

In zwei Urteilen aus dem Jahr 2006 hat der BGH sowohl den Anwendungsbereich der Norm als auch die Anforderungen an die inhaltliche Ausgestaltung von den § 114 AktG unterfallenden Verträgen konkretisiert.[266] Der BGH stellt in dem ersten Urteil zunächst fest, dass auch Verträge, die zwischen der Gesellschaft und einer anderen Gesellschaft, deren einziger Gesellschafter und Geschäftsführer ein Aufsichtsratsmitglied ist, dem Zustimmungsvorbehalt des § 114 AktG unterliegen, da von einer wirtschaftlichen Einheit zwischen dem Mitglied des Aufsichtsrats und der Gesellschaft auszugehen ist.[267] Dies wurde bereits zuvor in Hinblick auf Mandatsverträge mit den Sozietäten anwaltlich tätiger Aufsichtsratsmitglieder festgestellt. Ist das Mitglied des Aufsichtsrats Partner der entsprechenden Sozietät, wird angenommen, dass ein eigenes wirtschaftliches Interesse des Aufsichtsratsmitglieds an der Mandatierung besteht,[268] da es wertungsmäßig keinen Unterschied machen kann, ob einem Mitglied des Aufsichtsrats ein Honorar direkt zufließe oder die Person mittelbar durch ihre Sozietät von dem Mandat profitiere.[269] In dem zweiten Urteil aus dem November 2006 fasst der BGH diese Anforderungen noch weiter. So muss das Aufsichtsratsmitglied nicht Alleingesellschafter der vertragschließenden Gesellschaft und auch nicht Inhaber einer Kontrollbeteiligung sein, um von einer wirtschaftlichen Einheit auszugehen. Der BGH stellt auf die Höhe des dem Aufsichtsratsmitglied über die andere Gesellschaft zufließenden Vorteils ab. Lediglich, wenn diese mittelbaren Zuwendungen ganz geringfügige Leistungen darstellen oder im Vergleich zur Aufsichtsratsvergütung einen vernachlässigenswerten Umfang haben, soll davon ausgegangen werden, dass kein, eine Genehmigung erfordernder Einfluss besteht.[270]

Bezüglich der inhaltlichen Ausgestaltung der Verträge verdeutlicht der BGH, dass ein Vertrag, um überhaupt in Abgrenzung zu § 113 AktG genehmigungsfähig zu sein, den Beratungsgegenstand ausreichend konkret bezeichnet. Der Aufsichtsrat muss sich aufgrund des Vertrags ein eigenständiges Urteil über die Art und den Umfang der Leistung sowie über die Höhe und Angemessen-

---

265 So sollen ein Mitglied des Prüfungsausschusses weitergehende Beratungsverpflichtungen bezüglich der Rechnungslegung und Bilanzierung des Unternehmens treffen als ein „einfaches" Aufsichtsratsmitglied (Semler in: MünchKomm AktG, § 114, Rn. 27).

266 BGH, Urteil vom 3. 7. 2006 - II ZR 151/04; BGH, Urteil vom 20. 11. 2006 - II ZR 279/05.

267 BGH, Urteil vom 3. 7. 2006 - II ZR 151/04, S. 9 f.

268 Vgl. Müller, NZG 2002, S. 797 (798).

269 LG Stuttgart, ZIP 1998, S. 1275 (1280).

270 BGH, Urteil vom 20. 11. 2006 - II ZR 279/05, S. 5.

heit der Vergütung bilden können.[271] In dem ersten Fall beinhaltete der Vertrag eine „Beratung in betriebswirtschaftlichen Fragen", in dem zweiten eine Beratung „in wirtschaftlichen und strategischen Angelegenheiten". Diese allgemein gehaltenen Bezeichnungen genügten nach Ansicht des BGH nicht, um eine Abgrenzung zu den organschaftlichen Beratungspflichten und § 113 AktG vorzunehmen, und die Verträge wurden nicht als genehmigungsfähig angesehen.[272]

Auch aus einem Vertrag, der zwischen der Gesellschaft und einem Rechtsanwalt, der gleichzeitig Mitglied des Aufsichtsrats ist, geschlossen wird, können sich Probleme nicht nur in Bezug auf eine Beeinflussung der Überwachungsfunktion des Aufsichtsrats, sondern auch hinsichtlich der berufsrechtlichen Bindungen des Rechtsanwalts stellen.[273] Zunächst ist zwischen der Pflicht des Rechtsanwalts zur Einbringung seines Fachwissens im Rahmen seiner Aufsichtsratstätigkeit und, neben dieser Pflicht, gesondert zu vergütender möglicher Beratungsleistung zu differenzieren. Während juristische Stellungnahmen zu Grundsatzfragen der Unternehmenspolitik noch von der organschaftlichen Beratungspflicht umfasst werden, können Einzelprobleme der Umsetzung Gegenstand einer eigenständigen Mandatierung sein.[274] Berufsrechtlich kann § 45 Abs. 1 Nr. 4 BRAO Einfluss auf die Zulässigkeit der Mandatierung nehmen. Danach darf der Rechtsanwalt nicht tätig werden, wenn er in derselben Angelegenheit außerhalb seiner Anwaltstätigkeit oder einer sonstigen Tätigkeit im Sinne des § 59a Abs. 1 S. 1 BRAO bereits beruflich tätig war; dies gilt nicht, wenn die berufliche Tätigkeit beendet ist. Während es aktienrechtlich möglich ist, dass der Rechtsanwalt die Gesellschaft gegen Vorstandsmitglieder bzw. bei Anfechtungs- oder Nichtigkeitsklagen[275] auch prozessrechtlich vertritt, ist dies folglich nach § 45 BRAO ausgeschlossen, da in diesem Fall die organschaftliche und die anwaltliche Tätigkeit den gleichen Lebenssachverhalt betreffen würden.[276]

b. Rechtsfolge

Rechtsfolge der fehlenden Genehmigung eines Vertrags ist nach § 114 Abs. 2 S. 1 AktG dessen Nichtigkeit und ein Rückzahlungsanspruch der Gesellschaft.

---

271 BGH, Urteil vom 3. 7. 2006 - II ZR 151/04, S. 14.

272 BGH, Urteil vom 3. 7. 2006 - II ZR 151/04, S. 14; BGH, Urteil vom 20. 11. 2006 - II ZR 279/05, S. 8.

273 Müller, NZG 2002, S. 797 (797).

274 Vgl. Müller, NZG 2002, S. 797 (798).

275 §§ 112, 246 Abs. 2 S. 1, 249 Abs. 1 AktG.

276 Vgl. Müller, NZG 2002, S. 797 (799).

In dem ersten der erwähnten Urteile stellte der BGH dazu fest, dass auch Rückzahlungsansprüche gem. §§ 113 AktG, 134 BGB aus nicht genehmigungsfähigen Verträgen nach § 114 Abs. 2 S. 1 AktG gefordert werden können und nicht den bereicherungsrechtlichen Rückforderungsansprüchen nach §§ 812 ff. BGB unterliegen.[277]

2. *§ 115 AktG – Kredite an Mitglieder des Aufsichtsrats*

§ 115 AktG regelt die Zulässigkeit der Vergabe von Krediten an Aufsichtsratsmitglieder. Die Vorschrift stellt gewissermaßen eine Parallelregelung zu § 114 AktG dar und soll wie diese vermeiden, dass durch ungerechtfertigte Sonderleistungen, wie einen Kredit in unangemessener Höhe oder ohne ausreichende Sicherheit,[278] Abhängigkeiten zwischen der Gesellschaft, vertreten durch den Vorstand, und einzelnen Aufsichtsratsmitgliedern entstehen.[279]

a. Regelungsgehalt

So bedürfen Kredite an Mitglieder des Aufsichtsrats und bestimmte andere „assoziierte Personen" der Zustimmung des Aufsichtsrats. Der Zustimmung unterliegen gem. § 115 Abs. 2 AktG auch Kredite an Ehegatten, Lebenspartner oder an ein minderjähriges Kind eines Aufsichtsratsmitglieds und Kredite an einen Dritten, der für Rechnung eines Aufsichtsratsmitglieds oder einer assoziierten Person handelt. Gem. § 115 Abs. 3 AktG sind weiterhin Kredite der Gesellschaft an eine andere Gesellschaft, deren gesetzlicher Vertreter das Aufsichtsratsmitglied ist, genehmigungspflichtig.

Die Vorschrift lehnt sich eng an § 89 AktG an,[280] der eine entsprechende Regelung für die Gewährung von Krediten an Vorstandsmitglieder enthält und die Zustimmung des Aufsichtsrats fordert. § 89 Abs. 1 S. 5 AktG nennt als Ausnahme „Kleinkredite", die ein Monatsgehalt nicht übersteigen und somit nur ein geringes Risiko für das Unternehmen bedeuten. Die Grenze ist bewusst niedrig gehalten, um finanzielle Verflechtungen zwischen Vorstand und Aufsichtsrat offen zu legen.[281] Bezüglich dieses Ausnahmetatbestands weichen § 89 AktG und § 115 AktG voneinander ab, denn § 115 AktG sieht dies nicht

---

[277] BGH, Urteil vom 3. 7. 2006 - II ZR 151/04, S. 16.

[278] Kropff, AktG 1965, S. 160 (Regierungsbegründung); Hopt/Roth in: Großkommentar AktG, § 115, Rn. 4.

[279] Semler in: MünchKomm AktG, § 115, Rn. 4; Hopt/Roth in: Großkommentar AktG, § 115, Rn. 2; Hoffmann/Preu, Rn. 325.

[280] Kropff, AktG 1965, S. 160 (Regierungsbegründung).

[281] Vgl. Hüffer, AktG, § 89, Rn. 3; hingegen hält Mertens diese Grenze für „unrealistisch niedrig" und moniert, dies führe zu unnötigem Verwaltungsaufwand (vgl. Mertens in: Kölner Kommentar AktG, § 89, Rn. 12).

vor. Das könnte dafür sprechen, dass die Kreditvergabe an Mitglieder des Aufsichtsrats strenger geregelt werden soll als die Vergabe an Vorstandsmitglieder. Hingegen enthält § 115 Abs. 1 S. 5 AktG eine Ausnahme zu Gunsten so genannter „Warenkredite". Dies soll unzumutbare Erschwernisse im Geschäftsverkehr zwischen einer Aktiengesellschaft und ihrem Abnehmer, der Mitglied des Aufsichtsrats ist, vermeiden.[282]

Die Gewährung von Krediten an Organmitglieder wird vom Aktiengesetz nicht untersagt, ist aber Zustimmungserfordernissen unterworfen. Dies zeigt, dass die Beeinflussbarkeit eines Aufsichtsratsmitglieds durch die Gewährung eines Kredits vermutet wird.[283]

---

282 Kropff, AktG 1965, S. 160 (Regierungsbegründung); Hopt/Roth in: Großkommentar AktG, § 115, Rn. 20; Hüffer, AktG, § 115, Rn. 2; Mertens in: Kölner Kommentar AktG, § 115, Rn. 2; Semler in: MünchKomm AktG, § 115, Rn. 14.

283 Weitergehende Regelungen bestehen für die Vergabe von Organkrediten bei Kreditinstituten. Diese Vorschriften verdrängen gem. § 115 Abs. 5 AktG die Regelungen des § 115 AktG.

Gem. § 15 Abs. 1 S. 1 Nr. 3 KWG bedarf die Gewährung eines Kredits an ein Aufsichtsratsmitglied eines Kreditinstituts eines einstimmigen Beschlusses sämtlicher Geschäftsleiter i. S. d. § 1 Abs. 2 KWG des kreditgewährenden Instituts und eines Mehrheitsbeschlusses des Aufsichtsorgans. Gem. § 15 Abs. 1 S. 1 Nr. 5 KWG erstreckt sich die Genehmigungspflicht auch auf Kredite an Ehegatten, Lebenspartner und minderjährige Kinder.

Geschäftsleiter sind diejenigen natürlichen Personen, die nach Gesetz, Satzung oder Gesellschaftsvertrag zur Führung der Geschäfte und zur Vertretung eines Instituts berufen sind. Darunter fallen: persönlich haftende Gesellschafter, es sei denn, sie sind von der Geschäftsführung ausgeschlossen, die Mitglieder des Vorstands einer AG, die Geschäftsführer einer GmbH (Fischer in: Bankrechts-Handbuch, § 128, Rn. 38).

Es bestehen folglich weitergehende Beschlusserfordernisse, da nicht nur die Mehrheit des Aufsichtsrats (die diesbezügliche Beschlussfassung könnte auch auf einen Ausschuss übertragen werden (vgl. § 107 Abs. 2 S. 3 AktG)), sondern jeder Geschäftsleiter einer Kreditvergabe zustimmen muss. Die Missachtung der Vorschriften hat gem. § 15 Abs. 5 KWG zur Folge, dass der Kredit sofort zurückzuzahlen ist; ferner haften die Mitglieder des Geschäftsleitungs- sowie des Aufsichtsorgans gesamtschuldnerisch für einen entstehenden Schaden, wenn sie bei der Vergabe ihre Pflichten verletzt haben (§ 17 Abs. 1 KWG). Der Anspruch des Kreditinstituts kann dabei auch von dessen Gläubigern geltend gemacht werden, sofern diese von dem Kreditinstitut keine Befriedigung erlangen können (§ 17 Abs. 2 KWG).

Folglich erweitert das KWG die Anforderungen an die Kreditvergabe an Organmitglieder gegenüber denen des Aktiengesetzes. Zweck soll freilich nicht sein, Organkredite zu unterbinden. Es besteht vielmehr die Befürchtung, dass aufgrund von Eigeninteressen oder persönlicher Abhängigkeiten eine bevorzugte Behandlung bei der Prüfung der Bonität, der Bestellung von Sicherheiten oder der Gestaltung von Konditionen vorgenommen wird. Dieses Risiko soll minimiert werden (Fischer in: Bankrechts-

b. Veröffentlichungspflicht in Börsenverkaufsprospekten

Eine Offenlegungspflicht über Kredite an Aufsichtsratsmitglieder trifft börsennotierte Gesellschaften in bestimmten Fällen. Gem. § 7 WpPG i. V. m. Nr. 19 a Anhang I (Registrierungsformular für Aktien) VO (EG) 809/2004 müssen in einem Börsenverkaufsprospekt Angaben über derartige Kredite enthalten sein. Dies bedeutet, dass bei der Zulassung von Aktien einer Gesellschaft zum Börsenhandel und dem öffentlichen Angebot von Aktien entsprechende Angaben gemacht werden müssen.

c. Rechtsfolge

Wird die Zustimmung des Aufsichtsrats zu einem Kreditvertrag nicht erteilt oder versagt, so hat dies gem. § 115 Abs. 4 AktG oder § 15 Abs. 5 KWG die sofortige Rückzahlbarkeit des Kredits zur Folge, wenn nicht der Aufsichtsrat nachträglich der Kreditvergabe zustimmt.

3. Zwischenergebnis – Offenlegung und inhaltliche Kontrolle von Bindungen zum Vorstand

Durch die Zustimmungspflicht des Aufsichtsrats zu Beratungs- und Kreditverträgen werden Verbindungen zwischen einzelnen Aufsichtsratsmitgliedern und der Gesellschaft offen gelegt und sind einer inhaltlichen Kontrolle unterworfen. Tatsächliche Abhängigkeiten können durch die Vorschriften zwar nicht beseitigt werden, aber durch die Offenlegung hat der Aufsichtsrat die Möglichkeit zur Ablehnung eines solchen Vertrags, dies auch im Hinblick auf die Bewahrung seiner Unabhängigkeit.

IV. Sonstige Bestimmungen mit Bezug zur Unabhängigkeit

Auch weitere Bestimmungen betreffen die Unabhängigkeit des Aufsichtsrats von anderen Interessengruppen, jedoch auf indirekte Weise. Dazu gehören die Haftungsnormen der §§ 116, 93 AktG, die eingreifen können, wenn ein Auf-

---

Handbuch, § 130, Rn. 4), da der Ausfall von Krediten das Hauptrisiko des Bankgeschäfts darstellt (Fischer in: Bankrechts-Handbuch, § 130, Rn. 1). Die Anordnung einer Durchgriffsmöglichkeit von Gesellschaftsgläubigern im Falle einer persönlichen Haftung der Organe zeigt allerdings, dass es sich um eine Vorschrift handelt, die den Schutz der Gläubiger und nicht vorrangig die Wahrung der Interessen der Anteilseigner bezweckt. Gemäß § 93 Abs. 5 S. 1 AktG kann der Schadensersatzanspruch der Gesellschaft, der auf Grund der Pflichtverletzung eines Vorstandsmitglieds entstanden ist, auch von den Gläubigern der Gesellschaft geltend gemacht werden, wenn diese von der Gesellschaft keine Befriedigung erlangen können. Im Ergebnis lässt sich feststellen, dass auch das KWG die Vergabe von Krediten an Organmitglieder aufgrund der Befürchtung von Bevorzugungen oder Interessenkonflikten besonderen Zustimmungserfordernissen unterstellt.

sichtsratsmitglied nicht im Sinne des Unternehmensinteresses handelt. Zur Vermeidung interessengeleiteter Entscheidungen eines Aufsichtsratsmitglieds besteht die Möglichkeit der Abberufung durch die übrigen Mitglieder des Aufsichtsrats oder, wenn ein Interessenkonflikt lediglich einmalig auftritt, des Ausschlusses von der Sitzung, um eine unabhängige Entscheidung zu ermöglichen.

1. §§ 116, 93 AktG

Gemäß §§ 116, 93 AktG haben Aufsichtsratsmitglieder bei der Ausführung ihres Amts die Sorgfalt eines ordentlichen und gewissenhaften Geschäftsleiters anzuwenden. So kann die Übernahme eines Aufsichtsratsamts eine Pflichtverletzung des Mitglieds darstellen, wenn die betreffende Person aufgrund anderer persönlicher Bindungen nicht in der Lage ist, die erforderlichen Pflichten zu erfüllen. Entsteht der Gesellschaft durch die Beteiligung des befangenen Aufsichtsratsmitglieds ein Schaden, ist es nach §§ 116, 93 Abs. 2 AktG zum Ersatz des entstandenen Schadens verpflichtet.

Grundsätzlich wird davon ausgegangen, dass gewisse Interessenkonflikte der Ausgestaltung des Aufsichtsrats immanent sind.[284] Dass Aufsichtsratsmitglieder noch anderen Interessen unterworfen sind, ergibt sich aus der Konzeption des Aufsichtsratsamts als Nebenamt und der Tatsache, dass ihnen nicht untersagt werden kann, eine anderweitige berufliche Tätigkeit auszuüben.[285] Bestimmte Konflikte werden aber als so gravierend angesehen, dass sie - obgleich nicht als Bestellungshindernis normiert - nicht folgenlos bleiben sollen.

In Bezug zur Unabhängigkeit des Aufsichtsrats sind vor allem dauerhaft auftretende Interessenkonflikte von Bedeutung. Einmalige, situationsbezogene Interessenkonflikte, in deren Fall ein Aufsichtsratsmitglied bei einer Abstimmung oder einem speziellen Themenkomplex konfligierende Pflichten treffen,[286] haben weniger Einfluss auf die Unabhängigkeit, weil keine dauernde Beeinträchtigung gegeben ist.

---

284 Semler in: MünchKomm AktG, § 100, Rn. 124.

285 So Müller, NZG 2002, S. 797 (797); Ulmer, NJW 1980, S. 1603 (1604); Herkenroth, AG 2001, S. 33 (34); Semler/Stengel, NZG 2003, S. 1 (1).

286 Zur Lösung dieses Konflikts sind verschiedene Mechanismen denkbar: So kommt ein Stimmverbot nach § 34 BGB analog in Betracht (Semler in: MünchKomm AktG, § 100, Rn. 151). Die Entscheidung, ob ein Stimmverbot besteht oder nicht, obliegt dabei dem Aufsichtsratsvorsitzenden (Semler in: MünchKomm AktG, § 100, Rn. 154; Mertens in: Kölner Kommentar AktG, § 108, Rn. 54). Weiterhin kann das Aufsichtsratsmitglied von der Sitzung ausgeschlossen werden (Semler in: MünchKomm AktG, § 100, Rn. 156). Ein Ausschluss von der Sitzung ist geboten, wenn geheimhaltungsbedürftige Vorgänge

Wird ein Mitglied trotz des Bestehens eines dauerhaften Interessenkonflikts in den Aufsichtsrat gewählt und nimmt die Wahl an, so führt dies nicht zur Nichtigkeit der Wahl oder eines gefassten Beschlusses, sondern die Person macht sich gem. §§ 116, 93 AktG schadensersatzpflichtig, wenn der Gesellschaft ein Schaden entsteht. Zudem kann die Nichtanzeige eines Interessenkonflikts einen wichtigen Grund zur Abberufung des Aufsichtsratsmitglieds darstellen, wenn es hierdurch seine Pflichten verletzt hat.

Es wird auch vertreten, dass ein Aufsichtsratsmitglied, das einem dauerhaften Interessenkonflikt unterliegt, sein Aufsichtsratsamt nicht wahrnehmen könne, da dieser ein Bestellungshindernis darstellen würde. Es wird eine Parallele zu anderen Inkompatibilitätsregelungen des Aktiengesetzes gezogen, die analog angewendet werden sollen, weil ein vergleichbarer Sachverhalt und eine planwidrige Regelungslücke vorlägen.[287] Dies hätte zur Folge, dass die Wahl des entsprechenden Aufsichtsratsmitglieds anfechtbar wäre (§ 251 AktG analog). Ob die Wahl angefochten werden soll oder ob die Bestellung des Mitglieds trotz des Konflikts im Interesse der Gesellschaft erfolgt, bspw. zur Festigung bestehender Geschäftsbeziehungen, würde in diesem Fall in der Hand von Vorstand und Hauptversammlung liegen (vgl. § 245 AktG).

Richtigerweise ist aber davon auszugehen, dass es sich beim Vorliegen eines dauerhaften Interessenkonflikts nicht um ein Bestellungshindernis entsprechend den gesetzlichen Inkompatibilitätsregelungen handelt.[288] Die Vorschrift des § 100 Abs. 2 AktG kann nicht analog angewendet werden, da keine planwidrige Regelungslücke vorliegt. Der Gesetzgeber war sich im Rahmen der Vorüberlegungen des KonTraG des Problems bewusst, hat aber darauf ver-

---

verhandelt werden, die den Interessenbereich des Aufsichtsratsmitglieds berühren (Semler in: MünchKomm AktG, § 100, Rn. 156). Die Entscheidung über den Ausschluss von der Sitzung ist vom Aufsichtsratsplenum zu fassen, denn im Gegensatz zur Entscheidung über das Vorliegen der Voraussetzungen eines Stimmverbots handelt es sich nicht um eine reine Rechtsfrage, die vom Aufsichtsratsvorsitzenden beantwortet werden kann (Semler in: MünchKomm AktG, § 100, Rn. 156). Eine weitere Möglichkeit ist die Zuweisung einer Angelegenheit an einen Ausschuss zur Behandlung und Entscheidung, sofern kein Plenumsvorbehalt nach § 107 Abs. 3 S. 2 AktG besteht (Semler in: MünchKomm AktG, § 100, Rn. 159). Die Entscheidung über die Nichtteilnahme des betroffenen Mitglieds an dem Ausschuss fällt wiederum gem. § 109 Abs. 2 AktG der Aufsichtsratsvorsitzende (Semler in: MünchKomm AktG, § 100, Rn. 159).

287 Dafür: Reichert/Schlitt, AG 1995, S. 241 (247).

288 Siehe Semler in: MünchKomm AktG, § 100, Rn. 166; Mertens in: Kölner Kommentar AktG, § 116, Rn. 32.

zichtet, eine Regelung zu treffen.[289] Vielmehr handelt eine Person, die die Wahl zum Aufsichtsrat annimmt, obwohl sie einem permanenten Interessenkonflikt unterworfen ist, pflichtwidrig, und es obliegt dann den anderen Mitgliedern des Aufsichtsrats, die Abberufung des Mitglieds zu beantragen.[290] Ergibt sich ein dauerhafter Interessenkonflikt erst im Laufe der Amtsperiode, hat das betroffene Mitglied unverzüglich sein Amt niederzulegen; tut es dies nicht, ist der Aufsichtsrat verpflichtet, den Antrag auf gerichtliche Abberufung zu stellen.[291]

Bei diesen materiellen Konflikten handelt es sich um Legalitätskonflikte. Eine Berücksichtigung des entgegenstehenden Interesses bei der Stimmabgabe durch das Aufsichtsratsmitglied würde eine Pflichtverletzung im Sinne der §§ 116, 93 AktG darstellen. Im Rahmen des anderen Rechtsverhältnisses kann das Aufsichtsratsmitglied aber ebenfalls zur Wahrnehmung bestimmter Interessen verpflichtet sein.

Ein Interessenkonflikt in diesem Sinne liegt also vor, wenn das Aufsichtsratsmitglied eine pflichtgemäße Entscheidung nicht treffen kann, ohne eine Rechtspflicht aus einem anderen Rechtsverhältnis zu verletzen. Nicht umfasst sind damit Konflikte,[292] bei denen zwar eine gewisse Bindung an unterschiedliche Interessen vorliegt oder vermutet werden kann, eine Nichtberücksichtigung dieser Interessen bei einer Entscheidung im Aufsichtsrat aber keine Pflichtverletzung darstellen würde. So können Beziehungen zu Interessengruppen am Unternehmen bestehen, die über das grundsätzliche Interesse an der Gesellschaft eines durchschnittlichen Aufsichtsratsmitglieds hinausgehen und die zu der Befürchtung führen, dass das Aufsichtsratsmitglied latent gefährdet ist, diese Interessen unbewusst in seine Entscheidungsfindung mit einfließen zu lassen - ohne dass eine pflichtgemäße Aufgabenerfüllung ausgeschlossen zu sein scheint oder eine Rechtspflicht aus dem anderen Rechtsverhältnis verletzt werden muss, denn allein das Bestehen eines wirtschaftlichen Interesses an der Gesellschaft in diesem Sinne ist noch nicht missbilligenswert.[293] Allein die Vermutung grundsätzlicher Geneigtheit, andere Interessen einzubringen, wird durch diese Vorschriften nicht sanktioniert. Im Einzelfall kann sich diese Interessenbindung zwar auch zu einer Pflichtverletzung ent-

---

289 Vgl. Semler in: MünchKomm AktG, § 100, Rn. 169; Hopt/Roth in: Großkommentar AktG, § 100, Rn. 74.

290 Mertens in: Kölner Kommentar AktG, § 116, Rn. 32; Lutter/Krieger, Rn. 796.

291 Vgl. Semler in: MünchKomm AktG, § 100, Rn. 171.

292 Herkenroth, AG 2001, S. 33 (37).

293 Hoffmann-Becking in: Münchener Hdb. des GesR Bd. 4, § 30, Rn. 3.

wickeln, dies muss aber nicht zwangsweise der Fall sein. Diese Konflikte können als Loyalitätskonflikte bezeichnet werden, für ihre Behandlung bestehen keine Regelungen.[294]

2. § 125 Abs. 1 S. 3 1. HS AktG sowie §§ 285 Nr. 10, 340a Abs. 4 Nr. 1 HGB

Um möglichen Interessenkonflikten zu begegnen, finden sich auch Offenlegungsvorschriften für börsennotierte Aktiengesellschaften in § 125 Abs. 1 S. 3 1. HS AktG sowie in §§ 285 Nr. 10, 340a Abs. 4 Nr. 1 HGB. Bei der Aufsichtsratswahl sowie im Anhang zum Jahresabschluss müssen die übrigen Aufsichtsratsmandate der Aufsichtsratsmitglieder angegeben werden. Dies soll den Aktionären eine frühzeitige Risikoerkennung, die sich aus anderen Bindungen ergeben kann, ermöglichen.[295] Die Hauptversammlung kann von der Wahl einer bestimmten Person in den Aufsichtsrat absehen, wenn sie die offen zu legenden Tatsachen für schädlich hält. Allerdings erleichtern diese Vorschriften vor allem die Anwendung von § 100 Abs. 2 S. 1 Nr. 1 AktG. Im Anhang zum Jahrsabschluss ist weiterhin der ausgeübte Beruf anzugeben (§ 285 Nr. 10 HGB). Interessenbindungen anderer Art, wie z. B. der Anteilsbesitz an anderen Unternehmen oder berufliche Beratungsmandate bei anderen Unternehmen oder der Gesellschaft, müssen nicht angegeben werden.

Nach Ziffer 5.4.7 Abs. 3 S. 2 DCGK sollen persönlich erbrachte Leistungen, insbesondere Beratungs- und Vermittlungsleistungen im Corporate Governance Bericht im Rahmen des Geschäftsberichts[296] individualisiert gesondert angegeben werden. Dabei handelt es sich aber nicht um eine gesetzliche zwingende Vorschrift, und Verbindungen zu anderen Unternehmen oder andere Verbindungen im oben genannten Sinne sind auch nicht erfasst.

3. Zwischenergebnis – Sanktion von Pflichtverletzungen

Es bestehen über den Gesetzeswortlaut hinaus Mechanismen, um materiellen Interessenkonflikten, denen ein Mitglied des Aufsichtsrats ausgesetzt sein kann, zu begegnen. Daraus kann aber nicht auf ein, sich aus dem Aktiengesetz ergebendes Unabhängigkeitserfordernis geschlossen werden, da diese Regelungen nur dann eingreifen, wenn konkret zu befürchten ist, dass ein Aufsichtsratsmitglied eine Pflichtverletzung im Sinne der §§ 116, 93 AktG begeht, indem es die Wahl zum Aufsichtsrat annimmt. Dauerhafte Interessenkonflik-

---

[294] Wenn man bereits das Vorliegen eines Bestellungshindernisses bejahen würde, ginge das deutsche Aktienrecht schon heute über das von der Empfehlung 2005/162/EG Geforderte hinaus, da dann die Mitgliedschaft im Aufsichtsrat überhaupt untersagt und nicht lediglich eine Qualifikation als abhängig die Folge wäre.

[295] Lutter/Krieger, Rn. 767.

[296] Vgl. Ziffer 3.10 DCGK.

te, die die Annahme der Wahl pflichtwidrig werden lassen und die Abberufung als Aufsichtratsmitglied rechtfertigen, werden nur dann angenommen, wenn das Aufsichtsratsmitglied nicht in der Lage ist, sein Aufsichtsratsamt pflichtgemäß wahrzunehmen. Diese Regelungen umfassen somit keine Loyalitätskonflikte, wie sie ein Unabhängigkeitserfordernis zu verhindern sucht.

Die Einschätzung, ob ein Interessenkonflikt gegeben ist, bleibt in erster Linie dem Aufsichtsratsmitglied selbst überlassen, da Voraussetzung die eigene Anzeige eines möglichen Konflikts an den restlichen Aufsichtsrat ist. Die weitere Konsequenz, nämlich das Entstehen eines Schadensersatzanspruchs, ist rein repressiver Natur und tritt nur dann ein, wenn die Voraussetzungen einer Haftung auch erfüllt sind. Insgesamt ist festzustellen, dass die dargestellten Mechanismen einzelfallbezogen eingreifen und keine positiven Anforderungen hinsichtlich der persönlichen Eignung an die Mitglieder des Aufsichtsrats stellen.

Die Offenlegung anderweitiger Interessenbindungen erfolgt in geringem Umfang und ermöglicht bestehenden oder potentiellen Anteilseignern keine umfassende Einschätzung der Interessenbindungen, denen ein Mitglied des Aufsichtsrats unterliegen kann.

V. Ergebnis – kein verallgemeinerungsfähiges Unabhängigkeitserfordernis im AktG

Das Aktiengesetz enthält Vorschriften, die das Verhältnis von Mitgliedern des Aufsichtsrats zu anderen Interessengruppen berühren und eine unbefangene Entscheidungsfindung des Aufsichtsrats gewährleisten sollen. Bestimmte Vorschriften betreffen auch die dauerhafte Beeinflussung eines Aufsichtsratsmitglieds durch andere Interessenbindungen und ähneln deshalb einem Unabhängigkeitserfordernis, wie es oben umrissen wurde.[297] Diese Vorschriften unterscheiden sich untereinander sowohl nach den tatbestandlichen Anknüpfungspunkten und als auch nach den Rechtsfolgen.

Auf tatbestandlicher Seite wird zunächst an persönliche Eigenschaften angeknüpft. § 100 Abs. 2 AktG sieht Bestellungshindernisse vor, wenn eine Person bestimmte andere Funktionen wahrnimmt, so bspw. Vorstand einer anderen Gesellschaft ist (§ 100 Abs. 2 Nr. 3 AktG) oder eine bestimmte Anzahl von Aufsichtsratsmandaten innehat. Andere Vorschriften knüpfen an organschaftliche oder vertragliche Beziehungen des Aufsichtsratsmitglieds zu der Gesellschaft selbst an (§§ 105, 114, 115 AktG) und unterwerfen bestimmte Verträge einer Genehmigungspflicht. Daneben schützen auch allgemeine Vorschriften die Unbefangenheit des Aufsichtsrats; so kann unter bestimmten Umständen

297 Siehe Kapitel 1 § 2 I.

die Wahrnehmung des Aufsichtsratsamts trotz eines bestehenden Interessenkonflikts eine Pflichtverletzung des Aufsichtsratsmitglieds nach §§ 116, 93 AktG darstellen und die Abberufung des Aufsichtsratsmitglieds rechtfertigen, wenn eine pflichtgemäße Wahrnehmung grundsätzlich ausgeschlossen scheint, oder die Teilnahme an einzelnen Abstimmungen ausschließen.

Auch in den Rechtsfolgen unterscheiden sich die verschiedenen Tatbestände. Bei Vorliegen eines Bestellungshindernisses im Sinne des § 100 Abs. 2 AktG oder der gleichzeitigen Zugehörigkeit der Person zum Vorstand der Gesellschaft (§ 105 AktG) ist die Wahl in den Aufsichtsrat nichtig. Im Falle der Genehmigungspflichtigkeit von Verträgen ist hingegen der zustimmungspflichtige Vertrag unwirksam - hier wird der Konflikt zu Gunsten des Aufsichtsratsamts gelöst. Im Falle pflichtwidrigen Verhaltens ist das betroffene Aufsichtsratsmitglied der Gesellschaft zum Schadensersatz verpflichtet.

Weitere Vorschriften, die Anforderungen an das einzelne Aufsichtsratsmitglied benennen, enthält das AktG nicht. Es bleibt somit festzustellen, dass die Unabhängigkeit des Aufsichtsrats zwar im Aktiengesetzt angelegt ist, da das Gremium, auf das Unternehmensinteresse verpflichtet, frei von den Interessen Dritter handeln muss. Die bestehenden Regelungen eliminieren dabei bestimmte, besonders gravierende Konflikte. Sie bezwecken nicht, die der Ausgestaltung als Nebenamt grundsätzlich innewohnende Gefahr anderweitiger Interessenbindungen zu bannen. Aufgrund der unterschiedlichen Anknüpfungspunkte entsteht kein einheitliches System zum Schutz der Unabhängigkeit, sondern es werden einzelne negative Beeinflussungen sanktioniert. Insbesondere der Sanktion dauerhafter Interessenkonflikte im Sinne von Legalitätskonflikten kann nicht entnommen werden, dass auch andere lediglich latent vorhandene Interessenbindungen von den bestehenden Regelungen umfasst sind.

Es kann deshalb nicht von den bestehenden Regelungen, die das Verhältnis von Aufsichtratsmitgliedern zu anderen Interessengruppen regeln, auf ein grundsätzliches Unabhängigkeitserfordernis geschlossen werden, da die Vorschriften nicht verallgemeinerungsfähig sind.

§ 2 Richtlinie 2006/43/EG

I. Art. 41 Richtlinie 2006/43/EG – Einrichtung eines Prüfungsausschusses mit einem unabhängigen Mitglied

Das Erfordernis, ein Unabhängigkeitskriterium für Mitglieder des Aufsichtsrats einzuführen, wird sich zukünftig aus der Richtlinie 2006/43/EG ergeben.

1. Regelungsgehalt

Neben Vorschriften in Bezug auf die Abschlussprüfung bei Unternehmen von öffentlichem Interesse enthält die Richtlinie Artikel, die sich auf den Prüfungsausschuss beziehen. Art. 41 Abs. 1 Richtlinie 2006/43/EG lautet: „Jedes Unternehmen von öffentlichem Interesse hat einen Prüfungsausschuss. Der Mitgliedstaat legt fest, ob Prüfungsausschüsse sich aus nicht an der Geschäftsführung beteiligten unabhängigen Mitgliedern des Verwaltungsorgans und/oder des Aufsichtsorgans des geprüften Unternehmens und/oder Mitgliedern zusammensetzen sollen, die durch Mehrheitsentscheidung von der Gesellschafterversammlung des geprüften Unternehmens bestellt werden. Mindestens ein Mitglied des Prüfungsausschusses muss unabhängig sein und über Sachverstand in Rechnungslegung und/oder Abschlussprüfung verfügen." Art. 41 der Richtlinie 2006/43/EG zwingt die Mitgliedstaaten, bestimmten Unternehmen die Einrichtung eines Prüfungsausschusses vorzuschreiben und die Besetzung des Ausschusses vorzugeben.

2. Auslegung des Unabhängigkeitsbegriffs der Richtlinie

Nach Erwägungsgrund (24) der Richtlinie 2006/43/EG kann zur Auslegung der Unabhängigkeit die Empfehlung 2005/162/EG herangezogen werden. Die Formulierung verdeutlicht, dass dies nicht zwangsweise zu geschehen hat, legt dies aber nahe. Eine Orientierung an den Grundsätzen der Empfehlung 2005/162/EG wird zur europarechtlichen Konformität des Umsetzungsgesetzes führen. Weiterhin ist hieraus abzuleiten, dass die Mitgliedstaaten entsprechend der Vorgabe in Erwägungsgrund (18) der Empfehlung 2005/162/EG nationale Besonderheiten bei der Umsetzung der Richtlinie zur Bestimmung des Unabhängigkeitsbegriffs berücksichtigen können.

3. Betroffene Unternehmen und Anwendbarkeit der Vorgaben

Grundsätzlich sind alle prüfungspflichtigen Unternehmen, deren Wertpapiere an einem organisierten Markt gehandelt werden, verpflichtet,[298] da es sich bei ihnen um Unternehmen von öffentlichem Interesse handelt. Dies sind alle Unternehmen, die unter das Recht eines Mitgliedstaats fallen und deren übertragbare Wertpapiere[299] zum Handel an einem geregelten Markt zugelassen

---

298 Vgl. Lanfermann/Maul, BB 2006, S. 1505 (1505).

299 Wertpapiere sind dabei nicht nur Aktien, sondern auch Schuldverschreibungen und/oder andere verbriefte Schuldtitel, so dass der Verpflichtung unter anderem auch Gesellschaften anderer Rechtsform unterfallen, die bspw. Schuldverschreibungen auf einem organisierten Markt ausgeben (vgl. Lanfermann/Maul, BB 2006, S. 1505 (1505).

sind[300] sowie grundsätzlich Banken[301] und Versicherungen.[302] Aber auch andere Unternehmen können nach Art. 2 Nr. 13 Richtlinie 2006/43/EG unter diesen Begriff fallen, sofern dies die Art der Tätigkeit oder die Größe (Zahl der Beschäftigten) gebietet.[303]

II. Nationale Umsetzung - Referentenentwurf Bilanzmodernisiserungsgesetz (BilMoG)

Es ergibt sich damit für den nationalen Gesetzgeber die Pflicht, für Gesellschaften, deren Wertpapiere auf einem organisierten Markt gehandelt werden, sowohl die Einrichtung eines Prüfungsausschusses als auch dessen Besetzung mit einem unabhängigen Mitglied gesetzlich festzuschreiben.

Seit dem 8. November 2007 liegt der Referentenentwurf des Bundesministeriums der Justiz eines Gesetzes zur Modernisierung des Bilanzrechts (BilMoG) vor, das unter anderem die europäischen Richtlinien 2006/43/EG und 2006/46/EG umsetzt.

---

300 Gem. Art. 4 Abs. 1 Nr. 14 der Richtlinie 2004/39/EG des Europäischen Parlaments und des Rates vom 21. April 2004 über Märkte für Finanzinstrumente, zur Änderung der Richtlinien 85/611/EWG und 93/6/EWG des Rates und der Richtlinie 2000/12/EG des Europäischen Parlaments und des Rates und zur Aufhebung der Richtlinie 93/22/EWG des Rates, ABl. L 145 vom 30.4.2004, S. 1 ff.

301 Kreditinstitute im Sinne von Art. 1 Nr. 1 der Richtlinie 2000/12/EG des Europäischen Parlaments und des Rates vom 20. März 2000 über die Aufnahme und Ausübung der Tätigkeit der Kreditinstitute, ABl. L 126 vom 26.5.2000, S. 1 ff.

302 Versicherungsunternehmen im Sinne von Art. 2 Abs. 1 der Richtlinie 91/674/EWG des Rates vom 19. Dezember 1991 über den Jahresabschluß und den konsolidierten Abschluß von Versicherungsunternehmen, ABl. L 374 vom 31.12.1991, S. 7 ff.

303 Die Richtlinie 2006/43/EG sieht jedoch verschiedene Ausnahmen von der Pflicht zur Einrichtung eines Prüfungsausschusses vor. Nach Art. 39 der Richtlinie 2006/43/EG können die Mitgliedstaaten Unternehmen von öffentlichem Interesse, die keine übertragbaren Wertpapiere ausgegeben haben, von dem Erfordernis zur Einrichtung eines Prüfungsausschusses ausnehmen. Das bedeutet, dass nicht-börsennotierte Banken oder Versicherungen von dem Erfordernis der Einrichtung eines Prüfungsausschusses ausgenommen werden können.

Weitere mögliche Ausnahmen enthält Art. 41 Abs. 6 a - d der Richtlinie 2006/43/EG. So können nach Art. 41 Abs. 6 a) der Richtlinie 2006/43/EG auch Tochterunternehmen, die Unternehmen von öffentlichem Interesse sind, von der Pflicht zur Einrichtung von Prüfungsausschüssen ausgenommen werden, wenn das Mutterunternehmen über einen Prüfungsausschuss verfügt und nicht kapitalmarktorientiert ist. Die weiteren möglichen Ausnahmen betreffen bestimmte Anlagegesellschaften (b),[303] Emittenten so genannter Asset-Backed-Securities[303] (c) und bestimmte Kreditinstitute.[303] In Fall (c) sind aber von dem Emittenten die Gründe, weshalb auf einen Prüfungsausschuss verzichtet werden kann, darzulegen.

Der Referentenentwurf sieht hinsichtlich des Aufsichtsrats Änderungen von § 100 AktG sowie § 107 AktG vor. § 100 AktG soll um folgenden Absatz 5 ergänzt werden: „Bei Gesellschaften im Sinn des § 264d des Handelsgesetzbuchs muss mindestens ein unabhängiges Mitglied des Aufsichtsrats über Sachverstand auf den Gebieten Rechnungslegung oder Abschlussprüfung verfügen." Die Begründung des Referentenentwurfs nimmt zum Begriff der Unabhängigkeit Bezug auf Erwägungsgrund (24) der Richtlinie 2006/43/EG sowie auf die Empfehlung 2005/16/EG.[304] Es werden die nach der Empfehlung regelmäßig zur Verneinung der Unabhängigkeit führenden Tatbestände aufgeführt und dann festgestellt, dass diese Aspekte entsprechend für die Beurteilung der Unabhängigkeit im Sinne des neu gefassten § 100 AktG gelten sollen. Zusammenfassend wird ausgeführt, dass die Unabhängigkeit eines Aufsichtsratsmitglieds zu verneinen ist, wenn aufgrund unmittel- oder mittelbarer geschäftlicher, finanzieller oder persönlicher Beziehungen zu den Geschäftsführungsorganen des Unternehmens die Besorgnis der Befangenheit begründet ist. Der Referentenentwurf nimmt keine Anpassung der europäischen Vorgaben hinsichtlich Besonderheiten des deutschen Aktienrechts bei der Bestimmung der Unabhängigkeit vor, sondern übernimmt diese Vorgaben pauschal.[305]

Weiterhin wird §107 AktG um Absatz 4 ergänzt: „Richtet der Aufsichtsrat einer Gesellschaft im Sinn des § 264d des Handelsgesetzbuchs einen Prüfungsausschuss im Sinn des Absatzes 3 Satz 2 ein, so muss mindestens ein Mitglied die Voraussetzungen des § 100 Abs. 5 erfüllen." Der Referentenentwurf verpflichtet folglich Gesellschaften nicht zur Einrichtung eines Prüfungsausschusses. Damit wird von der Möglichkeit Gebrauch gemacht, zur Einrichtung eines Prüfungsausschusse nicht zu verpflichten, wenn dessen Aufgaben von einem anderen Gremium (hier dem Gesamtaufsichtsrat) wahrgenommen werden (Art. 41 Abs. 5 Richtlinie 2006/43/EG).[306]

IV. Ergebnis

Durch die Verabschiedung der Richtlinie 2006/43/EG steigen die Anforderungen an die internen Kontrollsysteme von börsennotierten Unternehmen, dies betrifft auch den Aufsichtsrat. Neben der grundsätzlichen Notwendigkeit zur Einrichtung eines Prüfungsausschusses ergibt sich auch die Verpflichtung zur Besetzung einer Position des Prüfungsausschusses mit einem unabhängigen Experten. Damit stellt sich für den Gesetzgeber die Aufgabe, ein Unab-

304 Begründung Referentenentwurf BilMoG, S. 209.

305 Kritisch Habersack, AG 2008, S. 97 (101).

306 Vgl. Habersack, AG 2008, S. 97 (100).

hängigkeitserfordernis für ein Mitglied des Prüfungsausschusses oder vergleichbaren Gremiums festzuschreiben.

Der Referentenentwurf zum BilMoG setzt diese Vorgaben teilweise um, verzichtet aber auf die obligatorische Einrichtung eines Prüfungsausschusses und eine ausführliche Auseinandersetzung mit dem Begriff der Unabhängigkeit und übernimmt die europäischen Vorgaben diesbezüglich im Gesamten.

§ 3 Ergebnis - künftig erweiterte Anforderungen an die Unabhängigkeit einzelner Mitglieder des Aufsichtsrats

Es lässt sich feststellen, dass sich nach geltendem Recht aus dem Aktiengesetz kein positives Unabhängigkeitserfordernis ableiten lässt. Zwar wird die Unabhängigkeit des Organs Aufsichtsrat von den am Unternehmen beteiligten Gruppen vorausgesetzt. Aus diesem grundsätzlichen Erfordernis lässt sich aber kein positives aktienrechtliches Gebot ableiten, das bestimmte Anforderungen an das Gremium Aufsichtsrat stellt. Zukünftig muss aufgrund der Verpflichtung zur Umsetzung der Richtlinie 2006/43/EG ein Mitglied des Prüfungsausschusses unabhängig sein. Dies sieht der Referentenentwurf eines Gesetzes zur Modernisierung des Bilanzrechts vor.

Kapitel 3: Unabhängigkeit des Aufsichtsrats im DCGK

Der DCGK enthält neben der Darstellung der wesentlichen gesetzlichen Vorschriften zur Leitung und Überwachung deutscher börsennotierter Gesellschaften[307] eine Reihe von Empfehlungen und Anregungen zu guter Unternehmensführung. Zu den Empfehlungen zählt auch ein explizites Unabhängigkeitserfordernis: „Um eine unabhängige Beratung und Überwachung des Vorstands durch den Aufsichtsrat zu ermöglichen, soll dem Aufsichtsrat eine nach seiner Einschätzung ausreichende Anzahl unabhängiger Mitglieder angehören. Ein Aufsichtsratsmitglied ist als unabhängig anzusehen, wenn es in keiner geschäftlichen oder persönlichen Beziehung zu der Gesellschaft oder deren Vorstand steht, die einen Interessenkonflikt begründet." (Ziffer 5.4.2 S. 1, 2 DCGK).

Der DCGK empfiehlt, dass dem Aufsichtsrat eine ausreichende Anzahl unabhängiger Mitglieder angehören soll, um eine unabhängige Beratung und Überwachung zu gewährleisten. Diese Empfehlung ist anhand der Empfehlung 2005/162/EG auszulegen. Aus diesem Grund sind auch die in Anhang II der Empfehlung 2005/162/EG enthaltenen Regelbeispiele heranzuziehen, um abhängigkeitsbegründende Beziehungen eines Aufsichtsratsmitglieds zu ermitteln.

§ 1 Einführung in den DCGK

I. Entstehung des DCGK

Der DCGK stellt ein in der deutschen Rechtsordnung neuartiges Regelungsinstrument dar. Er orientiert sich an internationalen Vorbildern. Zwar wurden Probleme der Unternehmensverfassung in Deutschland schon seit Erlass des Aktienrechts diskutiert;[308] die Diskussion darüber hat sich in den letzten Jahren, vor allem beeinflusst durch eine entsprechende Entwicklung in den USA, intensiviert. Grund waren unter anderem Fälle von Zusammenbrüchen von Unternehmen[309] durch Missmanagement sowie die durch die Globalisierung bedingte Öffnung der Kapitalmärkte für ausländische Investoren, die bestimmte Standards Guter Corporate Governance zum Bestandteil ihrer Ent-

---

307 Ziffer 1, Präambel DCGK.

308 Vgl. bspw. Mestmäcker, S. 89 ff.

309 In USA waren dies u. a. die Wirtschaftsskandale um die Unternehmen Enron und Worldcom (vgl. FAZ, 26.05.2006, S. 11), in Europa die Bilanzfälschungen bei den Unternehmen Ahold (Niederlande) (vgl. www.handelsblatt.com, 05.04.2006 und 19.09.2006) sowie Parmalat (Italien) (vgl. www.handelsblatt.com, 29.09.2005).

scheidung über mögliche Investitionen machen.[310] Eine Unternehmensleitungsstruktur, die Anlegern verlässlich und effizient erscheint, ist geeignet, Vertrauen zu schaffen und das Anlageverhalten positiv zu beeinflussen.[311] Damit einher geht eine zunehmende Beeinflussung des Gesellschaftsrechts als Korporationsrecht durch das Kapitalmarktrecht.[312]

Im Zuge dieser Diskussion wurden in einzelnen Ländern und auch länderübergreifend von unterschiedlich besetzten Gremien (supranationalen Organisationen, Expertenrunden etc.) Grundsätze Guter Corporate Governance entwickelt, die zwar nicht den Rechtsstatus formeller Gesetze besitzen, sondern vielmehr die gesetzlichen Vorschriften ausfüllen und ergänzen sowie im Wege einer Selbstbindung der betroffenen Unternehmen Geltung erlangen sollen. Auf Grund der unterschiedlichen Strukturen der Kodizes kann die Wirkung von einer gänzlichen Freiwilligkeit (vgl. OECD)[313] über ein Comply-or-explain-Prinzip (vgl. DCGK) bis hin zu faktischem Zwang zur Erklärung über die Einhaltung des Kodizes als Voraussetzung für die Börsenzulassung (vgl. Combined Code London Stock Exchange[314]) reichen.[315]

Nachdem in Deutschland verschiedene Initiativen Kodizes entwickelt hatten,[316] die teils einen eher juristischen,[317] teils einen eher betriebswirtschaftlichen Ansatz[318] verfolgten, setzte der Bundeskanzler im Mai 2000 die Regierungskommission „Corporate Governance - Unternehmensführung - Unternehmenskontrolle - Modernisierung des Aktienrechts" (folgend: Regierungskommission) mit dem Auftrag ein, sich „aufgrund der Erkenntnisse aus dem Fall Holzmann mit möglichen Defiziten des deutschen Systems der Unternehmensführung und -kontrolle" zu befassen und im Hinblick auf den sich durch Globalisierung und Internationalisierung der Kapitalmärkte vollzie-

---

310 Vgl. Seibert, AG 2002, S. 417 (418).

311 Vgl. Großfeld, NZG 2005, S. 1 (2).

312 Siehe Seibert, AG 2002, S. 417 (418); Fleischer, ZIP 2006, S. 451 (451 ff.).

313 OECD Principles of Corporate Governance, www.oecd.org.

314 Vgl. v. Werder in: Kodex-Kommentar, Rn. 5; Großbritannien: Der „Combined Code of London Stock Exchange" ist Bestandteil der Listing Rules der staatlichen Regulierungbehörde Financial Services Authority (FSA), allerdings ist nicht die Einhaltung Zulassungsvoraussetzung, sondern die Erklärung im Wege des Comply-or-explain-Prinzips. Dies ist insofern weitergehend als in Deutschland, da die Börsenzulassung nicht an die Einhaltung der Pflicht zur Abgabe einer Entsprechenserklärung anknüpft.

315 Vgl. IOSCO-Report, S. 11 ff.

316 Frankfurter Grundsätze (www.corgov.de); Berliner Initiativkreis (www.dccg.de).

317 Frankfurter Grundsätze (www.corgov.de).

318 So die Grundsätze des Berliner Initiativkreises, vgl. Borges, ZGR 2003, S. 508 (513).

henden Wandel unserer Unternehmens- und Marktstrukturen Vorschläge für eine Modernisierung des rechtlichen Regelwerks zu unterbreiten.[319] Die Regierungskommission empfahl in ihrem Abschlussbericht die Einrichtung eines einheitlichen Corporate Governance Kodex auf untergesetzlicher Ebene.[320]

Daraufhin berief die Bundesministerin der Justiz im September 2001 die aus 12 Experten (unter ihnen Vertreter börsennotierter Unternehmen, Rechts- und Wirtschaftswissenschaftler, Wirtschaftsprüfer sowie Interessenvertreter)[321] bestehende Kodex-Kommission zur Schaffung eines entsprechenden Regelwerks. Es sollte ein Kodex entwickelt werden, der inländische Führungskräfte für die sich im Rahmen Guter Corporate Governance ergebenden Probleme sensibilisiert und gleichzeitig ausländischen Investoren das deutsche aktienrechtliche System durch Erläuterungen zugänglich macht.[322] Der Kodex sollte vom Bundesministerium der Justiz vor jeder erneuten Veröffentlichung einer inhaltlichen Prüfung unterzogen[323] und im elektronischen Bundesanzeiger[324] veröffentlicht werden.

Der im Februar 2002 an die Bundesministerin der Justiz übergebene DCGK enthält Verhaltensempfehlungen und -anregungen an die Organe der Aktiengesellschaft sowie den Abschlussprüfer, deren Befolgung von den Experten für wünschenswert gehalten wird, jedoch gesetzlich nicht vorgeschrieben ist.

II. Natur der Unabhängigkeitsempfehlung - keine Zwangswirkung

1. Wirkung von Empfehlungen

Die Wirkungsweise des Kodizes ist neu.[325] Gesellschaften sind nicht gesetzlich zur Befolgung der Empfehlungen des DCGK verpflichtet, aber der durch das TransPuG in das Aktiengesetz eingefügte § 161 AktG[326] enthält eine Erklä-

---

319 Vgl. S. 1 Abschlussbericht der Regierungskommission Corporate Governance.

320 Präambel des DCGK.

321 Siehe die Besetzung unter: http://www.corporate-governance-code.de/ger/mitglieder/index.html.

322 Ringleb in: Kodex-Kommentar, Rn. 19.

323 Vgl. Seibert, BB 2002, S. 581 (582).

324 Vgl. Regierungsbegründung TransPuG zu Art. I Nr. 16 (§ 161 AktG), S. 50 sowie Art. I Nr. 1 (§ 25 AktG), S. 22.

325 Seidel, ZIP 2004, S. 285 (289).

326 „§ 161 AktG Erklärung zum Corporate Governance Kodex: Vorstand und Aufsichtsrat der börsennotierten Gesellschaft erklären jährlich, dass den vom Bundesministerium der Justiz im amtlichen Teil des elektronischen Bundesanzeigers bekannt gemachten Empfehlungen der „Regierungskommission Deutscher Corporate Governance Kodex"

rungspflicht für börsennotierte[327] Unternehmen: Vorstand und Aufsichtsrat müssen einmal pro Jahr erklären, ob sie den Empfehlungen (gekennzeichnet durch „soll") des DCGK Folge leisten. Abweichungen sind möglich, müssen aber erklärt werden („Comply-or-explain-Prinzip"). Die Gesellschaft kann auch pauschal erklären, den Empfehlungen nicht zu entsprechen („Opt-out"), eine detaillierte Auflistung über die Nichteinhaltung einzelner Empfehlungen ist dann nicht erforderlich. In Bezug auf die Anregungen (gekennzeichnet durch „sollte") ist keine Erklärung vonnöten, von ihnen kann stumm abgewichen werden.[328]

Das Unabhängigkeitspostulat des DCGK ist als Empfehlung gestaltet. Dies bedeutet, dass börsennotierte Gesellschaften zwar nicht dazu verpflichtet sind, ihren Aufsichtsrat mit einer ausreichenden Anzahl unabhängiger Mitglieder zu besetzen, es aber offen gelegt werden muss, wenn der Empfehlung nicht gefolgt wird. Folge ist, dass es nach der Offenlegung den Anteilseignern bzw. dem Aufsichtsrat überlassen bleibt zu entscheiden, inwieweit dem Unabhängigkeitserfordernis entsprochen werden soll.

Eine Bindungswirkung kann auch dann nicht angenommen werden, wenn man den DCGK nicht als privates Regelwerk der Wirtschaft mit dem Ziel der Selbstorganisation[329], sondern als staatliches Recht ansehen möchte.[330] Gegen diese Sichtweise spricht, dass mit dem DCGK explizit nicht staatliches Recht gesetzt werden sollte.[331] Unstreitig ist zudem, dass der Kodex keine direkte Bindungswirkung hat, da es den Unternehmen freigestellt ist, die Empfehlungen zu befolgen.[332] Lediglich die Abgabe der Entsprechenserklärung gem.

---

entsprochen wurde und wird oder welche Empfehlungen nicht angewendet wurden oder werden. Die Erklärung ist den Aktionären dauerhaft zugänglich zu machen."

327 Gem. § 3 Abs. 2 AktG sind börsennotiert Gesellschaften, deren Aktien zu einem Markt zugelassen sind, der von staatlich anerkannten Stellen geregelt wird, regelmäßig stattfindet und für das Publikum mittelbar oder unmittelbar zugänglich ist. Dies umfasst den amtlichen Handel (§§ 30 ff. BörsG) und den geregelten Markt (§§ 49 ff. BörsG), nicht aber den Freiverkehr (vgl. Hüffer, AktG, § 3, Rn. 6).

328 Vgl. Präambel des DCGK.

329 So Ulmer, ZHR 166 (2002), S. 150 (159).

330 Vgl. Seidel, ZIP 2004, S. 285 (285); Heintzen, ZIP 2004, S. 1933 (1935), der den Kodex im Ergebnis als Empfehlung der Bundesregierung und „regierungsamtliches Soft Law" bezeichnet.

331 Vgl. Ulmer, ZHR 166 (2002), S. 150 (159).

332 Vgl. Seidel, ZIP 2004, S. 285 (289).

§ 161 AktG und die Erklärung, dass die Entsprechenserklärung abgegeben wurde,[333] sind verpflichtend.[334]

Ob die Vorschriften des DCGK über § 161 AktG hinaus eine mittelbare rechtliche Wirkung entfalten, ist umstritten.[335] Denkbar ist, dass ein kodexgemäßes Verhalten zur Konkretisierung der Sorgfaltspflichten im Rahmen der §§ 116, 93 AktG dienen könnte.[336] Dabei ist streitig, ob die Befolgung im Falle schuldhaften Organhandelns zu einer Beweislastumkehr zu Gunsten des Organmitglieds führt[337] und so der Befolgung lediglich eine Indizwirkung für sorgfaltsgemäßes Verhalten zukommt,[338] oder ob erst die überwiegende Befolgung der Empfehlungen in der Praxis die Heranziehung als Auslegungshilfe rechtfertigt.[339] Gegen die Heranziehung der Empfehlungen zur Konkretisierung der Sorgfaltspflichten spricht, dass § 161 AktG im Gegensatz zu § 342 HGB, der häufig zum Vergleich herangezogen wird, gerade keine gesetzliche Vermutungsregelung aufstellt und der Gesetzeswortlaut des § 161 AktG keine Regelung im positiven oder negativen Sinne enthält und damit darüber hinaus keine mittelbare rechtliche Wirkung eintritt.[340]

Im Ergebnis lässt sich feststellen, dass der DCGK weder rein staatlichen noch rein privaten Charakter hat. Gesellschaften sind nicht verpflichtet, den Empfehlungen des DCGK Folge zu leisten. Lediglich zur Abgabe der Entsprechenserklärung nach § 161 AktG besteht eine Rechtspflicht.

2. *Tatsächlicher Anreiz zur Befolgung aufgrund von Rating*

Auch wenn kein gesetzlicher Zwang zur Umsetzung der Empfehlungen gegeben ist, müssen als gewichtiger Anreiz zur Befolgung des DCGK als kodifizierte Regeln Guter Corporate Governance die Bewertung durch Rating-Agenturen gesehen werden, die im internationalen Kapitalverkehr an Bedeutung zugenommen hat.[341] Kapitalmarktorientierte Unternehmen benötigen

---

333 §§ 285 Nr. 16, 314 Abs. 1 Nr. 8, 325 Abs. 1 HGB.

334 Vgl. Seidel, NZG 2004, S. 1095 (1095).

335 Dafür: Kiethe, WM 2004, S. 458 (459).

336 Siehe Seibt, AG 2002, S. 249 (251).

337 Vgl. Seibt, AG 2002, S. 249 (251).

338 Lutter, ZHR 166 (2002), S. 523 (542).

339 Vgl. Borges, ZGR 2003, S. 508 (521). Es wird auch ein Vergleich zu den Handelsbräuchen (§ 346 HGB) gezogen. Die Empfehlungen des DCGK stellen keine Handelsbräuche dar, da es an der dauernden Übung der beteiligten Verkehrskreise fehlt (vgl. Ulmer, ZHR 166 (2002), S. 150 (160).

340 So Ringleb in: Kodex-Kommentar, Rn. 57 f.

341 Vgl. Witte/Bultmann in: Rechtsfragen im Rating, S. 89 (92).

eine positive Bewertung durch eine Rating-Agentur, um die Kapitalbeschaffung zu verbessern und möglichst niedrige Zinsen für über den Kapitalmarkt aufgenommenes Kapital leisten zu müssen.[342]

Die Bewertungen erfolgen in Bonitätsstufen, die die Fähigkeit eines Schuldners beschreiben, seine Verbindlichkeiten gegenüber den Gläubigern zu erfüllen.[343] Die Bonitätsstufe wird auch durch die Corporate Governance eines Unternehmens beeinflusst. Neben den so genannten „hard facts"[344] zur Bewertung eines Unternehmens, fließen zusätzlich „soft facts" in Form qualitativer Faktoren, wie der Bewertung der Struktur und der Transparenz des Unternehmens[345] sowie die Qualität des Managements[346], zu der auch die Unabhängigkeit des Aufsichtsrats beiträgt, in die Bewertung der Rating-Agenturen ein. Es wird davon ausgegangen, dass die „weichen" Faktoren 30-40% zur Ermittlung des Endergebnisses beitragen.[347] Somit hat eine verlässlich und transparent erscheinende Führungsstruktur, selbst wenn sich dies bisher nicht im Börsenkurs widerspiegelt, direkten Einfluss auf die Kosten der Kapitalbeschaffung und damit auf den Ertrag von kapitalmarktorientierten Unternehmen.

III. Untersuchungsprogramm

Im Folgenden werden die Empfehlungen und Anregungen des DCGK, die die Unabhängigkeit des Aufsichtsrats betreffen, einer eingehenden Untersuchung unterzogen. Dabei sollen zunächst die zentralen Empfehlungen des DCGK zur Unabhängigkeit des Organs (Ziffer 5.4.2 S. 1 DCGK) und andere Empfehlungen, die Interessenbindungen des Aufsichtsrats betreffen, dargestellt werden. Sodann wird entwickelt, dass das Unabhängigkeitserfordernis nach dem DCGK anhand der Empfehlung 2005/162/EG ausgelegt werden muss und insbesondere die in Anhang II dieser Empfehlung enthaltenen Regelbeispiele zur Bestimmung der persönlichen Unabhängigkeit des einzelnen Aufsichtsratsmitglieds heranzuziehen sind. Entsprechend dem Vorschlag der Empfehlung 2005/162/EG müssen die Regelbeispiele dahingehend untersucht wer-

---

342 Vgl. Däubler, BB 2003, S. 429 (429). Insbesondere durch die neuen Eigenkapitalregeln für Banken („Basel II"), die von Banken eine stärkere Unterlegung mit Eigenkapital fordern je schlechter die Bonität des Kunden (nachgewiesen durch die Bewertung einer Rating-Agentur) ist, ergibt sich die zunehmende Bedeutung von Ratings für Unternehmen.

343 Vgl. Witte/Bultmann in: Rechtsfragen im Rating, S. 89 (90).

344 Quantitative Faktoren, Finanzdaten.

345 Vgl. Witte/Bultmann in: Rechtsfragen im Rating, S. 89 (93).

346 Siehe Däubler, BB 2003, S. 429 (431).

347 Witte/Bultmann in: Rechtsfragen im Rating, S. 89 (93).

den, wie sie im Kontext des deutschen Rechts zu interpretieren sind und ob ihrer Anwendung nationales Recht entgegensteht. Soweit dies im Hinblick auf die Herstellung von Unabhängigkeit als notwendig erachtet wird, werden rechtspolitische Überlegungen zu möglichen Änderungen des DCGK oder des Aktiengesetzes dargestellt.

§ 2 Ziffer 5.4.2 DCGK - Begriff der Unabhängigkeit

I. Regelungen zur Unabhängigkeit

Der DCGK enthält verschiedene Vorschriften, die die Unabhängigkeit des Aufsichtsrats betreffen. Eine eigene Definition der Unabhängigkeit des Aufsichtsrats wurde mit der Änderung des DCGK im Juni 2005 gegeben.

Die grundlegende Empfehlung findet sich unter Punkt 5. „Aufgaben und Zuständigkeiten des Aufsichtsrats" in Abschnitt 5.4 DCGK „Zusammensetzung und Vergütung".

In Ziffer 5.4.2 S. 1 DCGK ist die Empfehlung zur Unabhängigkeit enthalten:

„Um eine unabhängige Beratung und Überwachung des Vorstands durch den Aufsichtsrat zu ermöglichen, soll dem Aufsichtsrat eine nach seiner Einschätzung ausreichende Anzahl unabhängiger Mitglieder angehören."

Diese Empfehlung betrifft die Unabhängigkeit des Organs Aufsichtsrats, die als Voraussetzung unabhängiger Beratung und Kontrolle des Vorstands, also als Voraussetzung ordnungsgemäßer Aufgabenerfüllung des Aufsichtsrats, angesehen wird. Damit stellt die Unabhängigkeit im Sinne der Ziffer 5.4.2 DCGK zum einen eine persönliche Eigenschaft des einzelnen Aufsichtsratsmitglieds dar, das unabhängig, also frei von anderweitigen Interessenbindungen Entscheidungen treffen soll. Zum anderen ist sie eine Eigenschaft des Organs Aufsichtsrat, da dieser in seiner Gesamtheit als Entscheidungsträger berufen ist. Das Organ kann dabei nur so unabhängig wie die Summe seiner Mitglieder sein. Dies ist vergleichbar mit der fachlichen Qualifikation, die bei einem Gesamtaufsichtsrat zur Bewältigung der dem Organ zugewiesenen Aufgaben vorhanden und damit als Voraussetzung auch in der Person des einzelnen Aufsichtsratsmitglieds gegeben sein muss.

In Ziffer 5.4.2 S. 2 wird die Unabhängigkeit als Eigenschaft des einzelnen Aufsichtsratsmitglieds definiert:

„Ein Aufsichtsratsmitglied ist als unabhängig anzusehen, wenn es in keiner geschäftlichen oder persönlichen Beziehung zu der Gesellschaft oder deren Vorstand steht, die einen Interessenkonflikt begründet."

Die Formulierung wurde ebenfalls im Juni 2005 eingefügt und orientiert sich an der Definition, die die Empfehlung 2005/162/EG vorgibt.[348] Die Definition der Unabhängigkeit ist verknüpft mit dem Vorliegen eines Interessenkonflikts. Dieser Begriff des Interessenkonflikts kann nicht deckungsgleich mit dem Begriff Interessenkonflikt in Ziffer 5.5.2 DCGK sein, mit dem den Aufsichtsratsmitgliedern empfohlen wird, Interessenkonflikte offen zulegen. Bezogen auf die Definition der Unabhängigkeit muss bereits die Möglichkeit eines potentiellen Interessenkonflikts aufgrund des Bestehens einer geschäftlichen oder persönlichen Beziehung zu der Gesellschaft oder dem Vorstand als ein Grund zur Verneinung der Unabhängigkeit gesehen werden.[349] Dies lässt sich treffend mit dem Begriff der „independence in appearance"[350] fassen, der besagt, dass bereits der Anschein einer abhängigen Besetzung des Aufsichtsrats genügt, um eine nicht optimale Besetzung des Gremiums festzustellen und damit die Möglichkeit einer nicht ausreichenden Aufgabenerfüllung anzunehmen. Jedoch kann ein Aufsichtsratsmitglied trotz Vorliegens dieser, auch als „äußere" bezeichnete Unabhängigkeit seine Überwachungsaufgabe im Interesse von Geschäftspartnern oder des Vorstands gegen das Unternehmensinteresse aus einer „inneren" Abhängigkeit heraus wahrnehmen, die endgültig nur durch ein entsprechendes Selbstverständnis des Aufsichtsrats verhindert werden kann.

Ziffer 5.4.2 S. 3 DCGK enthält eine Empfehlung zur Mitgliedschaft ehemaliger Vorstandsmitglieder im Aufsichtsrat:

„Dem Aufsichtsrat sollen nicht mehr als zwei ehemalige Mitglieder des Vorstands angehören."

Ebenfalls mit der Mitgliedschaft ehemaliger Vorstandsmitglieder beschäftigt sich Ziffer 5.4.4 DCGK:

„Der Wechsel des bisherigen Vorstandsvorsitzenden oder eines Vorstandsmitglieds in den Aufsichtsratsvorsitz oder den Vorsitz eines Aufsichtsratsausschusses soll nicht die Regel sein. Eine entsprechende Absicht soll der Hauptversammlung besonders begründet werden."

---

348 Vgl. Art. 13.1 Empfehlung 2005/162/EG und siehe sogleich unter: Kapitel 3 § 3.

349 Siehe zudem Kapitel 3 § 5 III.

350 Der Begriff der „independence in appearance" wurde in Bezug auf die Unabhängigkeit des Abschlussprüfers entwickelt und wird in diesem Bereich als der tatsächlichen inneren Unabhängigkeit als gleichwertig angesehen (vgl. Anhang A 1, S. 34 der Empfehlung der Kommission vom 16. Mai 2002, Unabhängigkeit des Abschlussprüfers in der EU – Grundprinzipien (bekannt gegeben unter Aktenzeichen K (2002) 1873) (Text von Bedeutung für den EWR (2002/590/EG)), ABL. L 191 vom 19.7.2002, S. 22 ff.).

Ziffer 5.3.2 DCGK enthält eine Anregung zu der Übernahme des Vorsitzes des Prüfungsausschusses des Aufsichtrats durch ein ehemaliges Vorstandsmitglied.

„Er [der Vorsitzende des Prüfungsausschusses] sollte kein ehemaliges Vorstandsmitglied der Gesellschaft sein."

Schließlich empfiehlt Ziffer 5.4.2 S. 4 DCGK:

„Aufsichtsratsmitglieder sollen keine Organfunktion oder Beratungsaufgaben bei wesentlichen Wettbewerbern des Unternehmens ausüben."

II. Abgrenzung zu Interessenkonflikten nach Ziffer 5.5 DCGK

Wie dargestellt bezieht sich die Empfehlung zur Unabhängigkeit auf Beziehungen zwischen Aufsichtsratsmitgliedern zu Personen oder Organisationen außerhalb des Aufsichtsrats, die geeignet sind, eine unabhängige Aufgabenerfüllung zu verhindern. In Ziffer 5.5 DCGK wird die Offenlegung von Interessenkonflikten bei Aufsichtsratsmitgliedern gegenüber dem Aufsichtsrat und der Hauptversammlung behandelt.

Ziffer 5.5.2 DCGK:

„Jedes Aufsichtsratsmitglied soll Interessenkonflikte, insbesondere solche, die aufgrund einer Beratung oder Organfunktion bei Kunden, Lieferanten, Kreditgebern oder sonstigen Geschäftspartnern entstehen können, dem Aufsichtsrat gegenüber offen legen."

Ziffer 5.5.3 DCGK:

„Der Aufsichtsrat soll in seinem Bericht an die Hauptversammlung über aufgetretene Interessenkonflikte und deren Behandlung informieren. Wesentliche und nicht nur vorübergehende Interessenkonflikte in der Person eines Aufsichtsratsmitglieds sollen zur Beendigung des Mandats führen."

Diese Vorschrift betrifft Interessenkonflikte im oben[351] erläuterten Sinne. Davon ist die Unabhängigkeit gem. Ziffer 5.4.2 DCGK abzugrenzen, die nur dann gegeben ist, wenn nicht die Möglichkeit eines potentiellen Interessenkonflikts aufgrund des Bestehens einer geschäftlichen oder persönlichen Beziehung zu der Gesellschaft oder dem Vorstand besteht.

Zunächst kann danach unterschieden werden, dass die unter Ziffer 5.5 DCGK fallenden Interessenkonflikte sich allein auf das einzelne Aufsichtsratsmitglied

---

351 Siehe oben Kapitel 2 § 1 IV. 1.

beziehen. Die Unabhängigkeit gem. Ziffer 5.4.2 DCGK hingegen ist sowohl Eigenschaft des Organs als auch des einzelnen Mitglieds.

Daneben tritt ein Interessenkonflikt situationsbezogen auf, wohingegen die Unabhängigkeit eine Eigenschaft ist, die dem Aufsichtsratsmitglied - solange die fragliche Interessenbindung besteht - anhaftet. Eine die Unabhängigkeit beeinträchtigende Eigenschaft kann sich in Einzelfällen zu einem Interessenkonflikt verdichten, muss dies aber nicht. Die Unabhängigkeit oder die Abhängigkeit besteht unabhängig von der konkreten Situation. Weiterhin bezieht sich die Unabhängigkeit auf den äußeren Anschein, wohingegen der Interessenkonflikt tatsächlich bestehen muss.

Bestellungshindernisse können zu potentiellen Interessenkonflikten insofern abgegrenzt werden, als diese Konstellationen betreffen, die eine pflichtgemäße Entscheidungsfindung durch das Aufsichtsratsmitglied so ausgeschlossen erscheinen lassen, dass seine Bestellung unmöglich ist. Das heißt, dass hier der Interessenbindung des einzelnen Aufsichtsratsmitglieds so negative Auswirkungen zugesprochen werden, dass dauerhaft eine pflichtgemäße Aufgabenerfüllung durch das gesamte Organ unmöglich erscheint.

Die gleichartige Formulierung in Ziffer 5.4.2 DCGK und Ziffer 5.5 DCGK ist somit missverständlich. Voraussetzung der Qualifikation als abhängig kann nicht das tatsächliche Auftreten eines Interessenkonflikts sein, sondern bereits das Vorliegen eines potentiellen Interessenkonflikts.

III. Bezug auf börsennotierte Gesellschaften

Das Unabhängigkeitserfordernis nach DCGK beschränkt sich auf börsennotierte Gesellschaften, nur sie unterliegen der Pflicht zur Abgabe einer Entsprechenserklärung nach § 161 AktG. Regelungen Guter Corporate Governance richten sich überwiegend an börsennotierte Unternehmen, da bei nichtkapitalmarktorientierten Gesellschaften wenige Eigentümer selbst eine wirksame Kontrolle durchführen können.[352] Eine Beschränkung auf börsennotierte Gesellschaften ist auch hinsichtlich des deutschen Gesellschaftsrechts nicht systemwidrig, da eine zunehmende Trennung auch des Aktienrechts in Regelungen für börsennotierte und Regelungen für börsenferne Gesellschaften zu beobachten ist[353] und sich so unterschiedliche Pflichten ergeben können.[354] Dem Aufsichtsrat kommt bei der Wahrung der Eigentümerinteressen in der

---

352 Vgl. Semler/Spindler in: MünchKomm AktG, vor § 76, Rn. 203 ff.

353 Vgl. Fleischer, ZIP 2006, S. 451 (453 ff.).

354 An die Börsennotierung knüpfen u. a. folgende Regelungen an: §§ 130 Abs. 1, 134 Abs. 1 S. 2, 171 Abs. 2 S. 2, 328 Abs. 3 AktG.

Gesellschaft eine besondere Rolle zu, die seine Besetzung zu einem wichtigen Element Guter Corporate Governance macht.

Bei eigentümergeprägten Gesellschaften stellt sich das Problem mangelnder Überwachung nicht in gleicher Weise wie bei börsennotierten Publikumsgesellschaften: Wenige Eigentümer sind eher als zahlreiche Aktionäre in der Lage, ihre Interessen durchzusetzen. Führt ein Gesellschafter die Geschäfte selbst, so stellt sich dieses Kontrollproblem nicht, da der Eigentümer eigene unternehmerische Entscheidungen trifft, deren Konsequenzen er als Anteilseigner zu tragen hat. Der einzelne Aktionär hat aufgrund der Streuung des Kapitals in der Regel nicht den Einfluss auf den Vorstand, den er benötigen würde, um zu bewirken, dass dieser in seinem Sinne handelt.[355] Dieser so genannte[356] „Principal-agent"-Konflikt[357] entsteht, weil sich der Geschäftsführer (agent) bei der Ausübung der Geschäftsführung opportunistisch verhalten (moral hazard[358]) und eigene Interessen verfolgen kann, anstatt im Sinne des Inhabers (principal) zu handeln.[359] Opportunistisches Verhalten beschreibt dabei ein Handeln, dem der Inhaber, wenn er die Möglichkeit gehabt und ihm die notwendige Information zur Verfügung gestanden hätte, im Vorhinein nicht zugestimmt hätte.[360]

Dieser Konflikt tritt vor allem in Aktiengesellschaften auf, da es bei dieser Gesellschaftsform keinen Eigentümer gibt, der alle Eigentümerfunktionen innehat, sondern diese vielmehr aufgeteilt sind. Die Dispositionsbefugnis über die Unternehmenswerte obliegt dem Vorstand, während die Zurechnung des sich daraus ergebenden wirtschaftlichen Ertrags oder Verlusts beim Anteilseigner verbleibt.[361] Geschäftsführung und Risiko liegen im Gegensatz zur Situation bei Gesellschaftergeschäftsführern anderer Gesellschaftsformen in unterschiedlichen Händen.

---

355 Vgl. Zimmermann/Wortmann, DB 2001, S. 289 (289).

356 Der Begriff stammt aus dem anglo-amerikanischen Rechtsraum, also den Ländern des Common Law, insbesondere die USA und Großbritannien (vgl. Zweigert/Kötz, S. 177 ff., 215 ff.).

357 Vgl. Behrens, FS Drobnig, S. 491 (494); Leyens, RabelsZ 2003, S. 57 (62).

358 „Moralisches Risiko".

359 Vgl. Grundmann, Rn. 82; Behrens, FS Drobnig, S. 491 (492); Jensen/Meckling, Journal of Financial Economics 1976, S. 305 (308).

360 Das Problem stellt sich nicht nur bei Gesellschaften, sondern bei jedweder Art langfristiger Verträge, tritt im kapitalgesellschaftsrechtlichen Bereich aber besonders deutlich hervor (vgl. Behrens, FS Drobnig, S. 491 (494)).

361 Vgl. Behrens, FS Drobnig, S. 491 (494); Schäfer/Ott, S. 645.

IV. Ergebnis – Unabhängigkeitserfordernis aus DCGK

Der DCGK stellt mit Ziffer 5.4.2 DCGK ein Unabhängigkeitserfordernis an Aufsichtsräte für börsennotierte Unternehmen auf. Zurzeit besteht noch keine rechtliche Verpflichtung, diesem Erfordernis zwingend nachzukommen. Erst mit der gesetzlichen Umsetzung der Richtlinie 2006/43/EG bis Mitte 2008 wird sich die Notwendigkeit, zumindest ein unabhängiges Aufsichtsratsmitglied zu berufen, ergeben. Es besteht lediglich die Verpflichtung, Abweichungen von den Empfehlungen des DCGK im Rahmen der Entsprechenserklärung nach § 161 AktG offen zu legen. Eine indirekte Wirkung kann die Bestellung unabhängiger Aufsichtsratsmitglieder entfalten, da dies bei Unternehmensbewertungen im Rahmen von Ratings als „soft fact" berücksichtigt wird.

Das Unabhängigkeitserfordernis bezieht sich auf das Organ Aufsichtsrat, das jedoch nur so unabhängig wie seine Mitglieder ist. Unabhängigkeit bei den Mitgliedern wird dann angenommen, wenn kein potentieller Interessenkonflikt aus einer Geschäftsbeziehung oder im Verhältnis zum Vorstand besteht.

Der DCGK gebraucht den Begriff „Interessenkonflikt" in Ziffer 5.4.2 DCGK im Sinne eines potentiellen, in Ziffer 5.5 DCGK dagegen im Sinne eines tatsächlichen Interessenkonflikts. Diese Doppeldeutigkeit des Begriffs sollte durch eine Anpassung des Kodizes beseitigt werden.

§ 3 Auslegung des Begriffs Unabhängigkeit anhand der Empfehlung 2005/162/EG

Im Februar 2005 verabschiedete die EU-Kommission die Empfehlung 2005/162/EG zu den Aufgaben von nicht geschäftsführenden Direktoren/Aufsichtsratsmitgliedern börsennotierter Gesellschaften sowie zu den Ausschüssen des Verwaltungs-/Aufsichtsrats, die auch die Unabhängigkeit der Mitglieder von Aufsichtsräten und anderen Überwachungsorganen betrifft. Diese hat Auswirkungen auf die Unabhängigkeitsempfehlung gem. Ziffer 5.4.2 DCGK. Dies macht eine Anpassung der Empfehlung zur Unabhängigkeit von Aufsichtsräten gem. Ziffer 5.4.2 DCGK in mehrfacher Hinsicht erforderlich.

I. Initiative der Europäischen Union zur Corporate Governance

Die Empfehlung 2005/162/EG ist Teil der Initiative der Europäischen Union im Bereich Corporate Governance. Teils betreffen die Themen Regelungsbereiche, die ursprünglich Gegenstand der Fünften Richtlinie auf dem Gebiet des Gesellschaftsrechts, der so genannten „Strukturrichtlinie", sein sollten.[362] Ein

---

362 Habersack, Europäisches Gesellschaftsrecht, Rn. 55.

erster Entwurf wurde 1972 von der Kommission verabschiedet,[363] der dritte und bislang letzte 1991.[364] Unterschiedliche Ansichten der Mitgliedstaaten zur Mitbestimmung sowie zur Leitungsstruktur der Aktiengesellschaft haben dazu geführt, dass diese Richtlinien nie verabschiedet wurden und sich die Kommission hiervon distanziert hat. Der Entwurf wurde im Jahr 2001 endgültig zurückgezogen.[365] Stattdessen nimmt sich die Europäische Kommission nunmehr einzelner Aspekte der Corporate Governance Debatte an.[366]

Nachdem eine von der Europäischen Kommission eingesetzte „High Level Group of Experts on Corporate Law“ im November 2002 einen Bericht über die Modernisierung des Gesellschaftsrechts in Europa vorgelegt[367] und sich hierin gegen die Schaffung eines einheitlichen Corporate Governance Kodex ausgesprochen hat,[368] erließ die Europäische Kommission verschiedene, dieses Gebiet betreffende Rechtsakte. Zu nennen sind neben der hier behandelten Empfehlung 2005/162/EG auch eine Empfehlung zur Vergütung von Direktoren[369] sowie die Richtlinie 2006/46/EG des Europäischen Parlaments und des Rates vom 14. Juni 2006 zur Änderung der Rechnungslegungsrichtlinien.[370]

In der Empfehlung 2005/162/EG stellt der europäische Gesetzgeber weitgehende Anforderungen an die Unabhängigkeit der Aufsichtsräte, insbesondere an die der Mitglieder des Rechnungslegungsausschusses.

---

363 KOM/1972/887/FINAL ABl. C 131 vom 13.12.1972, S. 49 ff.

364 Vgl. KOM/1991/372/FINAL vom 10/11/1991.

365 KOM(2001)763 endgültig/2, DG Markt, Bii.

366 Habersack, Europäisches Gesellschaftsrecht, Rn. 57.

367 Report of The High Level Group of Company Law Experts on a Modern Regulatory Framework for Company Law in Europe, Brüssel, 4. November 2002.

368 Als Grund nennt die Europäische Kommission unter anderem, dass bei einem einheitlichen europäischen Kodex eine ausreichende Information der Anteilseigner nicht mehr gewährleistet werden könne, da die Corporate Governance relevanten gesetzlichen Regelungen weiterhin auf nationalem Gesellschafts- und Kapitalmarktrecht basieren würden. Erst bei einer Harmonisierung dieser Rechtsgebiete wäre ein einheitlicher Kodex sinnvoll (Report of The High Level Group of Company Law Experts, S. 72).

369 Empfehlung der Kommission vom 14. Dezember 2004 zur Einführung einer angemessenen Regelung für die Vergütung von Mitgliedern der Unternehmensleitung börsennotierter Gesellschaften, ABl. L 385 vom 29.12.2004, S. 55 ff. (2004/913/EG).

370 Richtlinie 2006/46/EG des Europäischen Parlaments und des Rates vom 14. Juni 2006 zur Änderung der Richtlinien des Rates 78/660/EWG über den Jahresabschluss von Gesellschaften bestimmter Rechtsformen, 83/349/EWG über den konsolidierten Abschluss, 86/635/EWG über den Jahresabschluss und den konsolidierten Abschluss von Banken und anderen Finanzinstituten und 91/674/EWG über den Jahresabschluss und den konsolidierten Abschluss von Versicherungsunternehmen.

II. Weitergehende Regelungen zur Unabhängigkeit in der Empfehlung 2005/162/EG

Die Empfehlung 2005/162/EG beschäftigt sich mit den Aufgaben nicht geschäftsführender Direktoren/Aufsichtsratsmitgliedern börsennotierter Gesellschaften sowie mit den Ausschüssen des Verwaltungs-/Aufsichtsrats.

Unabhängigkeit soll nach der Empfehlung 2005/162/EG generell verstanden werden als die Abwesenheit jeglicher materieller Interessenkonflikte.[371] Eine genauere Definition findet sich in Art. 13.1 der Empfehlung 2005/162/EG: Hiernach gilt ein Mitglied des Aufsichtsrats als unabhängig, „wenn es in keiner geschäftlichen, familiären oder sonstigen Beziehung zu der Gesellschaft, ihrem Mehrheitsaktionär oder deren Geschäftsführung steht, die einen Interessenkonflikt begründet, der sein Urteilsvermögen beeinflussen könnte".

Insoweit entspricht die Regelung, die der DCGK nun enthält, der Formulierung der Empfehlung 2005/162/EG, lediglich die Beziehungen zu einem Mehrheitsaktionär nennt der DCGK nicht. Ferner verzichtet der DCGK auf den letzten Halbsatz, der beinhaltet, dass der Interessenkonflikt das Urteilsvermögen beeinflussen kann.

Weitere Kriterien für Unabhängigkeit enthält die Empfehlung 2005/162/EG in Anhang II, in dem ein Profil unabhängiger nicht geschäftsführender Direktoren bzw. Aufsichtsratsmitglieder dargestellt wird. In der Art von Regelbeispielen werden Situationen aufgezählt, „die Beziehungen oder Umstände deutlich machen, von denen allgemein angenommen wird, dass sie zu einem Interessenkonflikt führen können".[372]

Es wird für den Wechsel vom Vorstand in den Aufsichtsrat eine fünfjährige Karenzzeit vorgeschlagen, bis ein Mitglied als unabhängig angesehen werden soll.[373] Angestellte der Gesellschaft sind ebenfalls nicht unabhängig.[374] Ferner soll das Mitglied keine über die Entlohnung als Aufsichtsrat hinausgehende Vergütung, insbesondere in Form von Aktienoptionen, erhalten.[375] Auch die Vertreter von Anteilseignern mit einer Kontrollbeteiligung sollen nicht als unabhängig gelten.[376] Das gleiche gilt für Geschäftspartner oder Vertreter eines Geschäftspartners, die zu der Gesellschaft ein Geschäftsverhältnis in bedeu-

---

371 Empfehlung 2005/162/EG, Erwägungsgründe (7).

372 Vgl. Empfehlung 2005/162/EG Erwägungsgründe (18).

373 Empfehlung 2005/162/EG, Anhang II 1. a).

374 Empfehlung 2005/162/EG, Anhang II 1. b).

375 Empfehlung 2005/162/EG, Anhang II 1. c).

376 Empfehlung 2005/162/EG, Anhang II 1. d).

tendem Umfang unterhalten,[377] sowie für Partner und Angestellte des derzeitigen oder früheren externen Abschlussprüfers.[378] Ebenfalls stellen Überkreuzverflechtungen einen Abhängigkeitstatbestand dar.[379] Es wird eine Höchstmandatsdauer empfohlen, ab der ein Aufsichtsratsmitglied als abhängig gelten soll.[380] Ferner sollen enge Familienmitglieder von Vorstandsmitgliedern oder anderen als abhängig zu qualifizierenden Personen ebenfalls selbst als abhängig zu qualifizieren sein.[381]

Die Empfehlung 2005/162/EG schließt mit einer Verhaltensempfehlung und fordert das Aufsichtsratsmitglied auf, keine, seine Unabhängigkeit gefährdenden Tätigkeiten auszuüben und bei Beschlüssen, die Wirkungen entfalten können, die der Gesellschaft schaden, seine Meinung zu äußern und gegebenenfalls alle geeigneten Konsequenzen zu ziehen, wenn ein Beschluss gefasst wird, gegen den das Mitglied ernsthafte Vorbehalte hatte.[382]

Vom Unabhängigkeitserfordernis nach DCGK unterscheiden sich die Regelungen der Empfehlung 2005/162/EG in mehrfacher Hinsicht. Die Empfehlung sieht auch Vertreter von Aktionären mit einer Kontrollbeteiligung als abhängig an. Sie rät dazu, dass zumindest die Mehrheit der Mitglieder des Prüfungsausschusses unabhängig sein sollen (Ziffer 4.1 Anhang I). Darüber hinaus enthält die Empfehlung 2005/162/EG nach dem Vorbild ausländischer Regelungen einen Katalog von Regelbeispielen, bei deren Vorliegen die Unabhängigkeit eines Aufsichtsratsmitglieds zu verneinen sein soll.

III. Verhältnis der Empfehlung 2005/162/EG zu den Regelungen des DCGK und zur Besetzungspraxis in Deutschland

Die Regelungen der Empfehlung 2005/162/EG stimmen zum Teil mit denen des DCGK überein. So hat die Kodex-Kommission die Definition der Unabhängigkeit in Ziffer 5.4.2 DCGK aufgenommen, aber darauf verzichtet, die in Anhang II der Empfehlung 2005/162/EG genannten Regelbeispiele für das Vorliegen von Abhängigkeit aufzunehmen oder begründet abzulehnen. Lediglich die Regelung in Bezug auf den Wechsel ehemaliger Vorstandsmitglieder in den Aufsichtsrat wurde aufgenommen. Insoweit wurden die Regelungsvorschläge des Europäischen Gesetzgebers nicht umfassend umgesetzt. Zum Teil

---

377 Empfehlung 2005/162/EG, Anhang II 1. e).
378 Empfehlung 2005/162/EG, Anhang II 1. f).
379 Empfehlung 2005/162/EG, Anhang II 1. g).
380 Empfehlung 2005/162/EG, Anhang II 1. h).
381 Empfehlung 2005/162/EG, Anhang II 1. i).
382 Empfehlung 2005/162/EG, Anhang II 2.

widersprechen sie der in Deutschland üblichen und auch empfohlenen Besetzung von Aufsichtsräten. Das gilt für die Besetzung von Aufsichtsratsposten mit Vertretern von Anteilseignern, eine dem deutschen Konzernrecht entsprechende Praxis oder für die Besetzung mit Vertretern von Geschäftspartnern.[383] Auch für Personen, die mit dem Unternehmen ein Geschäftsverhältnis in bedeutendem Umfang unterhalten, soll die Vermutung des Fehlens der Unabhängigkeit gelten. Wegen dieser Konflikte wird die Empfehlung 2005/162/EG von der deutschen rechtswissenschaftlichen Literatur teils als zu weitgehend angesehen. Es wird befürchtet, dass die bewährten Strukturen deutscher Konzernleitungsgrundsätze der Europäisierung des Gesellschaftsrechts zum Opfer fallen könnten.[384] Als problematisch wird erachtet, dass wegen des deutschen Systems der Mitbestimmung die Arbeitnehmervertreter im Aufsichtsrat kaum als unabhängig angesehen werden könnten.[385] Diese Bedenken sind nicht gerechtfertigt, da auch bei Übernahme der Empfehlung ein weiter Spielraum besteht, in dem nationale Besonderheiten berücksichtigt werden können. Auch der unternehmerischen Mitbestimmung kann Rechnung getragen werden, indem sich ein Unabhängigkeitserfordernis nur auf Vertreter der Anteilseigner bezieht. Besonderheiten des deutschen Konzern-, Aktien- oder kollektiven Arbeitsrechts sprechen folglich nicht gegen eine Übernahme der Empfehlung 2005/162/EG.

1. *Rechtsnatur der Empfehlung*

Empfehlungen gehören gem. Art. 249 EGV zu den unverbindlichen Handlungsformen des Gemeinschaftsrechts. Dass Empfehlungen in all ihren Teilen unverbindlich sind, bedeutet nicht, dass sie rechtlich irrelevant sind.[386] Im Gegensatz zu den herkömmlichen nationalen Rechtsordnungen kennt das europäische Recht nicht-verbindliche Handlungsformen, die dennoch zum Rechtsquellensystem der Gemeinschaft zählen.[387] Im Vergleich mit den nationalen Rechtsquellensystemen überrascht dies, da die Möglichkeit der Verhaltenssteuerung durch verbindliche Regelungen als Inbegriff der Rechtsqualität ei-

---

383 Siehe hierzu bereits Mestmäcker: „In den Aufsichtsrat werden zumeist Personen berufen, die geeignet sind, die geschäftlichen Beziehungen und Verbindungen des Unternehmens zu erhalten und zu pflegen. Kunden, Lieferanten, Banken und Wettbewerber halten den Großteil der Aufsichtsratssitze. Der Aufsichtsrat wird zum Spiegelbild der verschlungenen Geschäftsbeziehungen des Unternehmens." (Mestmäcker, S. 91).

384 Habersack, ZHR 168 (2004), S. 373 (377).

385 Habersack, ZHR 168 (2004), S. 373 (376).

386 Schmidt in: Groeben/Thiesing/Ehlermann, EGV, Art. 189 EGV, Rn. 49.

387 Schroeder in: Streinz, EUV/EGV, Art. 249 EGV, Rn. 139.

ner Norm gilt.[388] Grund für die Anerkennung unverbindlicher Handlungsformen als Teil der Rechtsordnung ist, dass es, um eine möglichst weitgehende Konvergenz der mitgliedstaatlichen Rechtsordnungen zu erreichen, notwendig ist, allen hoheitlichen Maßnahmen, die dem Zusammenschluss des bestehenden Verbunds der Europäischen Gemeinschaften dienen, Rechtscharakter zuzusprechen und sie verfassungsrechtlichen Anforderungen zu unterwerfen.[389]

Empfehlungen sind von den nationalen Gerichten bei der Auslegung von Rechtsvorschriften zu beachten. So kann ein nationales Gesetz die Empfehlung selbst umgesetzt haben oder die Empfehlung kann zur Auslegung eines anderen verbindlichen gemeinschaftsrechtlichen Rechtsakts, einer Verordnung oder einer Richtlinie geschaffen worden sein.[390] Empfehlungen können auch als unverbindliche Richtlinien beschrieben werden, da Empfehlungen eine ähnliche zweistufige Wirkungsweise (1. Stufe: Umsetzung durch nationales Recht, 2. Stufe: Auslegung des nationalen Rechts im Lichte des Gemeinschaftsrechts) eigen ist. Sie entfalten aber selbst bei vollständiger Nichtbeachtung durch die Mitgliedstaaten im Gegensatz zu Richtlinien niemals bindende Wirkung,[391] und ein Einzelner kann weder Rechte noch Pflichten aus ihnen ableiten.[392] Grundsätzlich kann Zweck des Erlasses einer Empfehlung sein, den Adressaten ein bestimmtes Verhalten nahe zu legen, ohne sie zu binden.[393] Bei der Verabschiedung des EGV gingen die Gründungsmitglieder davon aus, das Ansehen der Gemeinschaftsorgane und ihre umfassende Wirtschafts- und Sachkompetenz würden bewirken, dass die Adressaten der Handlungsempfehlung freiwillig nachkämen.[394]

Zweck einer Empfehlung kann zum Beispiel sein, nationales Handeln zu koordinieren oder den Weg für eine verpflichtende Integrationsmaßnahme in Form einer Verordnung oder Richtlinie vorzubereiten.[395] Weiterhin kann durch die grundsätzliche Kompetenz der Europäischen Kommission zum Er-

---

388 Vgl. v. Bogdandy/Bast/Arndt, ZaöRV 2002, S. 77 (114).

389 v. Bogdandy/Bast/Arndt, ZaöRV 2002, S. 77 (114).

390 Schmidt in: Groeben/Thiesing/Ehlermann, EGV, Art. 189 EGV, Rn. 49; EuGH Grimaldi/Fonds des Maladies professionelles, C-322/88 – Slg., 1989, 4407.

391 Schroeder in: Streinz, EUV/EGV, Art. 249 EGV, Rn. 139.

392 v. Bogdandy/Bast/Arndt, ZaöRV 2002, S. 77 (114).

393 v. Bogdandy/Bast/Arndt, ZaöRV 2002, S. 77 (116).

394 Schmidt in: Groeben/Thiesing/Ehlermann, EGV, Art. 189 EGV, Rn. 46 f.

395 Schroeder in: Streinz EUV/EGV, Art. 249 EGV, Rn. 141. Explizit so auch Hopt, ZIP 2005, S. 461 (468), der darauf hinweist, dass, wenn Empfehlungen nicht befolgt werden, auf Dauer eine Richtlinie „droht".

lass von Empfehlungen eine Rechtsauffassung an die Mitgliedstaaten mitgeteilt werden, wenn keine Kompetenz des europäischen Gesetzgebers in diesem Gebiet gegeben ist oder hohe Konsenserfordernisse den Erlass eines verbindlichen Rechtsakts verhindern.[396] Insoweit übernimmt die Empfehlung die oben erwähnte explorative Funktion für nachfolgende Rechtsakte.[397]

Ein Beispiel dafür ist der Erlass der Empfehlung 2002/590/EG zur Unabhängigkeit der Abschlussprüfer: Die Empfehlung bereitete die Richtlinie 2006/43/EG vor und fand erhebliches Echo in der juristischen und wirtschaftswissenschaftlichen Literatur.[398] Dies verdeutlicht, dass Empfehlungen trotz ihrer rechtlichen Unverbindlichkeit tatsächliche Wirkungen entfalten.

2. *Auslegung des DCGK anhand der Empfehlung*

Das Unabhängigkeitserfordernis nach DCGK ist anhand der Empfehlung 2005/162/EG auszulegen, da die Definition der Unabhängigkeit im Hinblick auf die Empfehlung eingefügt wurde. Setzt eine nationale Rechtsvorschrift Europäisches Recht um, so ist sie auch anhand des europäischen Rechts auszulegen, selbst wenn die Umsetzung des europäischen Rechtsakts nicht bindend ist.[399]

Wie oben erläutert, ist der DCGK zwar keine Rechtsvorschrift im herkömmlichen Sinne und sein Charakter ist umstritten, so dass fraglich ist, ob er überhaupt mit herkömmlichen Auslegungsregeln interpretiert werden darf. Es handelt sich jedoch um ein Regelwerk, auf das der Staat Einfluss nimmt und das ihm deshalb in gewisser Weise zuzurechnen ist.[400] Aus diesem Grund müssen die Grundsätze der Auslegung von Rechtsvorschriften auch zur Interpretation des Kodizes herangezogen werden.[401] Damit findet insbesondere auch Anhang II der Empfehlung 2005/162/EG zur Konkretisierung des Unabhängigkeitserfordernisses Anwendung.

Die Empfehlung 2005/162/EG gibt in Art. 13.1 vor, dass ein Unabhängigkeitserfordernis anhand des Anhang II ausgelegt wird, überlässt aber den Mitgliedstaaten die genaue Ausgestaltung, damit auf nationale gesellschaftsrechtliche oder wirtschaftliche Besonderheiten Rücksicht genommen werden kann.

---

396 Vgl. v. Bogdandy/Bast/Arndt, ZaöRV 2002, S. 77 (117).

397 v. Bogdandy/Bast/Arndt, ZaöRV 2002, S. 77 (117).

398 Vgl. bspw. Ernst, WpG 2003, S. 18 (19); Ring, Wpg 2002, S. 1345 (1352).

399 EuGH Grimaldi/Fonds des Maladies professionelles, C-322/88 - Slg. 1989, 4407; EuGH Deutsche Shell AG/Hauptzollamt Hamburg, C-188/91 - Slg. 1993, 363.

400 Siehe oben Kapitel 3 § 1.

401 So auch Hüffer, ZIP 2006, S. 637 (639).

So wird in Art. 13.2 Empfehlung 2005/162/EG angeführt, dass Kriterien für die Beurteilung der Unabhängigkeit der Mitglieder der Unternehmensleitung[402] festgelegt werden unter Berücksichtigung der Leitlinien in Anhang II. In diesem ist eine Anzahl von Situationen identifiziert, die Beziehungen oder Umstände widerspiegeln, die grundsätzlich zur Herbeiführung möglicher, potentiell materieller Interessenkonflikte anerkannt sind. Diese sollen von den Mitgliedstaaten sorgfältig bei der Erstellung von Kriterien zur Unabhängigkeit geprüft werden.[403]

3. Adressat der Empfehlung 2005/162/EG

Empfehlungen richten sich grundsätzlich an die Mitgliedstaaten, unter Umständen sind auch private Stellen als Adressaten im EGV vorgesehen.[404] Adressaten der Empfehlung 2005/162/EG sind die Mitgliedstaaten, die aufgefordert werden, die notwendigen Vorkehrungen zu treffen, um im Rahmen eines Comply-or-explain-Prinzips oder auf gesetzlichem Wege, Regelungen zu Profil und Aufgaben von Aufsichtsräten in börsennotierten Aktiengesellschaften zu schaffen.[405] Der deutsche Gesetzgeber hat die Voraussetzungen für die Umsetzung der Empfehlung geschaffen, zum einen durch die Einsetzung der Kodex-Kommission und deren Schaffung des Kodizes, zum anderen durch die Verabschiedung des § 161 AktG, mit dem in Verbindung mit dem DCGK das Comply-or-explain-Prinzip eingeführt wurde.

Die Kodex-Kommission als privates Gremium ist nicht Adressat der Empfehlung, sondern Adressat ist das Bundesministerium der Justiz. Der DCGK ist dem staatlichen Recht zurechenbar, auch wenn für die inhaltliche Gestaltung die von der Bundesministerin der Justiz eingesetzte Kodex-Kommission zuständig ist, da der Kodex nur veröffentlicht und damit wirksam wird, wenn das Bundesministerium der Justiz die Genehmigung erteilt hat. Als Adressat der Empfehlung muss das Bundesministerium der Justiz auf die Kodex-Kommission in dem Sinne einwirken, dass der DCGK nicht europarechtswidrig gestaltet wird oder dass sie sich zumindest mit den Vorschlägen der Europäischen Union befasst. Letztlich muss das Ministerium die Übereinstimmung des DCGK mit der Empfehlung im Rahmen der inhaltlichen Überprüfung vor der Veröffentlichung des DCGK vornehmen.

---

402 Nach Art. 2.2 der Empfehlung 2005/16/EG meint „Mitglied der Unternehmensleitung" ein Mitglied des Verwaltungs-/Aufsichtsrats oder des Vorstands einer Gesellschaft.

403 Vgl. Empfehlung 2005/162/EG, Erwägungsgründe (18).

404 Schmidt in: Groeben/Thiesing/Ehlermann, EGV, Art. 189 EGV, Rn. 48.

405 Empfehlung 2005/162/EG, Abschnitt I Rn. 1.1.

Aus diesem Grund ist die Befassung der Kodex-Kommission mit den Vorschlägen des europäischen Gesetzgebers als angemessen anzusehen.

IV. Ergebnis – Pflicht zur Auslegung gemäß Empfehlung 2005/162/EG

Das Unabhängigkeitserfordernis nach DCGK muss anhand der Empfehlung 2005/162/EG ausgelegt werden, da es diese umsetzt. Aus diesem Grund sind insbesondere die Regelbeispiele des Anhang II der Empfehlung 2005/162/EG zur Konkretisierung eines Unabhängigkeitserfordernisses heranzuziehen, um Beziehungen zu der Gesellschaft oder dem Vorstand zu ermitteln, die schädliche Interessenkonflikte hervorrufen können. Dabei müssen die von der Empfehlung vorgegebenen Regelbeispiele nicht vollständig übernommen werden, sondern sind als Leitlinien, die auf das nationale Recht abgestimmt werden müssen, zu begreifen.

§ 4 Regelbeispiele nach Anhang II der Empfehlung 2005/162/EG

I. Ehemaliges Vorstandsmitglied (Empfehlung 2005/162/EG, Anhang II 1. a))

Das Regelbeispiel in Anhang II 1. a) der Empfehlung 2005/162/EG zur Feststellung der Unabhängigkeit des Aufsichtsratsmitglieds lautet:

„Die betreffende Person darf kein geschäftsführendes Verwaltungsrats- bzw. Vorstandsmitglied der Gesellschaft oder einer verbundenen Gesellschaft sein, und sie darf in den vergangenen fünf Jahren kein solches Amt ausgeübt haben."

Übertragen auf das dualistische Leitungssystem betrifft dieses Regelbeispiel die Doppelmitgliedschaft in Vorstand und Aufsichtsrat, die nach deutschem Recht nicht zulässig ist, sowie den direkten Wechsel vom Vorstand in den Aufsichtsrat einer Gesellschaft. Der DCGK empfiehlt diesbezüglich in Ziffer 5.4.4, dass der Wechsel des bisherigen Vorstandsvorsitzenden oder eines Vorstandsmitglieds in den Aufsichtsratsvorsitz oder den Vorsitz eines Aufsichtsratsausschusses nicht die Regel sein soll.

Trotzdem ist der direkte Wechsel eines Vorstandsmitglieds in den Aufsichtsrat in Deutschland üblich[406] und zwar mit steigender Tendenz:[407] In einer Studie wurden die Geschäftsberichte von 143 in Deutschland notierten mitbestimm-

---

406 In zahlreichen der im DAX notierten Unternehmen sind ehemalige Vorstände Aufsichtsratsvorsitzende, z. B. bei Allianz, BASF, BMW, Deutsche Bank, E.ON, Münchener Rück, ThyssenKrupp.

407 Vgl. Studie der Hans-Böckler-Stiftung: (http://www.boeckler.de/pdf/pm_2004_11_17_studie.pdf).

ten Aktiengesellschaften auf die Mitgliedschaft ehemaliger Vorstandsmitglieder im Aufsichtsrat untersucht. Der Anteil solcher Unternehmen stieg von 23,1% (2001) auf 35,9% (2004). Der Anteil ehemaliger Vorstandsvorsitzender als Aufsichtsratsvorsitzende hat sich in diesem Zeitraum sogar von 8,2% (2001) auf 19,7% (2004) mehr als verdoppelt. Auch in jüngster Vergangenheit kündigten eine Reihe im DAX notierter Unternehmen an, der Empfehlung des DCGK bezüglich des Wechsels ehemaliger Vorstandsmitglieder in den Aufsichtsrat nicht folgen zu wollen.[408]

1. Inhalt und Regelungszweck

Anhang II 1. a) der Empfehlung 2005/162/EG bestimmt, dass aktuelle und ehemalige Mitglieder der Geschäftsleitung der Gesellschaft oder einer verbundenen Gesellschaft, also übertragen auf das deutsche Recht des Vorstands, grundsätzlich nicht als unabhängige Aufsichtsratsmitglieder anzusehen sind.

Der Vorschrift liegt die Annahme zugrunde, dass der direkte Wechsel eines Vorstandsmitglieds in den Aufsichtsrat geeignet ist, aufgrund möglicher Interessenbindungen die Unabhängigkeit der Entscheidungen des Aufsichtsrats und damit die Überwachungsfunktion zu beeinträchtigen. Grundproblem der Mitgliedschaft ehemaliger Vorstandsmitglieder im Aufsichtsrat ist, dass dies im Bereich retrospektiver Kontrolle der Vorstandstätigkeit zu einer Überprüfung eigener, früher getroffener Entscheidungen führen kann.[409] Auch kann die Geltendmachung von Schadensersatzansprüchen gegenüber ehemaligen Vorstandsmitgliedern, die in den Aufgabenbereich des Aufsichtsrats fällt, vereitelt oder erschwert werden.[410] Ferner kann das ehemalige Vorstandsmitglied versucht sein, die Unternehmensstrategie, die es während seiner Vorstandszeit verwirklichen wollte, vom Aufsichtsrat aus weiter zu verfolgen.[411] War die Vorstandsarbeit des jetzigen Aufsichtsratsmitglieds erfolgreich, bleibt für den Nachfolger wenig Raum für die Durchsetzung eigener Ideen und Vorstellungen.[412]

Der direkte Wechsel eines Vorstandsmitglieds in den Aufsichtsrat der gleichen Gesellschaft wird jedoch nicht einheitlich bewertet.[413] Für den Wechsel aus dem Vorstand in den Aufsichtsrat wird angeführt, dass kaum jemand so quali-

---

408 So bspw. SAP AG und Continental AG, Handelsblatt, 03.01.2006, S. 1.

409 Lange, NZG 2004, S. 265 (267); Ludwig, S. 156; Hofmann/Hofmann, S. 85.

410 Lange, NZG 2004, S. 265 (267).

411 Lange, NZG 2004, S. 265 (267); vgl. ferner das Beispiel des ehemaligen Vorstandsvorsitzenden der Salamander AG Franz Josef Dazert, FAZ, 25.01.2005, S. 16.

412 Vgl. Malik, S. 204.

413 Habersack, ZHR 168 (2004), S. 373 (378); Semler in: Semler/v. Schenck, § 4, Rn. 20 ff.

fiziert beratend tätig sein kann wie ein jüngst ausgeschiedenes Vorstandsmitglied, das das Unternehmen sehr gut kennt.[414] Auch könnten durch personelle Kontinuität Brüche in der Unternehmenssteuerung vermieden werden.[415]

Insgesamt ist festzustellen, dass in der Diskussion die Bedenken die positiven Aspekte überwiegen, da die Abhängigkeiten zwischen Vorstand und Aufsichtsrat und die Einflussnahme auf den Vorstand bei unternehmerischen Entscheidungen sowie das aus der Selbstüberprüfung entstehende Kontrolldefizit als gravierend angesehen werden.[416] Die vorgebrachten Argumente überzeugen; die Mitgliedschaft ehemaliger Vorstandsmitglieder im Aufsichtsrat der Gesellschaft kann schädlich für eine funktionierende Überwachung sein. Sollten sie in den Aufsichtsrat gewählt werden, können sie nicht als unabhängig gelten.

2. *Relevanz für das deutsche Recht*

Als Grundvoraussetzung für die Funktionstrennung zwischen Geschäftsführung und ihrer Überwachung statuiert § 105 AktG die Unvereinbarkeit der Mitgliedschaft in Vorstand und Aufsichtsrat.[417] Die Vorschrift umfasst Vorstandsmitglieder, dauernd Stellvertreter von Vorstandsmitgliedern, Prokuristen oder zum gesamten Geschäftsbetrieb ermächtigte Handlungsbevollmächtigte der Gesellschaft.

Die gleichzeitige Funktion als Vorstandsvorsitzender und Aufsichtsratsvorsitzender, die im monistischen Board of Directors der Häufung der Ämter des Vorsitzenden des Board of Directors und des CEO in einer Person entsprechen würde, ist nach deutschem Recht ausgeschlossen und die Empfehlung insofern bereits durch das Aktiengesetz umgesetzt.

Ferner bestimmt Ziffer 1. a) im Anhang II der Empfehlung 2005/162/EG den direkten Anschluss eines Aufsichtsratsmandats an die Vorstandstätigkeit als Abhängigkeitstatbestand; das Aktiengesetz enthält keine entsprechende Regelung.

3. *Verhältnis zu DCGK*

Mit der Überarbeitung Juni 2005 enthält der DCGK mehrere Regelungen zur Mitgliedschaft ehemaliger Vorstandsmitglieder der Gesellschaft im Aufsichtsrat, und zwar in den Abschnitten zu den Aufgaben und Befugnissen des Aufsichtsratsvorsitzenden (Ziffer 5.2 DCGK), zur Bildung von Ausschüssen (Zif-

---

414 Claussen/Bröcker, AG 2000, S. 481 (490).

415 Semler in: Semler/v. Schenck, § 4, Rn. 20.

416 Vgl. Lange, NZG 2004, S. 265 (268); Schiessl, AG 2002, S. 593 (598).

417 Hüffer, AktG, § 105, Rn. 1.

fer 5.3 DCGK) sowie zur Zusammensetzung und Vergütung (Ziffer5.4 DCGK). In Ziffer 5.4.4 empfiehlt der DCGK, dass der Wechsel des bisherigen Vorstandsvorsitzenden oder eines Vorstandsmitglieds in den Aufsichtsratsvorsitz oder den Vorsitz eines Aufsichtsratsausschusses nicht die Regel sein soll und dass eine entsprechende Absicht der Hauptversammlung gegenüber begründet werden soll. In Ziffer 5.4.2 S. 3 DCGK wird empfohlen, dass nicht mehr als zwei ehemalige Vorstandsmitglieder dem Aufsichtsrat angehören sollen. Dies hat zur Konsequenz, dass die Mitgliedschaft von bis zu zwei ehemaligen Vorstandsmitgliedern, die nicht Aufsichtsratsvorsitzender oder Vorsitzender eines Aufsichtsratsausschusses sind, nicht der Offenlegungspflicht im Rahmen des § 161 AktG unterliegt.

Ziffer 5.3.2 S. 3 DCGK enthält die Anregung, dass kein ehemaliges Vorstandsmitglied den Vorsitz des Prüfungsausschusses innehaben sollte. Allerdings ist diese Anregung durch die Änderung von Ziffer 5.4.4 DCGK aus dem Juni 2005 obsolet, da diese jetzt eine offenlegungspflichtige Empfehlung hinsichtlich der gleichen Tatsache, nämlich der Übernahme eines Ausschussvorsitzes durch ein ehemaliges Vorstandsmitglied, enthält.

Sowohl die Empfehlung 2005/162/EG als auch der DCGK missbilligen damit den direkten Wechsel eines Vorstandsmitglieds in den Aufsichtsrat. Jedoch stellt der DCGK zwischen der Empfehlung Ziffer 5.4.4 und dem Unabhängigkeitserfordernis nach Ziffer 5.4.2 keinen direkten Zusammenhang her. Die Eigenschaft als ehemaliges Vorstandsmitglied ist nicht im Sinne eines Regelbeispiels zur Unabhängigkeit formuliert.

Über die Empfehlung 2005/162/EG hinaus geht der DCGK in folgenden Punkten: Mit Ziffer 5.4.2 S. 3 DCGK wird eine absolute Höchstzahl von ehemaligen Vorstandsmitgliedern im Aufsichtsrat vorgegeben. In einem Drittel der im DAX 30 börsennotierten Unternehmen sind ehemalige Vorstandsmitglieder im Aufsichtsrat vertreten, allerdings nie mehr als zwei.[418] Somit stellt die Regelung des DCGK in der Rechtswirklichkeit keine erweiterten Anforderungen.[419] International wird bereits die Mitgliedschaft weniger ehemaliger Vorstände mit Missbilligung betrachtet.[420] Diese Empfehlung widerspricht dem Vorschlag der Empfehlung 2005/162/EG nicht und ist insofern unbedenklich. Weiterhin geht der DCGK über die Empfehlung 2005/162/EG hinaus, indem die Übernahme des Aufsichtsratsvorsitzes oder eines Ausschuss-

---

418 Vgl. Studie der Hans-Böckler-Stiftung: (http://www.boeckler.de/pdf/pm_2004_11_17_studie.pdf), S. 9.

419 Vgl. Roth/Wörle, ZGR 2004, S. 565 (585).

420 Vgl. FAZ, 27.06.2003, S. 19.

vorsitzes durch den ehemaligen Vorstandsvorsitzenden oder ein Vorstandsmitglied offenlegungspflichtig ist. Dies lässt sich mit den herausgehobenen Positionen des Aufsichtsratsvorsitzenden und der Ausschussvorsitzenden erklären, die gewichtigen Einfluss auf die Qualität der Überwachung der Geschäftsführung durch das Gremium Aufsichtsrat haben. Die Empfehlung 2005/162/EG trifft keine Aussage zu bestimmten Positionen innerhalb des Aufsichtsrats und seinen Ausschüssen, schlägt aber vor, dass zumindest die Mehrheit der Mitglieder des Prüfungsausschusses unabhängig sein sollen (Ziffer 4.1 Anhang I Empfehlung 2005/162/EG).[421]

Hinter der Empfehlung 2005/162/EG zurück bleibt der DCGK in einem wesentlichen Punkt: Der DCGK verzichtet auf die Nennung einer Karenzzeit, die zwischen dem Ausscheiden aus dem Amt als Vorstandsvorsitzender oder aus der Tätigkeit als Vorstandsmitglied und der Aufnahme des Aufsichtsratsvorsitzes oder eines Ausschussvorsitzes liegen soll.

Im Ergebnis geht die Empfehlung 5.4.4 DCGK in Bezug auf den direkten Wechsel ehemaliger Vorstandsmitglieder in den Aufsichtsrat teils über den Vorschlag der Empfehlung 2005/162/EG hinaus, bleibt aber auch teils dahinter zurück.

4. *Ausfüllung von Lücken*

Die Empfehlungen des DCGK sollten - soweit sie hinter den Vorschlägen der Empfehlung 2005/162/EG zurückbleiben - angepasst werden.

a. Bezug zur Unabhängigkeit

Es sollte ein Zusammenhang hergestellt werden zwischen den Regelungen zur Mitgliedschaft ehemaliger Vorstandsmitglieder im Aufsichtsrat und der Empfehlung zur Unabhängigkeit, indem die Beziehung zu der Gesellschaft als ehemaliges Vorstandsmitglied als abhängigkeitsauslösender Umstand bezeichnet wird. Die derzeitige Regelung erlaubt zwar auch die Subsumtion unter den Abhängigkeitsbegriff nach Ziffer 5.4.2 DCGK, verdeutlicht aber nicht, dass es sich bei der Eigenschaft als ehemaliges Vorstandsmitglied um einen abhängigkeitsindizierenden Tatbestand handelt. Besonders im Hinblick auf die Gesamteinschätzung des Aufsichtsrats sollte verdeutlicht werden, dass dies der Fall ist. Dies sollte durch die Einfügung eines Regelbeispiels zur Unabhängigkeit nach Ziffer 5.4.2 S. 2 DCGK erfolgen, entsprechend des Vorschlags der Empfehlung 2005/162/EG in Anhang II.

---

421 Siehe oben Kapitel 3 § 3 II.

b. Einfügung einer Karenzzeit

Weder zur Mitgliedschaft ehemaliger Vorstände im Aufsichtsrat noch in Bezug auf sonstige Sachverhalte, die eine Abhängigkeit begründen können, nennt der DCGK eine Karenzzeit bestimmter Dauer und bleibt damit hinter dem Vorschlag der Empfehlung 2005/162/EG zurück. Eine Karenzzeit sollte nicht nur in Bezug auf diesen Sachverhalt, sondern auch für andere Abhängigkeitstatbestände eingefügt werden, um die Einschätzung der Gefahr eines Interessenkonflikts zu erleichtern. Die Karenzzeit muss so bestimmt werden, dass sie den Zeitraum umfasst, in dem von dem ehemaligen Vorstandsmitglied mitgetragene Geschäftsführungsentscheidungen Gegenstand der Überwachung durch den Aufsichtsrat sein können.

aa. Regelung für ehemalige Vorstandsmitglieder

Ein ehemaliges Vorstandsmitglied ist für einen Zeitraum von fünf Jahren nach Beendigung des Vorstandsmandats als abhängig anzusehen. Dies entspricht dem Vorschlag der Empfehlung 2005/162/EG, die ein Aufsichtsratsmitglied nur dann als unabhängig ansieht, wenn es in den letzten fünf Jahren vor der Aufnahme eines Aufsichtsratsmandats nicht bei der Gesellschaft beschäftigt war. Auch die Börsenordnung der NYSE bestimmt eine Karenzzeit, jedoch von drei Jahren.[422] Die ausdrückliche Festsetzung einer Karenzzeit hat den Vorteil, dass Rechtssicherheit erzeugt und Auseinandersetzungen über das Vorliegen von Unabhängigkeit und eine bloße symbolische, amtslose Zwischenzeit eines Vorstandsmitglieds vermieden wird. Aus diesem Grund ist die Einfügung einer expliziten Karenzzeit zu befürworten.

Nach einem Zeitraum von fünf Jahren ist ein ehemaliges Vorstandsmitglied nicht mehr der Situation ausgesetzt, eigene Geschäftsführungsmaßnahmen kontrollieren zu müssen, da diese grundsätzlich abgeschlossen und überprüft sind. Zieht man in Betracht, dass der scheidende Vorstand zumeist seinen Nachfolger auswählt und dem Aufsichtsrat vorschlägt,[423] so ist davon auszugehen, dass daraus resultierende personelle Verknüpfungen und Abhängigkeiten zwischen dem ehemaligen Vorstandsmitglied und seinem Nachfolger dann nicht mehr gegeben sind. Nach § 84 Abs. 1 S. 1 AktG ist die Bestellung des Vorstands auf höchstens fünf Jahre zulässig und somit wurde der Nachfolger entweder erneut vorgeschlagen und bestätigt oder es handelt sich um einen Dritten, auf dessen Bestellung der frühere Vorstand keinen Einfluss mehr hatte.

---

422 NYSE Corporate Governance Rules, References to Form 10 k 2 (b) (i).

423 Jedenfalls in Publikumsgesellschaften, vgl. Mertens in: Kölner Kommentar AktG, § 84, Rn. 9; Scheffler, DB 2000, S. 433 (434); Berrar, NZG 2001, S. 1113 (1118).

Gegen eine fünfjährige Karenzzeit spricht wiederum, dass der Sachverstand und die genaue Kenntnis des Unternehmens es einem ehemaligen Vorstandsmitglied ermöglichen könnten, als Mitglied des Aufsichtsrats die Überwachungsaufgabe besonders gezielt und effizient durchzuführen.[424] Nach fünf Jahren würde sich das Unternehmen aber so weitgehend verändert haben, sei es personell, sei es in der Strategie, der Beteiligungsstruktur oder der Organisation, dass das unternehmensspezifische Wissen des ehemaligen Vorstandsmitglieds keine positiven Effekte mehr versprechen dürfte. Die fünfjährige Karenzzeit kommt also einer grundsätzlichen Qualifikation ehemaliger Vorstände als abhängig weitgehend gleich, mit den negativen Aspekten würde aber nicht auf alle positiven Aspekte, die ein solches Engagement haben kann, verzichtet. Während der Karenzzeit würde sich die Einbringung vorhandenen Wissens auf die Position als einfaches Aufsichtsratsmitglied beschränken.

Auf Grund der geschilderten Interessenlage ist eine Karenzzeit von fünf Jahren vor der Übernahme des Aufsichtsratsvorsitzes oder der Mitgliedschaft im Prüfungsausschuss durch ein ehemaliges Vorstandsmitglied der Gesellschaft im Sinne Guter Corporate Governance als zweckdienlich anzusehen.

Andere Vorschläge, wie lediglich die direkte Übernahme des Aufsichtsratsvorsitzes zu missbilligen und eine zweijährige Amtszeit als einfaches Aufsichtsratsmitglied zwischenzuschalten,[425] oder zu bestimmen, dass ehemalige Vorstandsmitglieder nie den Posten des Aufsichtsratsvorsitzenden innehaben sollten, können nicht überzeugen.[426] Der Vorstandskontakt, der aus der Position als Aufsichtsratsvorsitzender resultiert, würde zwar nicht vorliegen, jedoch ist nach einer zweijährigen Phase als Aufsichtsrat zumeist noch sein direkter (von ihm mit ausgewählter) Nachfolger Vorstand. Deshalb ist ein ehemaliges Vorstandsmitglied nach einer zweijährigen Phase als einfaches Aufsichtsratsmitglied noch nicht als unabhängig anzusehen. Der vollständige Ausschluss vom Aufsichtsratsvorsitz ist nicht notwendig, da ein Mitglied nach Ablauf der Karenzzeit nicht mehr als abhängig angesehen werden muss.

bb. Karenzzeit für andere Regelbeispiele

Bisher verzichtet der DCGK insgesamt darauf, für andere mögliche Abhängigkeitstatbestände eine Karenzzeit zu benennen. Vielmehr bleibt die gesamte Einschätzung, ob ein Aufsichtsratsmitglied unabhängig ist, dem Gremium vorbehalten. Somit liegt auch die Festlegung des Zeitraums, in dem dies der

---

424 Vgl. Schiessl, AG 2002, S. 593 (598).

425 Berrar, NZG 2001, S. 1113 (1119).

426 Schiessl, AG 2002, S. 593 (598).

Fall sein soll, in seinem Ermessen. Wenn eine explizite Karenzzeit für ehemalige Vorstandsmitglieder verankert wird, ist grundsätzlich auch eine Karenzzeit für andere Abhängigkeitstatbestände zu befürworten, denn sie bedingen Nachwirkungen ähnlicher Art. Die NYSE Corporate Governance Rules[427] sowie die Corporate Governance Rules der NASDAQ sehen für weitere Unabhängigkeitstatbestände eine übereinstimmende Karenzzeit vor.[428]

Auch bei anderen Regelbeispielen können unmittelbar nach der Beendigung eines Verhältnisses, das Abhängigkeit indiziert, die daraus resultierenden Bindungen noch Wirkungen entfalten. Aus diesem Grund ist die Festlegung einer Periode, innerhalb derer die Person noch als abhängig gilt, sachgerecht. In Bezug auf den direkten Wechsel ehemaliger Vorstandsmitglieder in den Aufsichtsrat ist dies - ohne Nennung eines konkreten Zeitraums - bereits heute durch den DCGK anerkannt. Die Benennung eines konkreten Zeitraums ist zweckmäßig, um die Qualifikation der Abhängigkeit zu erleichtern. Dieser Zeitraum kann aber im Einzelfall differieren. So genügt bspw. in Bezug auf die Mitgliedschaft Angehöriger von Geschäftspartnern eine einjährige Karenzzeit.

c. Verbundene Unternehmen

Die Empfehlung 2005/162/EG erstreckt die Abhängigkeitsvermutung auch auf die Stellung als Vorstandsmitglied bei einem verbundenen Unternehmen. Hier ist zunächst zu beachten, dass ein Teil dieser Fälle bereits von § 100 Abs. 2 S. 1 Nr. 2 AktG erfasst ist, der die Mitgliedschaft gesetzlicher Vertreter abhängiger Unternehmen im Aufsichtsrat untersagt.

Zum anderen kann sich ein Konflikt mit der Mitgliedschaft der Vertreter eines Anteilseigners mit Kontrollbeteiligung (Anhang II 1. d) der Empfehlung 2005/162/EG) ergeben. Die Vertreter eines Anteilseigners sollten nicht als abhängig gelten.[429] Insoweit sollte eine Erstreckung auf verbundene Unternehmen ebenfalls unterbleiben.

Somit sind hier die wesentlichen Konstellationen der Mitgliedschaft von Vorstandsmitgliedern verbundener Unternehmen bereits geregelt. Bei Gestaltungen, die weder unter § 100 Abs. 2 S. 2 Nr. 2 AktG fallen noch die die Mitgliedschaft eines Vertreters eines Anteilseigners mit Kontrollbeteiligung betreffen, kann aber von einer Abhängigkeit aufgrund einer anderweitigen Interessenbindung ausgegangen werden.

---

427 Sec. 303A Listed Company Manual (2) (b) (i) - (v).

428 NASDAQ Marketplace Rules 4200A (a) (14).

429 Siehe hierzu unten: Kapitel III § 4 IV.

5. Rechtspolitische Bewertung

a. Bestellungshindernis

Da das Aktiengesetz den Wechsel ehemaliger Vorstandsmitglieder in den Aufsichtsrat nicht explizit sanktioniert, wird gefordert, dass der direkte Wechsel eines Mitglieds des Vorstands in den Aufsichtsrat gesetzlich sanktioniert werden sollte und diesem Merkmal damit die Qualität eines Bestellungshindernisses zukommen sollte.[430]

Der ehemaligen Mitgliedschaft im Vorstand die Qualität eines gesetzlichen Bestellungshindernisses als Aufsichtsratsmitglied einzuräumen, ist nicht sachgerecht und notwendig.

Das ehemalige Mitglied des Vorstands ist nicht als so befangen anzusehen, dass das Auftreten eines dauerhaften materiellen Interessenkonflikts zu vermuten ist. Dies kann zum Beispiel bei einem Vertreter eines direkten Konkurrenten im Aufsichtsrat angenommen werden.[431] Auf Grund der Pflichtenbindungen aus dem anderen Rechtsverhältnis kann in diesem Fall davon ausgegangen werden, dass die Interessen des Aufsichtsratsmitglieds und die der zu überwachenden Gesellschaft divergieren. Zweifel an der Unbefangenheit des ehemaligen Vorstandsmitglieds im Aufsichtsrat bestehen lediglich bei einem Teil der Aufsichtsratsaufgabe, vor allem in Bezug auf den Kontakt und die Überwachung des ihm nachfolgenden Vorstandsmitglieds. Es ist nicht anzunehmen, dass ein Aufsichtsratsmitglied, welches zuvor Mitglied des Vorstands war, so befangen ist, dass stets zu vermuten ist, es würde pflichtwidrige Entscheidungen treffen.

b. Beirat

Neben den genannten Vorschlägen, der Gefahr eines Interessenkonflikts aufgrund der Eigenschaft als ehemaliges Vorstandsmitglied zu begegnen, wird auch ein völliger Ausschluss solcher Mitglieder aus dem Aufsichtsrat und die Schaffung eines alternativen Gremiums vorgeschlagen: Die Kompetenz ehemaliger Vorstände könnte sich die Gesellschaft neben der Vereinbarung von Beraterverträgen durch Einrichtung eines „Advisory Council" für ehemalige Manager sichern, wie dies in Japan üblich ist.[432]

Ein solches – auch „Elder-statesmen"-Prinzip genanntes – Konzept kann dazu beitragen, ehemalige Vorstände an die Gesellschaft zu binden und von

430 FAZ, 20.12.2006, S. 11.

431 Siehe hierzu Kapitel 3 § 3 X.

432 Berrar, NZG 2001, S. 1113 (1119); Malik, S. 203.

ihrem Wissen zu profitieren. In Deutschland ist ein solches Gremium in Form eines Beirats möglich (vgl. § 285 Nr. 9 HGB).[433] Durch die Bildung eines zusätzlichen Gremium darf aufgrund des in § 23 Abs. 5 AktG normierten Grundsatzes der Satzungsstrenge keinesfalls die gesetzliche Zuständigkeitsordnung berührt werden.[434] Die Beiräte sind nicht Organe der Gesellschaft; ihre Mitglieder verpflichten sich gegenüber der Gesellschaft lediglich schuldrechtlich zur Erbringung vereinbarter Leistungen.[435]

Die Aufgaben eines Beirats sind nicht gesetzlich geregelt. Es sind sowohl „Prominentenbeiräte" zur Bindung bedeutender Persönlichkeiten an das Unternehmen als auch Beiräte zur Beratung von Vorstand und Aufsichtsrat denkbar.[436] Die Einsetzung eines Beirats kann in der Satzung vorgesehen sein, und diese kann auch den Aktionären das Wahlrecht für die Beiräte zusprechen.[437] Der Abschluss des Dienstvertrags oder die Erteilung des Auftrags an die gewählte Person ist jedoch gem. § 78 Abs. 1 AktG Aufgabe des Vorstands. Der Aufsichtsrat hat keine Kompetenzen zur Berufung eines Beirats, da dies zum einen nicht in den Anwendungsbereich von § 112 AktG fallen würde,[438] zum anderen ist der Aufsichtsrat nach § 111 Abs. 5 AktG zur persönlichen Amtswahrnehmung verpflichtet und darf deshalb seine Aufgaben nicht delegieren.[439] Ist in der Satzung der Gesellschaft die Einsetzung eines Beirats nicht vorgesehen, so kann der Vorstand einen solchen trotzdem berufen, wenn er dies für angebracht erachtet.[440]

Mit einem zusätzlichen Beratungsgremium kann die Kompetenz der ehemaligen Vorstände gebündelt werden. Ihre Berufung würde in die Kompetenz des derzeitigen Vorstands fallen. Es würde sich um ein reines Hilfsorgan der Geschäftsführung handeln, das an der Überwachung durch den Aufsichtsrat nicht beteiligt wäre. Der Forderung, dass der Sachverstand ehemaliger Vorstände nicht verloren gehen dürfte, würde auf diese Weise Rechnung getragen. Als Nachteil muss gesehen werden, dass mit einem solchen Beirat mit ehemaligen Vorstandsmitgliedern die ohnehin schon verwobenen Kompeten-

---

433 Hoffmann-Becking in: Münchener Hdb. des GesR Bd. 4, § 29, Rn. 18 ff.

434 Hüffer, AktG, § 23, Rn. 38; Voormann, S. 24.

435 Mertens in: Kölner Kommentar AktG, vor § 76, Rn. 28.

436 Voormann, S. 9 f.

437 Mertens in: Kölner Kommentar AktG, vor § 76, Rn. 28.

438 Mertens in: Kölner Kommentar AktG, vor § 76, Rn. 28.

439 Hoffmann-Becking in: Münchener Hdb. des GesR Bd. 4, § 29, Rn. 20.

440 Mertens in: Kölner Kommentar AktG, vor § 76, Rn. 28; Hoffmann-Becking in: Münchener Hdb. des GesR Bd. 4, § 29, Rn. 18 ff.

zen und Interdependenzen innerhalb der Aktiengesellschaft verstärkt werden. Die Transparenz der Meinungsbildung würde gemindert und damit die Überwachung erschwert.

6. Zwischenergebnis

Der DCGK enthält Empfehlungen und Anregungen zur Mitgliedschaft ehemaliger Vorstandsmitglieder im Aufsichtsrat und setzt damit den Vorschlag der Empfehlung 2005/162/EG teilweise um. Dabei geht er teils über die Vorschläge der Empfehlung 2005/162/EG hinaus, bleibt aber teils auch hinter ihnen zurück. Der DCGK muss deshalb in mehrfacher Hinsicht angepasst werden: Es sollte ein Bezug hergestellt werden zwischen der Eigenschaft als ehemaliges Mitglied des Vorstands und der notwendigen persönlichen Unabhängigkeit als Aufsichtsratsmitglied. Weiterhin muss eine ausdrückliche Karenzzeit eingefügt werden, da dies eine klare Entscheidung über das Vorliegen von Abhängigkeit oder Unabhängigkeit ermöglicht. Ferner sollte sich die Empfehlung auch auf Vorstandsmandate bei verbundenen Unternehmen beziehen.

Ein ehemaliges Vorstandsmitglied im Aufsichtsrat unterliegt Interessenbindungen, die Zweifel an seiner unbefangenen Entscheidungsfindung aufkommen lassen. Diese Interessenbindungen sind aber nicht so stark, dass befürchtet werden muss, das Aufsichtsratsmitglied sei in keiner Weise zu einer pflichtgemäßen Aufgabenerfüllung in der Lage und deshalb der direkte Wechsel gesetzlich untersagt werden sollte.

II. Arbeitnehmer (Empfehlung 2005/162/EG, Anhang II 1. b))

1. Inhalt und Regelungszweck

Die Empfehlung 2005/162/EG statuiert in Anhang II 1. b), dass folgendes Aufsichtsratsmitglied als abhängig gelten soll:

„Der nicht geschäftsführende Direktor bzw. das Aufsichtsratsmitglied darf in der Gesellschaft oder einer verbundenen Gesellschaft nicht als Arbeitnehmer beschäftigt sein und auch in den vergangenen drei Jahren nicht als Arbeitnehmer beschäftigt gewesen sein, es sei denn, er gehört nicht zu den Führungskräften der Gesellschaft und ist im Rahmen eines gesetzlich anerkannten Systems der Arbeitnehmervertretung [....] in den Verwaltungs- / Aufsichtsrat gewählt worden."

Zweck der Empfehlung ist die Verhinderung von Interessenkonflikten eines Aufsichtsratsmitglieds aufgrund seiner arbeitsvertraglichen Bindung an die Gesellschaft. Festzustellen ist, dass damit nach Vorstellung der Verfasser der Empfehlung 2005/162/EG die Regelungen zur unternehmerischen Mitbestimmung nicht angetastet werden sollen und Arbeitnehmer der Gesellschaft, die aufgrund der Mitbestimmung dem Aufsichtsrat angehören,[441] per se nicht als abhängig gelten sollen, sofern sie nicht zu den Führungskräften der Gesellschaft gehören. Die Abhängigkeitsvermutung gilt für aktuell beschäftigte Arbeitnehmer, vorgesehen ist im Regelbeispiel außerdem eine 3jährige Karenzzeit.

Bei der Beteiligung von Arbeitnehmern im Aufsichtsrat einer Gesellschaft bestehen zwei strukturelle Konfliktsituationen, die zu Interessenkonflikten und damit zum Fehlen der notwendigen Unabhängigkeit führen können, zum einen das Problem der Selbstüberwachung und zum anderen die vertraglichen Bindungen an die Gesellschaft.

Das Problem der Selbstüberwachung stellt sich indirekt. Zwar liegen hier Verbindungen des Aufsichtsratsmitglieds zur Geschäftsführung nicht in gleicher Weise vor wie bei der Beteiligung ehemaliger Vorstandsmitglieder im Aufsichtsrat, denn der Aufsichtsrat überwacht grundsätzlich die wichtigen Geschäftsführungsentscheidungen des Vorstands, und Entscheidungen nachgeordneter Ebenen werden nur ausnahmsweise dann Gegenstand der retrospektiven Kontrolle durch den Aufsichtsrat sein, wenn dort Führungsentscheidungen getroffen werden.[442] Aber auch die Umsetzung der Vorstandsentscheidungen kann Einfluss auf die Überwachungstätigkeit haben, denn die nachgeordneten Ebenen innerhalb eines Unternehmens sind zur Durchführung der Strategieentscheidungen des Vorstands berufen, und dieser ist ihnen gegenüber weisungsberechtigt. So stellt sich mittelbar das Problem der Selbstüberwachung, sofern es um die Umsetzung von Geschäftsführungsentscheidungen geht. Im Gegensatz zur direkten Überwachung der Geschäftsführung durch ehemalige Vorstandsmitglieder ist hier ein geringeres Potential an Interessenkonflikten zu erwarten, da die eigene, nicht-führungsbezogene Tätigkeit grundsätzlich nicht Gegenstand der Überwachungstätigkeit des Aufsichtsrats ist.

---

441 In Gesellschaften, die der Mitbestimmung nach dem DrittelbG unterliegen, richtet sich die Zusammensetzung der Arbeitnehmervertreter nach § 4 Abs. 2 DrittelbG. Sind ein bis zwei Aufsichtsratsmitglieder der Arbeitnehmer zu wählen, so müssen diese als Arbeitnehmer in dem Unternehmen beschäftigt sein. Wenn mehr als zwei Arbeitnehmer in den Aufsichtsrat zu wählen sind, müssen mindestens zwei Aufsichtsratsmitglieder als Arbeitnehmer bei dem Unternehmen beschäftigt sein. Bei Gesellschaften, die der paritätischen Mitbestimmung unterliegen, müssen nach § 7 Abs. 2 Nr. 1 - 3 MitbestG je nach Größe des Aufsichtsrats vier, sechs oder sieben Arbeitnehmer des Unternehmens beteiligt sein.

442 Vgl. Breuer/Fraune in: Anwaltkommentar Aktienrecht, § 111 AktG, Rn. 5.

Die hierarchische Struktur eines Unternehmens birgt eine weitere Problematik bei der Besetzung des Aufsichtsrats mit Arbeitnehmervertretern. Die Arbeitnehmer sind aufgrund eines Arbeitsvertrags abhängige Beschäftigte der Gesellschaft,[443] der Arbeitgeber ist gegenüber dem Arbeitnehmer weisungsberechtigt.[444] Arbeitgeber ist zwar nicht der Vorstand selbst, sondern die Aktiengesellschaft als juristische Person,[445] die Vorstandsmitglieder, nach § 78 AktG zur Vertretung der Gesellschaft berufen, üben die Arbeitgeberfunktion für die Gesellschaft aus.[446] Sie können sich hierbei zwar vertreten lassen, originär bleibt dies jedoch ihre Aufgabe. Damit ist der Arbeitnehmer als Aufsichtsratsmitglied zur Überwachung seines Arbeitgebers berufen, was dem hierarchischen Aufbau widerspricht. Grundsätzlich ist der Aufsichtsrat dem Vorstand nicht übergeordnet, vielmehr sind Leitungs- und Überwachungsorgan in der Aktiengesellschaft gleichberechtigt.[447] Zwar kann sich tatsächlich ein Machtgefälle zu Gunsten des einen oder anderen Organs ergeben,[448] nach der Konzeption des Aktiengesetzes ist dies aber nicht vorgesehen. Somit ist der Mitarbeiter als Arbeitnehmer dem Vorstand untergeordnet, in seiner Funktion als Aufsichtsratsmitglied aber gleichgeordnet, was zu einer Durchbrechung des hierarchischen Systems innerhalb des Unternehmens führt.

Neben der Weisungsgebundenheit resultiert aus dem Vertragsverhältnis ein weiterer Konflikt. Der Arbeitnehmer unterhält zu der Gesellschaft eine vertragliche synallagmatische Beziehung,[449] das Verhältnis der Vertragspartner ist nicht durch Gleichläufigkeit, sondern durch einen Interessengegensatz gekennzeichnet.[450] Hingegen haben die Anteilseigner ein gemeinsames Interesse, da es wie für Gesellschafter im Rahmen ihrer Mitgliedschaft ein gemeinsames Interesse an der Verfolgung des Verbandszwecks gibt.[451] Die Verfolgung dieser Interessen macht einen wesentlichen Teil des Unternehmensinteresses aus,

---

443 Vgl. Richardi in: Münchener Hdb. ArbR Bd. 1, § 24, Rn. 22.

444 Vgl. Richardi in: Münchener Hdb. ArbR Bd. 1, § 12, Rn. 50; Müller-Glögge in: MünchKomm BGB, § 611, Rn. 436.

445 Siehe Wiesner in: Münchener Hdb. des GesR Bd. 4, § 19, Rn. 39.

446 Vgl. Wiesner in: Münchener Hdb. des GesR Bd. 4, § 19, Rn. 39.

447 Vgl. Semler/Spindler in: MünchKomm AktG, vor § 76, Rn. 53.

448 Semler, FS Lutter, S. 721 (721 ff.).

449 Dies mag zwar für in den Aufsichtsrat entsandte Mitglieder von Gewerkschaften nicht direkt der Fall zu sein, da diese jedoch als Repräsentanten der gewerkschaftlich organisierten Arbeitnehmer auftreten, liegt mittelbar der gleiche Konflikt vor.

450 Siehe Schücking in: Münchener Hdb. des GesR Bd. 1, § 1, Rn. 5; Müller, Synallagma, S. 63.

451 Vgl. Schmidt, GesR, § 4 II 2.

an das der Aufsichtsrat als Treuhänder der Interessen der Anteilseigner gebunden ist.

Schließlich kann ein Arbeitnehmer im Aufsichtsrat, neben den sich aus dem Vertragsverhältnis ergebenden möglichen Interessenkonflikten, in einen Loyalitätskonflikt geraten, da die Kontrolle des eigenen Vorgesetzten von der Sorge vor persönlichen Nachteilen begleitet werden kann.[452]

Gegen das Entstehen eines Interessenkonflikts bei der Mitgliedschaft von Arbeitnehmern im Aufsichtsrat spricht, dass, je mehr Hierarchiestufen zwischen der Führungsebene und der Ebene des Arbeitnehmers liegen, so eindeutiger kann zwischen der Tätigkeit als Arbeitnehmer und der Tätigkeit als Aufsichtsrat unterschieden werden. Die Beeinflussung durch die persönliche Bindung bleibt dennoch gegeben.

Arbeitnehmer als Aufsichtsratsmitglieder unterliegen einem Interessenkonflikt, der sich aus der unterschiedlichen Struktur der Verbindung zur Gesellschaft als Arbeitnehmer und als Organ ergibt. Dieser Interessenkonflikt kann ihre Tätigkeit negativ beeinflussen und zu einer Beeinträchtigung der Überwachungsfunktion des Aufsichtsrats führen.

Die Regelung erstreckt sich auch auf bei verbundenen Gesellschaften beschäftigte Arbeitnehmer.

2. *Relevanz für das deutsche Recht*

Das Aktiengesetz steht einer Qualifikation von Arbeitnehmern im Aufsichtsrat als unabhängig nicht entgegen.

a. Besetzung des Aufsichtsrats

Die Mitgliedschaft von Arbeitnehmern im Aufsichtsrat außerhalb der unternehmerischen Mitbestimmung betreffen § 105 Abs. 1 AktG und § 96 AktG.

§ 105 Abs. 1 AktG legt fest, dass ein Mitglied des Aufsichtsrats nicht zugleich Vorstandsmitglied, dauernd Stellvertreter von Vorstandsmitgliedern, Prokurist oder zum gesamten Geschäftsbetrieb ermächtigter Handlungsbevollmächtigter der Gesellschaft sein kann. Das heißt, dass auch für bestimmte Arbeitnehmergruppen die Mitgliedschaft im Aufsichtsrat bereits gesetzlich verboten ist. Jedoch erstreckt sich die Vorschrift nicht auf sonstige Arbeitnehmer.[453]

---

452 Vgl. Röller, AG 1994, S. 333 (335).

453 Vor 1965 war auch die Wahl von leitenden Angestellten in den Aufsichtsrat unzulässig (vgl. § 90 Abs. 1 S. 2 AktG 1937).

Auch steht § 96 AktG der Auslegung von Ziffer 5.4.3 S. 2 DCGK nicht entgegen. § 96 AktG regelt die Zusammensetzung des Aufsichtsrats und hat zwingenden Charakter,[454] die Mitbestimmungsregelungen dürfen nicht privatautonom umgangen werden. Eine von § 96 AktG abweichende Zusammensetzung ist aktien- und mitbestimmungsrechtlich zulässig, wenn die Hauptversammlung weitere Arbeitnehmer in den Aufsichtsrat wählt.[455] Diese werden nicht auf die nach MitbestG entsandten Mitglieder angerechnet, jedoch könnte die Wahl von Arbeitnehmern in den Aufsichtsrat faktisch zu einer Ausweitung der Mitbestimmung führen. Eine entsprechende Besetzung wird nur dann als missbräuchlich und unzulässig angesehen, wenn die Wahl des Arbeitnehmers in den Aufsichtsrat dazu dienen soll, die Regelungen der Mitbestimmung zu Lasten der Anteilseignervertreter zu erweitern.[456] Es wäre ferner unzulässig, wenn die Satzung eines Unternehmens, das gesetzlich einen Aufsichtsrat mit Drittelbeteiligung nach DrittelbG zu bilden hätte, bestimmen würde, dass ein paritätisch besetzter Aufsichtsrat zu bilden wäre.[457]

Das Aktienrecht missbilligt die Beteiligung von weiteren Arbeitnehmern, ausgenommen von Prokuristen und Handlungsbevollmächtigten im Aufsichtsrat nicht, sofern diese von der Hauptversammlung gewählt werden. Unzulässig, da sie gegen zwingendes Aktien- und Mitbestimmungsrecht verstoßen, sind privatautonome Vereinbarungen, die die Mitbestimmung einschränken oder ausweiten würden.

b. Mitbestimmungsrechtliche Regelungen

Gegen die Auslegung des Unabhängigkeitserfordernisses nach Ziffer 5.4.2 S. 2 DCGK anhand des Regelbeispiels sprechen auch nicht die zwingenden Regeln der unternehmerischen Mitbestimmung zur Besetzung des Aufsichtsrats. Die Anforderungen des DCGK beziehen sich nur auf die Vertreter der Anteilseigner.[458] In Bezug auf die unternehmerische Mitbestimmung ist das Bestehen eines Interessenkonflikts der Arbeitnehmervertreter als strukturell bedingt anerkannt, da die Arbeitnehmervertreter einerseits die Interessen der

---

454 Hoffmann-Becking in: Münchener Hdb. des GesR Bd. 4, § 28, Rn. 40; Mertens in: Kölner Kommentar AktG, § 96, Rn. 14.

455 BGH AG 1975, S. 242 ff.; Hoffmann-Becking in: Münchener Hdb. des GesR Bd. 4, § 28, Rn. 42; Semler in: MünchKomm AktG, § 96, Rn. 47; Mertens in: Kölner Kommentar AktG, § 96, Rn. 15.

456 Siehe Semler in: MünchKomm AktG, § 105, Rn. 45.

457 Hoffmann-Becking in: Münchener Hdb. des GesR Bd. 4, § 28, Rn. 42.

458 Siehe hierzu ausführlich unter: Kapitel 3 § 6 I. sowie: Vetter, BB 2005, S. 1689 (1691); Hüffer, ZIP 2006, S. 637 (639); Habersack, ZHR 168 (2004), S. 373 (376).

Arbeitnehmer auf der Ebene der Unternehmensleitung vertreten sollen, andererseits aber alle Aufsichtsratsmitglieder bei der Aufgabenerfüllung der Wahrung des Unternehmensinteresses verpflichtet sind.[459] Zwar schließt das Unternehmensinteresse auch die Interessen der Arbeitnehmer grundsätzlich mit ein, ihre besondere Berücksichtigung soll durch die Beteiligung von Arbeitnehmern im Aufsichtsrat gestärkt werden. Dies ist im Rahmen der Mitbestimmung aus sozialpolitischen Gründen anerkannt und gewollt.[460] Außerhalb dessen ist aber keine Privilegierung von Arbeitnehmern der Gesellschaft vorgesehen.

c. Befürchtete Pflichtverletzungen bei der Beteiligung von Arbeitnehmern im Aufsichtsrat der Gesellschaft

Bei der Beteiligung von Arbeitnehmern im Aufsichtsrat werden Pflichtverletzungen befürchtet, die die Qualifikation eines solchen Aufsichtsratsmitglieds als abhängig notwendig macht. Hierbei sind vor allem Treuepflichtverletzungen durch die Verletzung der Verschwiegenheitspflicht[461] oder die Teilnahme an rechtswidrigen Streiks denkbar.

Insbesondere in Bezug auf die den Aufsichtsrat bindende Verschwiegenheitspflicht aus §§ 116 S. 2, 93 Abs. 2 AktG sind Pflichtverletzungen zu befürchten, wenn Arbeitnehmer als Aufsichtsratsmitglieder vertrauliche Informationen erhalten, die für die Belegschaft von entscheidender Bedeutung sein können.[462] Zwar besitzt die Verschwiegenheitspflicht, wie auch bei den mitbestimmungsrechtlich entsandten Aufsichtsratsmitgliedern, Vorrang vor einem möglichen Informationsinteresse der Belegschaft,[463] jedoch kann tatsächlich ein Interessenkonflikt auftreten, wenn sich das Aufsichtsratsmitglied loyal verhalten möchte.[464] Auch wird eine Kollision der Interessen des Arbeitnehmers mit den gesellschaftsrechtlichen Pflichten des Aufsichtsrats bei der Teil-

---

459 Siehe Jürgens, S. 58. Jürgens geht davon aus, dass im Konfliktfall das Arbeitnehmerinteresse hinter dem Unternehmensinteresse zurückstehen soll, da Arbeitnehmerinteressen auch auf anderen Ebenen, bspw. im Rahmen der betrieblichen Mitbestimmung, verwirklicht werden können. Dies kann aber nichts am generellen Vorliegen eines Interessenkonflikts ändern, der, damit eines hinter das andere Interesse zurücktreten kann, im Konfliktfall auch von dem Aufsichtsrat tatsächlich erkannt werden muss.

460 Jürgens, S. 55.

461 Die Verschwiegenheitspflicht des Aufsichtsratsmitglieds stellt eine Präzisierung der organschaftlichen Treuepflicht dar (vgl. Semler in: MünchKomm AktG, § 116, Rn. 374).

462 Jürgens, S. 70.

463 So Semler in: MünchKomm AktG, § 116, Rn. 379; Hopt/Roth in: Großkommentar AktG, § 116, Rn. 223.

464 Siehe Jürgens, S. 73.

nahme an rechtswidrigen Streiks angenommen.[465] Diese beiden Konfliktsituationen zeigen, dass der Interessenkonflikt einer ordnungsgemäßen Erfüllung der Aufsichtsratstätigkeit entgegenstehen kann.

3. Verhältnis zu DCGK

Der DCGK äußert sich nicht zu einer über die Mitbestimmung hinausgehende Beteiligung von Arbeitnehmern im Aufsichtsrat.

4. Ausfüllung von Lücken.

Das deutsche Recht steht einer Auslegung der Empfehlung Ziffer 5.4.1 S. 2 DCGK im Sinne dieses Regelbeispiels nicht entgegen. Durch die gesetzliche Regelung sind zwar die Führungskräfte und damit dem Vorstand nahe stehende Hierarchiestufen von einer Wahl in den Aufsichtsrat ausgeschlossen; jedoch kann, vor allem in Unternehmen mit flachen Hierarchien, eine grundsätzliche Nähe der Arbeitnehmer zur Geschäftsführung angenommen werden, so dass ein potentielles Überwachungsdefizit wegen fehlender Unabhängigkeit des Arbeitnehmers nicht ausgeschlossen ist. Eine Aufnahme eines ergänzenden Regelbeispiels in den DCGK, mit dem die sonstigen Arbeitnehmer der Gesellschaft, die also nicht nach den zwingenden Regeln der unternehmerischen Mitbestimmung (MitbestG oder DrittelbG) in den Aufsichtsrat gewählt worden sind, als abhängig qualifiziert werden sollen, wird zur Klarstellung empfohlen.

Wie oben erläutert,[466] sollte bezüglich aller Abhängigkeitstatbestände eine Karenzzeit angenommen werden, um negative Auswirkungen von bestehenden Bindungen aufgrund des jeweiligen Abhängigkeitstatbestands zu berücksichtigen. Der Vorschlag einer dreijährigen Karenzzeit der Empfehlung 2005/162/EG kann übernommen werden. Auch eine Erstreckung auf verbundene Gesellschaften sollte vorgenommen werden.

5. Rechtspolitische Bewertung

Eine weitere Sanktionierung der Mitgliedschaft von Arbeitnehmern der Gesellschaft im Aufsichtsrat muss nicht erwogen werden. Das Gesetz sieht dies, wie § 105 AktG verdeutlicht, vor und wie die Praxis der unternehmerischen Mitbestimmung zeigt, sind die negativen Folgen der Interessenbindungen nicht so gravierend, dass eine Bestellung in den Aufsichtsrat als nicht tragbar erscheint.

---

465 Vgl. Mertens in: Kölner Kommentar AktG, Anh. § 117 B § 26 MitbestG.

466 Siehe Kapitel 3 § 4 I 4. b.

6. *Zwischenergebnis*

Die Beteiligung von Arbeitnehmern außerhalb der aktiengesetzlichen Regelung und der gesetzlich vorgegebenen unternehmerischen Mitbestimmung lässt ein potentielles Überwachungsdefizits vermuten, diese Arbeitnehmer der Gesellschaft sind nicht unabhängig im Sinne von Ziffer 5.4.2 S. 2 DCGK. Die unternehmerische Mitbestimmung steht einer Einschätzung als abhängig nicht entgegen, da sich die Abhängigkeitsvermutung nur auf die Vertreter der Anteilseigner bezieht und die Arbeitnehmervertreter im Aufsichtsrat nicht betroffen sind, die aber auch nach der Empfehlung 2005/162/EG von der Abhängigkeitsvermutung ausgenommen sein sollen.

III. *Empfänger einer Vergütung in bedeutendem Umfang (Empfehlung 2005/162/EG, Anhang II 1 c))*

1. *Überblick: Inhalt und Regelungszweck*

Die Empfehlung 2005/162/EG bestimmt in Anhang II 1. c):

„Die betreffende Person darf von der Gesellschaft oder einer verbundenen Gesellschaft keine zusätzliche Vergütung in bedeutendem Umfang erhalten oder erhalten haben mit Ausnahme einer Vergütung für die Tätigkeit als nicht geschäftsführender Direktor bzw. als Aufsichtsratsmitglied. Als zusätzliche Vergütung gelten insbesondere Aktienoptionen und sonstige erfolgsbezogene Vergütungen. Im Rahmen eines Pensionsplans gezahlte Festbeträge (einschließlich nachträgliche Vergütungen) für frühere Dienstleistungen für die Gesellschaft sind hiervon ausgenommen (sofern diese Vergütung nicht in irgendeiner Weise an die weitere Erbringung von Leistungen für die Gesellschaft gebunden ist)."

Die Gewährung von Aktienoptionen an Aufsichtsräte ist gesetzlich untersagt, jedoch sind andere Vergütungsarten denkbar, die die Unabhängigkeit eines Aufsichtsratsmitglieds beeinflussen können. Neben dieser Art der variablen oder erfolgsbezogenen Vergütung zählen dazu auch Vergütungen aus einem mit der Gesellschaft abgeschlossenen Beratervertrag und die Bewilligung eines Kredits an ein Aufsichtsratsmitglied durch die Gesellschaft.

Der Abschluss eines Beratervertrags führt zu einem Verlust der Unabhängigkeit des Aufsichtsratsmitglieds, wenn die Unabhängigkeit nach Ziffer 5.4.2 S. 2 DCGK im Lichte der Empfehlung 2005/162/EG ausgelegt wird. Auch die Gewährung eines Kredits von der Gesellschaft an ein Aufsichtsratsmitglied wird zum Verlust der Unabhängigkeit führen, obgleich die Empfehlung 2005/162/EG diese Form einer Vergütung nicht nennt. Die Zustimmungspflicht des Aufsichtsrats zu solchen Verträgen nach §§ 114, 115 AktG hindert nicht eine Qualifikation als abhängig.

Die Empfehlung 2005/162/EG sieht in dem Regelbeispiel die Qualifizierung eines Aufsichtsratsmitglied als abhängig gegeben, wenn eine Vergütung „in bedeutendem Umfang" geleistet wird, lässt aber offen, wie hoch ein einzelnes Honorar oder die Summe an zusätzlichen Vergütungen aus mehreren Verträgen maximal sein darf. Das heißt, es soll nicht jede Vergütung zur Vermutung einer Abhängigkeit führen und es sind ein oder mehrere bestimmte, abhängigkeitsauslösende Schwellenwerte festzulegen.

Strukturell besteht ein grundsätzlicher Unterschied zwischen dem Abschluss eines Beratervertrags und der Gewährung eines Kredits auf der einen Seite und dem Tatbestand wie der Bestellung eines ehemaligen Vorstandsmitglieds auf der anderen Seite. Die frühere Mitgliedschaft im Vorstand stellt einen Sachverhalt dar, der vor der Bestellung in den Aufsichtsrat vorliegt und die den Kandidaten jedenfalls von vornherein als abhängig erscheinen lassen. Hingegen ist die Mitgliedschaft im Aufsichtsrat erst Voraussetzung dafür, dass durch die Gewährung eines Kredits oder den Abschluss eines weiteren Vertrags (unter Einhaltung der Voraussetzungen der §§ 114, 115 AktG) ein Mitglied als abhängig einzuschätzen sein kann. Während es zum einen also um die vorgelagerte Qualifikation eines Mitglieds als abhängig oder unabhängig geht, können die anderen Kriterien Sachverhalte betreffen, die ein Aufsichtsratsmitglied seine Unabhängigkeit erst im Zuge seiner Mitgliedschaft verlieren lassen würden.[467] Sie müssen dann bei der jährlichen Beschlussfas-

---

[467] Altverträge (das heißt solche, die vor der Wahl zum Aufsichtsrat bestanden) sollen nach heute herrschender Meinung gleich behandelt werden und ebenfalls der Zustimmung des Aufsichtsrats bedürfen und falls der diese versagt, unwirksam sein. Der BGH hat dies für Verträge entschieden, deren Inhalt gegen § 113 AktG verstößt (BGHZ 114, 127 (133)). Aufgrund des Regelungszwecks des § 114 AktG (die unsachliche Beeinflussung von Aufsichtsratsmitgliedern durch den vertragsschließenden Vorstand) wird jedoch vertreten, dass dies auch für andere, unter § 114 AktG fallende Verträge gelten muss (so Semler in: MünchKomm AktG, § 114, Rn. 35; Mertens in: Kölner Kommentar, § 114, Rn. 9; Hüffer, AktG, § 114, Rn. 2).

Streit besteht darüber, was mit dem Vertrag geschieht, wenn die Zustimmung versagt wird. Der BGH (BGHZ 114, 127 (133)) und ein Teil der Literatur gehen davon aus, dass der Vertrag während der Mitgliedschaft im Aufsichtsrat suspendiert ist, das heißt, keine Wirkungen mehr entfaltet und nach Beendigung des Mandats wieder auflebt. Dies wird heute überwiegend abgelehnt, und es wird vertreten, dass der Vertrag bei Versagung der Zustimmung nichtig ist (vgl. Semler in: MünchKomm AktG, § 114, Rn. 33 ff.). Als Gründe hierfür werden zum einen angeführt, dass kein sachlicher Unterschied zwischen zuvor und während des Mandats geschlossenen Verträgen besteht, und zum anderen, dass es wirtschaftlich sinnlos ist, einen einst geschlossenen Beratervertrag wieder aufleben zu lassen. Zumal er auch nach Beendigung des Mandats erneut abgeschlossen werden kann.

sung über die Abgabe der Entsprechenserklärung gem. § 161 AktG berücksichtigt werden.[468]

2. Empfang einer erfolgsbezogenen Vergütung

a. Inhalt und Regelungszweck

Als zusätzliche Vergütung gelten insbesondere Aktienoptionen[469] und sonstige erfolgsbezogene Vergütungen wie Stock Appreciations Rights oder Phantom Shares.[470] Zweck des Verbots solcher variabler Vergütung ist, eine Angleichung der Interessen von Vorstand und Aufsichtsrat zu verhindern. Der Aufsichtsrat als Überwachungsorgan soll nicht durch eine am Aktienkurs orientierte Vergütung in der Aufgabenerfüllung beeinflusst werden.

b. Relevanz für das deutsche Recht

In Deutschland ist die Vergabe von Aktienoptionen an Mitglieder des Aufsichtsrats nach Inkrafttreten des UMAG sowohl in Form der Wandelanleihe als auch in Form nackter Optionsrechte durch den Kauf eigener Aktien nicht mehr zulässig. Durch das UMAG wurde (auch als gesetzgeberische Bestätigung eines Urteils des BGH[471] aus dem Jahr 2004)[472] in § 221 Abs. 4 S. 2 AktG ein Verweis auf §§ 186, 193 Abs. 2 Nr. 4 AktG eingefügt, um für die Gewährung von Wandelschuldverschreibungen zur Bedienung von Aktienoptionen die gleichen Voraussetzungen gelten zu lassen wie für die Gewährung isolierter Optionsrechte.[473]

---

468 Siehe Kapitel 3 § 7.

469 Aktienoptionen: Variable Vergütungsbestandteile in Form von Aktienoptionen („Stock Options") bezeichnen Vergütungsarten, bei denen ein Mitglied des Organs neben einer festen Vergütung eine Option auf den Erwerb von Aktien des Unternehmens erhält (vgl. Prasse, MDR 2004, S. 792 (792).

470 Siehe sogleich unter b.

471 BGHZ 158, 122 ff. (Urt. v. 16.02.2004, II ZR 316/02 (OLG Schleswig)). Das Urteil wurde ganz überwiegend begrüßt: Habersack, ZGR 2004, S. 721 (734); Peltzer, AG 2004, S. 509 (512); Prasse, MDR 2004, S. 792 (794); ambivalent hingegen: Vetter, AG 2004, S. 234 (238); Meyer/Ludwig, ZIP 2003, S. 940 (942).

472 Regierungsentwurf UMAG, S. 25 (BT-Drucks. 15/5092).

473 Es war lange Zeit unüblich, dass Aufsichtsräte zusätzlich zu einer fixen auch eine variable Vergütung erhielten. Jedoch wurde dies zunehmend gefordert, um zusätzliche Anreize zur Aufsichtsratstätigkeit zu geben. Dabei war stets anerkannt, dass Stock Options zugunsten von Aufsichtsräten nicht über die Schaffung bedingten Kapitals nach § 192 Abs. 2 Nr. 3 AktG gewährt werden konnten, da sie nicht unter den berechtigten Personen genannt sind (Hüffer, AktG, § 192, Rn. 21). Die Begebung über eine Wandelanleihe nach § 221 AktG a. F. (vor Inkrafttreten des UMAG) wurde aber grundsätzlich als zulässig angesehen (vgl. Meyer/Ludwig, ZIP 2004, S. 940 (941)). Die Bedie-

Auch eine Nachbildung von Stock Options durch schuldrechtliche Modelle[474] wie „Stock Appreciation Rights"[475] oder „Phantom Shares"(virtuelle Aktien)[476], bei denen der variable Vergütungsanteil an den Aktienkurs gekoppelt ist,[477] ist als unzulässig anzusehen.[478] . Vorstellbar sind weiterhin von Unternehmenskennziffern abhängige Vergütungen, wie eine Orientierung an der Steigerung des Brutto-Cash-Flows oder der Steigerung des Konzerngewinns pro Aktie.[479]

Auf Grund des Urteils des BGH und der Entscheidung des Gesetzgebers für die Änderung des Aktiengesetzes ist davon auszugehen, dass auch eine schuldrechtliche Nachbildung von Aktienoptionen unzulässig ist.[480] Das Akti-

---

nung einer Option mit eigenen Aktien nach § 71 Abs. 1 Nr. 8 S. 5. i. V. m. § 193 Abs. 2 Nr. 4 AktG war hingegen unklar. Hierzu hat der BGH in dem Urteil BGHZ 158, 122 ff. Stellung genommen, dem von Literatur und Praxis weitreichende Folgen beigemessen wurden und dessen Ergebnis sich in den Änderungen des Aktiengesetzes durch das UMAG widerspiegelte.

474 Meyer/Ludwig, ZIP 2004, S. 940 (941).

475 Die Gesellschaft wird bei Steigerung der absoluten oder relativen Kursentwicklung der Aktie zur Zahlung eines bestimmten Geldbetrags verpflichtet (Semler in: MünchKomm AktG, § 113, Rn. 63).

476 Der Begünstigte wird so gestellt, als ob er Inhaber einer bestimmten Anzahl von Wertpapieren wäre und zu bestimmten Stichtagen werden ihm Kursgewinne und Dividenden ausgeschüttet (Semler in: MünchKomm AktG, § 113, Rn. 63).

477 Meyer/Ludwig, ZIP 2004, S. 940 (941); Semler in: MünchKomm AktG, § 113, Rn. 62.

478 Bedenklich findet die mögliche Unzulässigkeit: Richter, BB 2004, S. 949 (956).

479 Gehling, ZIP 2005, S. 549 (550).

480 Bis vor einigen Jahren war die Vergabe von Stock Options auch an Mitglieder der Geschäftsführung in Deutschland nicht üblich und wurde bemängelt. Im Zuge der Öffnung und Internationalisierung der Kapitalmärkte wurde allgemein eine stärkere Ausrichtung am Shareholder-Value-Ansatz gefordert, so dass eine Parallelität zwischen Vorstandsvergütung und Aktienkurs als motivationssteigernd und wünschenswert angesehen wurde (vgl. Prasse, MDR 2004, S. 792 (792); Hüffer, AktG, § 192, Rn. 17; Bürgers, NJW 2004, S. 3022 (3022)). Ein weiterer Grund für die Gewährung von Stock Options war (insbesondere bei Wachstumsunternehmen) das Interesse, mangelnde Liquidität der Gesellschaft auf die Aktionäre abzuwälzen (so Richter, BB 2004, S. 949 (949)). Auch der globalisierte Wettbewerb um internationale Führungskräfte führte zu einem Anpassungszwang für deutsche Unternehmen (vgl. Martens, FS Ulmer, S. 399 (399)). In letzter Zeit ist die Gewährung von Stock Options sogar an Vorstandsmitglieder in Verruf geraten. Dies wurde unter anderem durch die explosionsartige Erhöhung der Vorstandsgehälter durch die verstärkte Gewährung von Aktienoptionen als variablem Vergütungsbestandteil bedingt. Zumeist traten die Aktienoptionen neben die und nicht anstelle der bereits zuvor gewährten Vorstandsvergütungen. Dies hatte einen starken Anstieg der Vergütungen zu Folge (vgl. Peltzer, NZG 2004, S. 509 (511)). Weiter wird auch bei der Vergabe von Aktienoptionen an Mitglieder der Geschäftsleitung kri-

engesetz hätte dahingehend angepasst werden können, die Ausgabe von Aktienoptionen als erfolgsbezogenen Vergütungsbestandteil technisch zu ermöglichen, die Entscheidung dagegen bedeutet, dass auch schuldrechtliche Nachbildungen mit der gleichen wirtschaftlichen Intention unzulässig sind. Dies ist auch dann der Fall, wenn die Vergütung im Einzelfall nicht gegen § 113 AktG verstoßen würde, der die gesetzliche Grenze für die Zulässigkeit von Aufsichtsratsvergütungen darstellt. Insofern wird das weite unternehmerische Ermessen, das der Hauptversammlung bei der Festlegung der Aufsichtsratsvergütung üblicherweise zukommt,[481] in dieser Hinsicht eingeschränkt.[482]

c. Verhältnis zu DCGK

Der DCGK empfiehlt in Ziffer 5.4.7, dass die Aufsichtsratsmitglieder neben einer festen eine erfolgsorientierte Vergütung erhalten sollen. Ferner wird angeregt, dass diese Vergütung auf den langfristigen Unternehmenserfolg bezogene Bestandteile (so genannte „Long-Term-Incentives") enthalten soll; im Corporate Governance Bericht[483] sollten diese individualisiert und gegliedert nach den einzelnen Komponenten dargestellt werden. Auch nach dem Urteil des BGH und der Änderung des Aktiengesetzes durch das UMAG hat sich die Kodex-Kommission entschieden, den Kodex nicht anzupassen

d. Ausfüllung von Lücken

Der DCGK empfiehlt weiterhin eine Aufsichtsratsvergütung, die auf den langfristigen Unternehmenserfolg gerichtete Bestandteile enthält. Damit wider-

---

tisiert, dass ihr Wert sich nicht im vorhinein berechnen lässt, ferner die Aktienoptionspläne für den Aktionär unverständlich sind (Peltzer, NZG 2004, S. 509 (511)). Zusätzlich wird kritisiert, dass die durch die Gewährung von Aktienoptionen beabsichtigte Angleichung der Interessen von Principal und Agent nicht stattfindet, weil die Vorstände die Aktien zumeist direkt wieder verkaufen, so dass ihre „Principal"-Stellung nur sehr kurzfristig besteht (Peltzer, NZG 2004, S. 509 (511)).

481 Kremer in: Kodex-Kommentar, Rn. 1062.

482 Sonst werden Vergütungen als strukturell unangemessen angesehen, wenn in die gesetzlich vorgeschriebene Organisationsstruktur der Aktiengesellschaft so eingegriffen wird, dass die ordnungsgemäße Wahrnehmung der Leitungsfunktion durch den Vorstand und der Überwachungsfunktion durch den Aufsichtsrat nicht mehr gewährleistet ist (Gehling, ZIP 2005, S. 549 (553).

483 Der DCGK empfiehlt in Ziffer 3.10, dass Vorstand und Aufsichtsrat im Geschäftsbericht jährlich über die Corporate Governance berichten sollen (Corporate Governance Bericht). Diese Empfehlung wurde im Juni 2005 reformiert und die anderen Empfehlungen, die Offenlegungen betreffen, angepasst. Zuvor wurde nur empfohlen, im Geschäftsbericht über die Corporate Governance zu berichten, eine Bezeichnung für diesen Bericht fand sich nicht.

spricht der DCGK nicht nur dem Vorschlag der Empfehlung 2005/162/EG zur Definition eines Unabhängigkeitserfordernisses, sondern auch der geltenden Rechtslage und muss entsprechend angepasst werden.

e. Rechtspolitische Bewertung

Mit dem UMAG hat sich der Gesetzgeber gegen die Gewährung von Aktienoptionen an Mitglieder des Aufsichtsrats entschieden. Demzufolge ist auch die Umgehung durch schuldrechtliche Nachbildungen als unzulässig anzusehen.

f. Zwischenergebnis

Eine Aufnahme der Gewährung von Aktienoptionen oder entsprechenden Nachbildungen als Regelbeispiel für das Vorliegen von Abhängigkeit ist nicht notwendig und wäre aufgrund der Rechtslage auch überflüssig. Der DCGK schlägt weiterhin die Gewährung langfristiger erfolgsorientierter Vergütungsbestandteile vor und sollte aus diesem Grund an die Rechtslage angepasst werden.

3. Beratungsverträge

Als eine weitere Einkunftsmöglichkeit neben der Vergütung als Aufsichtsrat kommen vor allem Beraterverträge, die zwischen der Gesellschaft und einem Mitglied des Aufsichtsrats abgeschlossen werden können, in Betracht. Auch der Abschluss eines Beratervertrags eines Aufsichtsratsmitglieds mit der Gesellschaft muss zur Vermutung der Abhängigkeit führen.

a. Inhalt und Regelungszweck

Ein Aufsichtsratsmitglied kann sich gegenüber der Gesellschaft, vertreten durch den Vorstand, vertraglich zur Erbringung von Dienstleistungen verpflichten.

Dies geschieht zumeist durch die Vereinbarung einer zusätzlichen Beratungsleistung neben der als Aufsichtsratsmitglied im Rahmen der Überwachung geschuldeten Beratung. Mit dem Abschluss eines Beratervertrags zwischen einem Aufsichtsratsmitglied und der Gesellschaft können sich aufgrund des vereinbarten Honorars solche Dependenzen bilden, dass das Aufsichtsratsmitglied nicht mehr unbefangen handelt, so dass ein Überwachungsdefizit befürchtet werden muss und das Mitglied damit als abhängig anzusehen ist.

Durch den Abschluss eines Vertrags mit der Gesellschaft kommt das Aufsichtsratsmitglied in die Position, neben seiner Tätigkeit Vertragspartei eines Dienst- oder auch Werkvertrags zu sein, so dass sich der gleiche Interessenkonflikt stellen kann wie bei der Mitgliedschaft von Arbeitnehmern im Aufsichtsrat.[484] Einerseits ist das Aufsichtsratsmitglied Vertragspartner der Gesellschaft und verfolgt in diesem Vertragsverhältnis Interessen, die denen der Gesellschaft naturgemäß entgegenlaufen,[485] andererseits ist es als Mitglied des Aufsichtsorgans der Gesellschaft insbesondere dem Unternehmensinteresse verpflichtet. Dies umfasst zwar auch die Interessen von Vertragspartnern, allerdings nicht vorrangig. Der so Verpflichtete kann im Rahmen bestimmter Dienstverträge den Weisungen des Dienstherrn unterworfen sein, was der gesetzlich vorgeschriebenen Gleichordnung der Verwaltungsorgane der Aktiengesellschaft widerspricht.

Grundsätzlich stellt sich hier das gleiche Problem wie im Rahmen der institutionellen Beratung des Vorstands durch den Aufsichtsrat,[486] denn Beratung setzt Vertrauen voraus, Kontrolle dagegen erfordert Misstrauen.[487] Zwar darf kein Beratervertrag im Sinne des § 114 AktG im Rahmen der Überwachung des Aufsichtsrats abgeschlossen werden, aber auch eine Beratung im Bereich des Tagesgeschäfts kann wesentlichen Einfluss auf das Geschäftsleitungsorgan und dessen Handlungen nehmen. Wird nicht sorgfaltsgemäß oder sogar falsch beraten und basiert hierauf wiederum eine sorgfaltswidrige Entscheidung des Vorstands, so wird das Aufsichtsratsmitglied, das zuvor als Berater handelte, in der Ergreifung von Konsequenzen gehemmt sein.

Angesichts der in Deutschland im Allgemeinen (noch)[488] verhältnismäßig geringen Aufsichtsratsvergütung[489] kann ein Honorar für einen Beratervertrag das Entgelt für die Aufsichtsratstätigkeit übersteigen. Persönliche finanzielle Interessen können folglich die Aufgabenerfüllung als Aufsichtsratsmitglied in Situationen beeinträchtigen, in denen es, um sein Beratungshonorar fürchtend, nicht im Interesse der Gesellschaft handelt. Durch eine solche Vereinbarung besitzt der Vorstand gewissermaßen ein „Druckmittel" gegenüber dem Aufsichtsratsmitglied, das zur Beibehaltung der Vergütung nicht dem Unternehmensinteresse, sondern dem opportunistischen Handeln des Vorstands folgt.

---

484 Siehe Kapitel 3 § 3 II. 1.

485 Vgl. Müller, Synallagma, S. 63.

486 Siehe Kapitel 1 § 2 VI.

487 Kapitel 1 § 2 VI. 2. a.

488 Nach einer Studie des Handelsblatts differieren die in Deutschland gezahlten Aufsichtsratstantiemen stark. In den im DAX notierten Gesellschaften werden demnach zwischen € 300.000 und € 3,8 Millionen für das gesamte Gremium aufgewendet (vgl. Handelsblatt, 21.08.2006, S. 11).

489 Siehe Heussen, NJW 2001, S. 708 (710).

Die aufgezeigten Konflikte verdeutlichen, dass die Erbringung zusätzlicher Beratungsleistungen durch Aufsichtsratsmitglieder dazu beiträgt, bestehende Abhängigkeiten zwischen den Aufsichtsratsmitgliedern und dem Vorstand zu verfestigen. Auf Grund persönlicher Befangenheit wird ein Überwachungsdefizit begünstigt und Abhängigkeit ist gegeben.

b. Relevanz für das deutsche Recht

In Deutschland betrifft § 114 AktG den Abschluss von Dienstverträgen eines Aufsichtsratsmitglieds mit der Gesellschaft.[490] § 114 AktG steht einer Einschätzung als abhängig aber nicht entgegen. Regelungszweck dieser Vorschrift ist zwar auch die Wahrung der Unabhängigkeit des Aufsichtsrats,[491] jedoch soll hauptsächlich eine Umgehung von § 113 AktG vermieden werden. Selbst wenn ein Vertrag nicht gegen § 113 AktG verstößt, wird allein durch die vertragliche Bindung die Möglichkeit eines Interessenkonflikts aufgrund der Verbindung zum Vorstand geschaffen, die die Unabhängigkeit des Aufsichtsratsmitglieds gefährdet.

c. Verhältnis zu DCGK

Der DCGK empfiehlt in Ziffer 5.4.7 Abs. 3 DCGK: „Die Vergütung der Aufsichtsratsmitglieder soll im Corporate Governance Bericht individualisiert, aufgegliedert nach Bestandteilen ausgewiesen werden. Auch die vom Unternehmen an die Mitglieder des Aufsichtsrats gezahlten Vergütungen oder gewährten Vorteile für persönlich erbrachte Leistungen, insbesondere Beratungs- und Vermittlungsleistungen, sollen individualisiert im Corporate Governance Bericht gesondert angegeben werden."[492] Folglich missbilligt der DCGK Beraterverträge nicht, sondern möchte mögliche Interessenkonflikte durch Offenlegungspflichten transparent machen.

Diese Regelung hindert aber nicht eine Einschätzung des Aufsichtsratsmitglieds als abhängig. Denn die Offenlegung erleichtert zwar die Bewertung möglicher Interessenkonflikte, beseitigt die Gefahr des Konflikts an sich aber nicht, wie auch in Bezug auf § 114 AktG. Transparenz trägt dazu bei, dass der Aktionär die Corporate Governance Grundsätze der Gesellschaft nachvollziehen kann und dient damit dem Ziel der Schaffung Guter Corporate Governance.[493]

---

490 Siehe hierzu oben: Kapitel 2 § 1 III.

491 Vgl. Hopt/Roth in: Großkommentar AktG, § 114, Rn. 5.

492 Zuvor war empfohlen worden, die entsprechenden Angaben im Anhang zum Jahresabschluss offen zu legen.

493 Vgl. Hopt/Roth in: Großkommentar AktG, § 114, Rn. 5.

d. Ausfüllung von Lücken

aa. Vergütung in bedeutendem Umfang, Erstreckung auf verbundene Unternehmen

Nach der Empfehlung 2005/162/EG, Anhang II 1. c) gilt ein beratendes Aufsichtsratsmitglied als abhängig, das eine Vergütung „in bedeutendem Umfang" erhält, es werden aber keine Schwellenwerte genannt.

In Betracht käme zum einen die Festlegung einer absoluten Summe, die zur Vermutung der Abhängigkeit führen kann, zum anderen eine, sich an der Höhe der Aufsichtsratsvergütung orientierende Regelung. Nach den NYSE Corporate Governance Rules sind Mitglieder des Board of Directors als abhängig anzusehen, die mehr als US$ 100.000 Vergütung pro Jahr von der Gesellschaft erhalten bzw. erhalten haben und es sich hierbei nicht um die Vergütung für die Board- oder Ausschussmitgliedschaft oder Leistungen aus einem Pensionsplan handelt bzw. handelte.[494] Der Vorteil eines absoluten Betrags als Grenzwert ist, dass er einfach gehandhabt werden kann. Denkbar ist auch die Festlegung eines Schwellenwerts in Abhängigkeit von der Vergütung für die Aufsichtsratstätigkeit, denn die Möglichkeit, das Mitglied dahingehend zu beeinflussen, seine Pflichten als Aufsichtsrat gegenüber denen aus dem Dienstvertrag zu vernachlässigen, hängt von der jeweils gezahlten Vergütung ab. Hier ist der Vorteil, dass vor allem die unterschiedlichen Unternehmensgrößen und damit verbunden differierende Aufsichtsratsvergütungen berücksichtigt werden.

Die Vermutung der Abhängigkeit sollte sich ebenfalls auf Verträge erstrecken, die das Aufsichtsratsmitglied mit einem verbundenen Unternehmen abgeschlossen hat, da auch hier eine Beeinflussung durch die außervertragliche Verbindung befürchtet werden muss. Es kann nicht ausgeschlossen werden, dass der Vertragsschluss durch die Mitgliedschaft der Person im Aufsichtsrat bedingt ist.

So sollte ein Mitglied des Aufsichtsrats als abhängig anzusehen sein, das Zahlungen für vertraglich vereinbarte Beratungsleistungen oder Ähnliches von der Gesellschaft oder einer verbundenen Gesellschaft erhält, die im Einzelfall € 100.000 oder in Summe seine jährliche Vergütung als Mitglied des Aufsichts-

---

494 Sec. 10 A des Securities Exchange Act of 1934 sieht eine solche „Geringfügigkeits-Ausnahme" eigentlich nicht vor („any [...] fee"). Gem. Sec. 10 A m 3. C. kann die SEC jedoch Ausnahmen der genannten Kriterien zulassen. Indem die SEC die in den Börsenordnungen enthaltenen Ausnahmen anerkennt, macht sie von diesem Recht Gebrauch.

rats übersteigen. Die Summe solcher Vergütungen schließt mögliche Zahlungen aus einer Kreditgewährung an das Aufsichtsratsmitglied mit ein.[495]

bb. Aufnahme als Regelbeispiel

Bei einer Anpassung des DCGK um entsprechende Regelbeispiele muss auch eine Vermutung in diesem Sinne eingefügt werden, da die entstehenden Abhängigkeiten gravierend sind. Auf Grund der dargestellten Diskussion in Literatur und Praxis über amtsbedingte Beratungspflichten des Aufsichtsrats ist davon auszugehen, dass ein Regelungsbedürfnis bezüglich dieses Abhängigkeitsgrunds besteht, da die außerhalb der Überwachung stattfindende Beratung ähnliche Interessenkonflikte entstehen lässt. So kann auch hier eine Mitwirkung an unternehmerischen Entscheidungen des Vorstands die anschließende Kontrolle dieser beeinflussen.

e. Rechtspolitische Bewertung

Es wurden in der Vergangenheit verschiedene Möglichkeiten diskutiert, den Abschluss von Beratungsverträgen mit Aufsichtsräten zu reformieren. Die Möglichkeiten der Genehmigung durch die Hauptversammlung oder die Einführung eines Zeithonorars für Aufsichtsräte vermögen nicht zu überzeugen.

aa. Gesetzesänderung – Genehmigung durch die Hauptversammlung

Es wurde diskutiert, die Kompetenz zur Genehmigung von Beratungsverträgen der Hauptversammlung zu übertragen.[496] Dies erscheint insoweit sinnvoll, als die Vergütung des Aufsichtsrats durch die Hauptversammlung festgesetzt wird (§ 113 AktG). Allerdings soll es sich nicht um eine Vergütung für die Aufsichtsratstätigkeit, sondern für über diese hinausgehende Beratungsleistungen handeln. Somit würde hierdurch eine Kompetenz des Vorstands, dessen Geschäftsführungsbefugnis auch die Beauftragung externer Berater umfasst, eingeschränkt. Allerdings ist die Eigenständigkeit des Vorstands durch die Zustimmungsbedürftigkeit zugunsten des Aufsichtsrats eingeschränkt. Ferner stellt ein Zustimmungsvorbehalt kein Initiativrecht dar, sondern lediglich ein Instrument nachgeschalteter Kontrolle. Für die Befassung der Hauptversammlung mit Verträgen der Gesellschaft mit Aufsichtsratsmitgliedern würde sprechen, dass der Principal-agent-Konflikt durch die Einbindung der Anteilseigner aufgehoben würde. Dagegen ist zu beachten, dass die ordentliche Hauptversammlung lediglich einmal im Jahr stattfindet (vgl.

---

495 Siehe sogleich unter 4. Zusatz.

496 Dafür: Adams, AG 1994, S. 148 (156); siehe ebenso den Entwurf der SPD im Rahmen des KonTraG zu § 114 (BT-Drucks. 13/367).

§ 175 AktG) und weder die Einberufung einer außerordentlichen Hauptversammlung noch ein mehrmonatiges Zuwarten zum Abschluss eines solchen Vertrags sachgerecht erscheint. Auch ist fraglich, ob durch eine Befassung der Hauptversammlung überhaupt eine sinnvolle Kontrolle gewährleistet werden könnte, da die Sachkompetenz vorhanden sein muss, um die Notwendigkeit und Zweckmäßigkeit des zur Abstimmung stehenden Vertrags zu bewerten, was eine weitgehende Einsicht in die Geschäftsführungstätigkeit erfordert. Aus diesen Gründen scheint die Zuweisung einer Zustimmungskompetenz für Beratungsverträge zwischen Aufsichtsratsmitgliedern und der Gesellschaft an die Hauptversammlung kein Mittel zu sein, um die Corporate Governance in diesem Bereich zu verbessern.[497]

bb. Verbot von Beraterverträgen bei Zeithonoraren für Aufsichtsratsmitglieder

Ferner wird vorgeschlagen, den Aufsichtsräten ein am zeitlichen Aufwand ihrer Tätigkeit orientiertes Honorar zu zahlen, das auch Beratungsleistungen mit einschließen sollte; darüber hinaus wären keine vertraglichen Vereinbarungen mehr zulässig.[498]

Dies hätte zwar eine größere Transparenz der Vergütung zur Folge und würde berücksichtigen, dass die Anforderungen an Mitglieder des Aufsichtsrats und damit einhergehend auch ihr zeitliches Engagement gestiegen sind.[499] Dagegen spricht, dass eine zeitabhängige Vergütung, die außerhalb der originären Überwachungsaufgabe geleistete Beratungsdienste einschließt, in Bezug auf die Dependenzen zwischen Vorstand und Aufsichtsrat zu einer Verringerung der Transparenz führen würde. Die Zustimmungspflicht gem. § 115 AktG dient nicht nur dazu, Sondervergütungen zu verhindern, sondern auch Verflechtungen der Organe untereinander offen zu legen und es den anderen Mitgliedern des Gremiums zu ermöglichen, diese bei der Entscheidungsfindung zu berücksichtigen.[500] Ein Interessenkonflikt könnte bei einer entsprechenden Regelung kaum noch offen gelegt werden.

Im Rahmen eines monistischen Board of Directors scheint eine entsprechende Regelung sachgerecht. Non-Executive Directors können die Gesellschaft auch im Tagesgeschäft beraten, da keine Funktionstrennung besteht und das Board

---

497 Siehe Hopt/Roth in: Großkommentar AktG, § 114, Rn. 2.

498 So Heussen, NJW 2001, S. 708 (710).

499 Heussen, NJW 2001, S. 708 (710).

500 Semler in: MünchKomm AktG, § 114, Rn. 1; Hopt/Roth in: Großkommentar AktG, § 114, Rn. 5.

of Directors als Gesamtheit die Führungs- und Überwachungsaufgaben innehat.

Insgesamt führt die Zusammenfassung der Beratung im Bereich der Überwachungsaufgabe und im Tagesgeschäft dazu, dass die Funktionstrennung zwischen Vorstand und Aufsichtsrat aufgeweicht und schwer kontrollierbar wird. Aus diesem Grund ist eine einheitliche Vergütung in Form eines Zeithonorars für Beratungstätigkeiten im Rahmen der und außerhalb der Überwachungsaufgabe im Sinne Guter Corporate Governance abzulehnen.

f. Zwischenergebnis

Auch dieses Regelbeispiel muss zur Auslegung des Unabhängigkeitserfordernisses nach Ziffer 5.4.2 S. 2 DCGK herangezogen werden. Ein Mitglied des Aufsichtsrats, das sich gleichzeitig vertraglich - vom Aufsichtsrat genehmigt - dazu verpflichtet, der Gesellschaft oder mit ihr verbundenen Gesellschaft zusätzliche Dienste zur Verfügung zu stellen, ist als abhängig zu qualifizieren. Zahlungen, die im Einzelfall € 100.000 oder die jährliche Vergütung für die Aufsichtsratstätigkeit nicht übersteigen, bleiben bei der Einschätzung unberücksichtigt. Ebenso wie § 114 AktG stehen auch die Offenlegungsregeln des DCGK der Einschätzung als abhängig nicht entgegen. Auch sollte ein entsprechendes Regelbeispiel - allerdings lediglich aus Klarstellungsgründen - in den DCGK eingefügt werden.

4. Zusatz: Kreditgewährung

Die Zulässigkeit der Kreditvergabe an Aufsichtsratsmitglieder ist in der Empfehlung 2005/162/EG nicht genannt, und der DCGK enthält ebenfalls keine entsprechende Regelung, auch nicht hinsichtlich einer möglichen Offenlegungspflicht.[501]

Die Gewährung eines Kredits an ein Aufsichtsratsmitglied führt aufgrund des sich aus der vertraglichen Beziehung ergebenden potentiellen Interessenkonflikts ebenfalls zur Vermutung der Abhängigkeit, wenn das Volumen des Kredits die im Rahmen der Beratungsverträge entwickelten Schwellenwerte übersteigt. Im Hinblick auf die mögliche Beeinflussung der Unabhängigkeit ist

501 Der SOX jedoch verbietet die Vergabe von Krediten an Organmitglieder grundsätzlich, ausgenommen sind nur bestimmte Arten zweckgebundener Kredite (Sec. 402 SOX, Sec. 13 Para. (k) Exchange Act i. d. F. d. SOX). Es besteht keine Ausnahme für ausländische Emittenten, so dass deutsche Unternehmen, deren Aktien an US-amerikanischen Wertpapierbörsen zum Handel zugelassen sind, davon betroffen sind (Donald, WM 2002, S. 705 (710)). Diese Regelung gilt nicht nur für die Mitglieder des Audit Committee, sondern für alle Mitglieder des Board of Directors, ebenso für die Executive Officers, die keine Mitglieder des Board sind.

die Vergabe von Krediten an Organmitglieder der zusätzlichen Vergütung aus einem Beratungsvertrag strukturell ähnlich. Dies verdeutlichen auch die diesbezüglich parallelen Vorschriften des Aktiengesetzes (§§ 89, 115 AktG). Ferner kann die Vergabe eines Kredits auch als Vergütung im Sinne von Ziffer 1. c) in Anhang II der Empfehlung 2005/162/EG angesehen werden.

Es soll sich im Folgenden an der Formulierung der §§ 89, 115 AktG orientiert werden, die von „Kreditgewährung" sprechen. „Kredit" im Sinne dieser Vorschriften ist im weitesten Sinne zu verstehen[502] und umfasst nicht lediglich Darlehen (§ 488 BGB), sondern auch unübliche Stundungen, die Bereitstellung von Sicherheiten gleich welcher Art bei Kreditierung durch Dritte und die Gestattung von Entnahmen (§ 89 Abs. 1 S. 4 AktG).[503]

a. Inhalt und Regelungszweck der Sanktionierung von Organkrediten

Auch die Gewährung eines Kredits an ein Aufsichtsratsmitglied bedingt eine anderweitige Interessenbindung, die die Überwachungstätigkeit des Aufsichtsrats negativ beeinflussen kann. Die so erzeugte Bindung kann ein Überwachungsdefizit begünstigen, wenn das Aufsichtsratsmitglied, um überhaupt einen Kredit oder günstige Konditionen zu erhalten, gefährdet ist, seine Überwachungspflichten zugunsten der Position als Kreditnehmer zurückzustellen. Das Mitglied des Aufsichtsrats begibt sich mit dem Abschluss eines Kreditvertrags in ein zusätzliches Rechtsverhältnis zu der Gesellschaft, das durch die künftige Rückzahlungsverpflichtung gekennzeichnet ist und andere Verpflichtungen als die Organstellung erzeugt.

Seit der Verabschiedung des SOX sind in den USA grundsätzlich Kredite an Mitglieder des Board of Directors verboten.[504] Ausgenommen von dem Verbot sind unter anderem bestimmte Kredite, die private Immobilien betreffen,[505] Konsumentenkredite[506] und Kreditkarten.[507] Ferner sind von dem Verbot Kre-

---

502 Hopt/Roth in: Großkommentar AktG, § 115, Rn. 18; Mertens in: Kölner Kommentar AktG, § 89, Rn. 11.

503 Vgl. Hüffer, AktG, § 89, Rn. 2; Hopt/Roth in: Großkommentar AktG, § 115, Rn. 18; Semler in: MünchKomm AktG, § 115, Rn. 12.

504 Sec. 402 SOX.

505 Home improvement and manufactured home loans (Sec. 5 of the Home Owners' Loan Act (12 U.S.C. 1464)): Loans made to repair, equip, alter, or improve any residential real property, and loans made for home financing (Darlehen, die gewährt werden um Wohnimmobilien zu reparieren, auszustatten, zu erweitern oder zu verbessern sowie Darlehen zur Finanzierung eines Eigenheims).

506 Sec. 103 of the Truth in Lending Act (15 U.S.C. 1602): The adjective „consumer", used with reference to a credit transaction, characterizes the transaction as one in which the party to whom credit is offered or extended is a natural person, the money, property, or

dite ausgenommen, die durch Banken an Wertpapierhändler (Broker oder Dealer) vergeben werden und nach dem Federal Deposit Insurance Act besichert sind.[508] Dies zeigt, dass bestimmte, vor allem dem Bereich des privaten Konsums oder einer bestimmten Berufsgruppe zuzurechnende Kredite ausgenommen werden, da insoweit keine negative Beeinflussbarkeit vermutet wird.

b. Verhältnis zum deutschen Recht

Die Vergabe von Krediten an Mitglieder des Aufsichtsrats betreffen § 115 AktG und § 15 KWG,[509] einer Abhängigkeitsvermutung stehen diese Zustimmungserfordernisse nicht entgegen. Wie bei dem Abschluss eines Beratungsvertrags zwischen einem Aufsichtsratsmitglied und der Gesellschaft wird der auch hier bestehende Interessenkonflikt nicht beseitigt, sondern allein offen gelegt. Die aktiengesetzliche Regelung hat damit eine andere Zielrichtung als die mögliche Qualifikation des kreditnehmenden Aufsichtsratsmitglieds als abhängig im Sinne von Ziffer 5.4.2 S. 2 DCGK.

Unter Umständen kann der Aufsichtsrat bei der Genehmigung eines Kredits pflichtwidrig handeln. Insbesondere kann ein entsprechender Konflikt auftreten, wenn es sich um einen hohen oder risikoreichen Kredit handelt, dessen Vergabe zu den gewährten Konditionen nicht üblich wäre. Dies kann einen Schadensersatzanspruch gem. §§ 116, 93 Abs. 2 AktG nach sich ziehen. Hierbei handelt sich um einen Legalitätskonflikt, und eine entsprechende Praxis wird bereits durch das Aktiengesetz sanktioniert. Das heißt, die Forderung bei Bestehen eines Kreditverhältnisses mit Aufsichtsratsmitgliedern nach verstärkter Offenlegung desselben und nach der Qualifikation des Kreditnehmers als abhängig stellt sich nur dann, wenn der Aufsichtsrat bei der Genehmigung des Kredits nicht pflichtwidrig gehandelt hat.

c. Verhältnis zu DCGK

Wie bereits erwähnt enthält der DCGK keine Regelung zur Vergabe von Krediten an Mitglieder des Aufsichtsrats; so ist auch Ziffer 5.4.5 DCGK nicht auf an Aufsichtsratsmitglieder vergebene Kredite anzuwenden.

---

services which are the subject of the are primarily for personal, family, or household purposes (Kreditnehmer muss natürliche Person sein und der Kredit wird für persönliche, familiäre oder Haushaltszwecke gewährt).

507 Sec. 127 (c) (4) (e) of the Truth in Lending Act (15 U.S.C. 1637 (c) (4) (e)).

508 Eine Möglichkeit, die deutschen Emittenten allerdings nicht zusteht (Lanfermann/Maul, DB 2002, 1725 (1731)).

509 Siehe oben Kapitel 2 § 1 III. 2.

d. Ausgestaltung

aa. Aufnahme als Regelbeispiel/ Angleichung der Veröffentlichungspflichten

Die Gewährung eines Kredits sollte wie der Abschluss eines Beratungsvertrags zur Abhängigkeit des Aufsichtsratsmitglieds führen und ebenso als eine zusätzliche Vergütung angesehen werden.

Festzustellen ist, dass die Veröffentlichungspflicht bezüglich der Vergabe von Krediten an Organmitglieder geringer ist als die für abgeschlossene Beraterverträge. Der börsenrechtlichen Veröffentlichungspflicht kann nicht die gleiche Öffentlichkeitswirkung wie einer Erklärungspflicht im Rahmen der Entsprechenserklärung des § 161 AktG oder – wenn dem DCGK gefolgt wird – einer Offenlegung im Corporate Governance Bericht beigemessen werden. Deshalb sollte eine Änderung des DCGK dahingehend erfolgen, dass für Beratungsverträge und für Kredite an Organmitglieder die gleichen Offenlegungsvorschriften gelten. Danach sind alle Kreditverhältnisse – unabhängig von ihrer Höhe – zu veröffentlichen.

bb. Differenzierung nach der Höhe des Kredits

Die Gewährung eines Kredits führt ebenfalls nur dann zur Vermutung der Abhängigkeit, wenn – gemeinsam mit anderen finanziellen Vorteilen – die oben genannten Schwellenwerte von im Einzelfall € 100.000 oder in Summe seine jährliche Vergütung als Mitglied des Aufsichtsrats überschritten werden. Dies gilt auch für Kredite, die von einer der Gesellschaft verbundenen Gesellschaft gewährt werden. Eine Differenzierung nach der Art des Kredits ist abzulehnen, weil neben den in § 115 Abs. 1 S. 5 AktG bestimmten typischen Arten des Kredits keine Arten ersichtlich sind, die zu anderen Interessenkonflikten führen und damit die Überwachungsfunktion in unterschiedlichem Maße beeinflussen könnten.

Eine Differenzierung nach der Höhe des Kredits ist zweckmäßig. Es ist nicht davon auszugehen, dass ein Aufsichtsratsmitglied durch einen Kredit in geringer Höhe, der auch mit einem beliebigen anderen Darlehensgeber vereinbart werden könnte, negativ beeinflusst wird. Allerdings ließe sich auch vertreten, dass ein Aufsichtsratsmitglied in diesem Fall, um jeglichen Verdacht der Abhängigkeit auszuschließen, einen entsprechenden Kredit bei einem anderen Darlehensgeber in Anspruch nehmen sollte. Bei höheren Krediten ist davon auszugehen, dass die aus diesem Vertragsverhältnis resultierenden Verpflichtungen und Abhängigkeiten die Unbefangenheit des Mitglieds schwächen können.

Bezüglich der Höhe eines die Unabhängigkeitsvermutung nicht beeinflussenden Kredits kann man auf § 89 Abs. 1 S. 5 AktG zurückgreifen, der einen Kredit, der den Wert eines Monatsgehalts des Vorstandsmitglieds nicht übersteigt, von der Genehmigungspflicht ausnimmt. Angesichts der Ausgestaltung des Aufsichtsratsamts als Nebenamt und der aus diesem Grund verhältnismäßig geringen Vergütung verglichen zur Vorstandsvergütung wäre dies jedoch eine sehr niedrige Schwelle.

e. Rechtspolitische Bewertung

Neben der Anpassung des DCGK ist kein Reformbedarf ersichtlich. § 115 AktG und § 15 KWG sehen die Vergabe von Krediten an Mitglieder des Aufsichtsrats durch die Gesellschaft ausdrücklich vor.

f. Zwischenergebnis

Trotz der gesetzlich bestehenden Möglichkeit, Kredite an Aufsichtsratsmitglieder zu vergeben, sollte dies zur Vermutung der Abhängigkeit führen. Mögliche Interessenkonflikte werden schon durch den Gesetzgeber eingeräumt. Mit dem gesetzlich vorgesehenen Schutzmechanismus einer Genehmigungspflicht wird der Interessenkonflikt an sich nicht beseitigt. Die Tatsache, dass die Empfehlung 2005/162/EG den Tatbestand nicht aufführt, ändert hieran nichts. Der SOX sieht die Kreditvergabe sogar als so schädlich an, dass er Kredite an Organmitglieder mit wenigen Ausnahmen grundsätzlich verbietet.

So kann auch die Gewährung eines Kredits, wenn hierdurch die für den Abschluss von Beratungsverträgen entwickelten Schwellenwerte überschritten werden, zu einer Vermutung der Abhängigkeit führen. Zum Zwecke Guter Corporate Governance ist ein vollständiger Verzicht auf die Vergabe von Krediten jeder Höhe an unabhängige Organmitglieder zwar wünschenswert, die Annahme einer negativen Beeinflussung der Überwachung ist aber nicht zwingend.

Ferner sollte aus Gründen der Klarstellung auch die Vergabe von Krediten an Aufsichtsratsmitglieder entsprechend der Regelung für den Abschluss von Beratungsverträgen angepasst und eine Offenlegung im Corporate Governance Bericht, unabhängig von der Höhe des Kredits, empfohlen werden.

IV. Vertreter eines Anteilseigners mit Kontrollbeteiligung (Empfehlung 2005/162/EG, Anhang II 1. d))

1. Inhalt und Regelungszweck

Die Empfehlung 2005/162/EG postuliert in Ziffer 1. d) des Anhang II:

„Die betreffende Person darf keinesfalls ein Anteilseigner mit einer Kontrollbeteiligung sein oder einen solchen vertreten (die Eigenschaft bestimmt sich nach Maßgabe von Artikel 1 Absatz 1 der Siebten Richtlinie 83/349/EWG des Rates[510])."

Hiernach liegt eine Kontrollbeteiligung vor, wenn ein Unternehmen (Mutterunternehmen) die Mehrheit der Stimmrechte eines anderen Unternehmens (Tochterunternehmen) hält (a) oder das Recht hat, die Mehrheit der Mitglieder des Geschäftsführungs- oder Aufsichtsorgans des Tochterunternehmens zu bestimmen und gleichzeitig Aktionär ist (b), wenn ein beherrschender Einfluss aufgrund eines Unternehmensvertrags vorliegt (c) oder das Mutterunternehmen Gesellschafter bei dem Tochterunternehmen ist und allein durch die Ausübung seiner Stimmrechte die Mehrheit der Mitglieder des Verwaltungs-, Leitungs- oder Aufsichtsorgans der Tochtergesellschaft oder aufgrund einer Vereinbarung mit anderen Aktionären die Mitglieder der Geschäftsführungs- oder Aufsichtsorgane bestimmen kann (d).[511]

Diesem Regelbeispiel liegt die Annahme zugrunde, dass die Interessen eines Aktionärs mit Kontrollbeteiligung sich von denen der anderen am Unternehmen Beteiligten unterscheiden. Die Interessen des Anteilseigners können nicht mit dem Unternehmensinteresse der Gesellschaft selbst übereinstimmen, da ein Aufsichtsratsmitglied als Vertreter des Anteileigners in der Ausübung der Überwachungsfunktion dessen Unternehmensinteresse verpflichtet ist. Außerdem können die Interessen von Mehrheits- und Minderheitsaktionär divergieren und schließlich können Unterschiede zu den Interessen anderer Stakeholder, wie denen der Arbeitnehmer, bestehen. Der Mehrheitsaktionär kann versuchen, seine Interessen nicht nur durch einzelne Mitglieder des Aufsichtsrats durchzusetzen, sondern auch ihm dienende Hauptversammlungsbeschlüsse anzustreben[512] oder den gesamten Aufsichtsrat in seinem Sinne zu besetzen. Es stehen ihm mehr Mittel innerhalb der Gesellschaft zur Verfügung, um seinen Interessen Geltung zu verschaffen.

Die Empfehlung 2005/162/EG unterscheidet zwischen eigentümergeprägten und Publikumsgesellschaften. Bei eigentümergeprägten Gesellschaften soll es lediglich auf eine hinreichende Repräsentanz der Minderheitsaktionäre ankommen (vgl. Erwägungsgründe (7)).[513] Diese Unterscheidung muss in Bezug

---

510 ABl. L 193 vom 18.07.1983, S. 1 ff., zuletzt geändert durch Richtlinie 2003/51/EG des Europäischen Parlaments und des Rates […], ABl. L 178 vom 17.07.2003, S. 16 ff. (folgend: Konzernrechnungslegungsrichtlinie).

511 Art. 1 Abs. (1) a) – d) Konzernrechnungslegungsrichtlinie.

512 Vgl. Kropff in: MünchKomm AktG, § 311, Rn. 289.

513 Vgl. Hüffer, ZIP 2006, S. 637 (641).

auf das deutsche Recht nicht vorgenommen werden, da die Vertreter von Mehrheitsaktionären ohnehin nicht als abhängig gelten sollten.[514]

2. *Relevanz für das deutsche Recht*

a. Kollision mit dem deutschen Konzernrecht

Es stellt sich bei diesem Abhängigkeitstatbestand die Frage, ob eine Besetzung des Aufsichtsrats mit Vertretern eines Anteilseigners mit Kontrollbeteiligung vom Aktiengesetz toleriert, wenn nicht sogar vorausgesetzt wird, und dies einer Qualifikation als abhängig entgegensteht.

Die Empfehlung 2005/162/EG kann in diesem Fall nicht zur Auslegung eines Unabhängigkeitserfordernisses herangezogen werden. In Deutschland ist es üblich, die Konzernleitung durch Mandate von Vorstandsmitgliedern der Muttergesellschaft in den Aufsichtsräten von Tochtergesellschaften wahrnehmen zu lassen.[515] Es besteht ein konzernrechtliches Ausgleichssystem, mit dem Handlungen, die nicht im Interesse der Gesellschaft liegen, kompensiert werden. Im Rahmen der Konzernierung werden der Obergesellschaft, um die Untergesellschaft zu schützen, besondere Pflichten, die aber auch ein zusätzliches Risiko bedeuten, auferlegt. Ein vergleichbares System besteht in anderen Rechtsordnungen nicht; aus diesem Grund ist eine entsprechende Auslegung abzulehnen.

Für die aktienrechtliche Billigung der Besetzung des Aufsichtsrats einer abhängigen Aktiengesellschaft mit Vertretern der Muttergesellschaft spricht die Regelung des § 100 Abs. 2 S. 2 AktG. So werden Aufsichtsratsmandate innerhalb eines Konzerns im Rahmen der Höchstzahl von Aufsichtsratsmandaten nur hälftig gewichtet. Hintergrund der Konzernausnahme ist, dass die Konzernführung Teil der Aufgabe der gesetzlichen Vertreter der Muttergesellschaft ist und diese über die Wahrnehmung von Aufsichtsratsmandaten in der Tochtergesellschaft vorgenommen wird.[516]

Ferner wird angeführt, dass eine entsprechende Besetzung angesichts der Abhängigkeit der beherrschten Gesellschaft dem natürlichen Organisationsgefälle im Konzern entspricht.[517] Außerdem wird durch die Besetzung des Auf-

---

514 Siehe unten Kapitel 3 § 4 IV.

515 Siehe Löbbe, S. 144; Decher, S. 159.

516 Semler, FS Stiefel, S. 719 (721); Kropff in: MünchKomm AktG, § 311, Rn. 102.

517 Kropff, AktG 1965, (Ausschussbericht zu § 100 (Umkehrschluss)); Semler, FS Stiefel, 719 (721).

sichtsrats in der Tochtergesellschaft ein Mindestmaß an Koordination innerhalb des Konzerns gewonnen.[518]

Zudem stellt die Überwachung der Geschäftsführung eine originäre Aufgabe des Eigentümers einer Korporation dar. Der Principal-agent-Konflikt stellt sich hier gerade nicht. Der Prinzipal bzw. sein Vertreter sind in der Lage, die Geschäftsführung zu überwachen und ihre Anteilseignerinteressen zu vertreten.[519] So soll der wesentliche Miteigentümer eines Unternehmens ein „natürliches" Recht darauf haben, im Prüfungs- und Personalausschuss vertreten zu sein.[520] Dieses Interesse könnte zurücktreten, um Minderheitsaktionäre und Gläubiger zu schützen. Dagegen spricht, dass der Großaktionär als Inhaber einer unternehmerischen Beteiligung ein höheres Risiko trägt als die Minderheitsgesellschafter. Auf Grund seiner herausgehobenen Stellung ist es legitim, ihm weitergehende Rechte als anderen zuzugestehen. Schließlich ist anzunehmen, dass ein Mehrheitseigner seine Kontrollfunktion aufgrund seines höheren Risikos mit mehr Nachdruck wahrnehmen wird. Diese Argumente sprechen dafür, dass die Mitgliedschaft von Vertretern von Aktionären mit Kontrollbeteiligung im Aufsichtsrat legitim, wenn nicht sogar notwendig ist, und diese Mitglieder nicht als abhängig qualifiziert werden sollten, da kein Überwachungsdefizit zu erwarten ist. Es kann nicht negiert werden, dass ein tatsächlicher Interessenkonflikt zwischen dem Mehrheitsanteilseigner und anderen Stakeholdern wie Minderheitsaktionären oder Gläubigern bestehen kann. Hiergegen wird richtigerweise vorgebracht, dass das Konzernrecht ein abschließendes Ausgleichssystem für die Auswirkungen, die die Konzernierung für die abhängige Gesellschaft haben kann, bietet.[521] Der Vorschlag, Vertreter von Anteilseignern mit Kontrollbeteiligung als abhängig zu qualifizieren und dies dann im Rahmen der Entsprechenserklärung offen zu legen,[522] ist abzulehnen, da dies die grundsätzlich andere Stellung dieser Anteilseigner außer acht lässt. Dies würde eine Gleichbehandlung mit anderen Abhängigkeitstatbeständen bedeuten, da eine begründete Abweichung stets möglich ist. Die spezielle Interessenlage sollte sich in der Qualifikation als unabhängiges Mitglied widerspiegeln. Zwar besteht kein Zwang für den Mehrheitsaktionär, die ihm zur Verfügung stehenden Leitungsinstrumente einzusetzen, aber be-

---

518 Lutter, AG 1985, S. 117 (117); Mestmäcker, S. 113.

519 Leyens, RabelsZ 2003, S. 57 (67) stellt fest, dass der Kontrolldichte durch institutionelle Anleger und Großaktionäre in Deutschland im Gegensatz zu anderen Ländern wie den USA vergleichsweise große Bedeutung beizumessen ist.

520 Habersack, ZHR 168 (2004), S. 373 (378).

521 Vgl. Habersack, ZHR 168 (2004), S. 373 (378).

522 So Hüffer, ZIP 2006, S. 637 (642).

reits die Möglichkeiten zur Konzernleitung rechtfertigen die Qualifikation als unabhängig. Zieht man in Betracht, dass es sich bei den Regelbeispielen um Tatbestände handelt, die Situationen beschreiben, die typischerweise eine unzulässige Berücksichtigung anderer Interessen befürchten lassen, so ist festzustellen, dass im deutschen Recht typischerweise eine andere Lage besteht.

b. Ausgestaltung der Konzernleitung

Wie das System der Leitung eines Konzerns ausgestaltet ist und ob das Ausgleichssystem greift und ob die Beteiligung von Vertretern von Anteilseignern notwendig ist, hängt davon ab, wie die betroffenen Unternehmen miteinander verbunden sind. § 15 AktG zählt verschiedene Arten verbundener Unternehmen auf. So wird der Vertragskonzern im Sinne der §§ 291 ff. AktG[523] vom faktischen Konzern[524] im Sinne der §§ 311 ff. AktG unterschieden. Gemeinsam ist beiden Formen des Unternehmensverbunds, dass ein Unternehmen zu einem weiteren in einem Abhängigkeitsverhältnis steht. Das Aktiengesetz schreibt eine Besetzung des Aufsichtsrats einer Untergesellschaft mit Vertretern der Obergesellschaft zwar nicht ausdrücklich vor, missbilligt sie aber

523 Ein Vertragskonzern entsteht durch den Abschluss eines Beherrschungs- und Gewinnabführungsvertrags i. S. d. § 291 Abs. 1 S. 1 AktG. Der beherrschende Einfluss der Obergesellschaft resultiert aus den sich aus dem Unternehmensvertrag ergebenen Kompetenzen und Pflichten (Krieger in: Münchener Hdb. des GesR Bd. 4, § 68, Rn. 45.).

524 Bei einem faktischen Konzern müssen andere Indizien als beim Vertragskonzern herangezogen werden, um das Vorliegen beherrschenden Einflusses zu ermitteln. Eine gesetzliche widerlegbare Vermutung für das Bestehen eines Abhängigkeitsverhältnisses stellt § 17 Abs. 2 AktG auf, nach dem von einem in Mehrheitsbesitz (gem. § 16 Abs. 1 AktG) stehenden Unternehmen vermutet wird, dass es von dem an ihm mit Mehrheit beteiligten Unternehmen abhängig ist. Ausgehend von der gesetzlichen Vermutung werden andere Tatbestände ermittelt, bei deren Vorliegen Abhängigkeit im Sinne des § 17 Abs. 1 AktG gegeben ist.

Typischerweise sollen konzernrechtliche Abhängigkeiten gegeben sein, wenn einem Unternehmen Befugnisse zustehen, die denen eines Mehrheitsaktionärs, Einfluss auf die Geschäftspolitik eines Unternehmens zu nehmen, entsprechen (Emmerich in: Emmerich/Habersack, KonzernR, § 17, Rn. 5), so, wenn das herrschende Unternehmen über gesicherte rechtliche Möglichkeiten verfügt, dem abhängigen Unternehmen bzw. dessen Verwaltung Konsequenzen für den Fall anzudrohen, dass es dem Willen des herrschenden Unternehmens nicht Folge leistet. Bezüglich des Umfangs und der Dauer der Einwirkungsmöglichkeit wird verlangt, dass auf den gesamten Tätigkeitsbereich eines Unternehmens Einfluss genommen werden kann (so BGHZ 90, 381; Krieger in: Münchener Hdb. des GesR Bd. 4, § 68, Rn. 37; anders Habersack in: Emmerich/Habersack, KonzernR, § 17, Rn. 9, der auch eine auf zentrale Bereiche bezogene, aber dennoch punktuelle Abhängigkeit genügen lassen will) und diese Möglichkeit mit einer gewissen Beständigkeit (im Sinne einer verlässlichen Basis) besteht (Emmerich in: Emmerich/Habersack, KonzernR, § 17, Rn. 10).

auch nicht, wie die Regel des § 100 Abs. 2 S. 2 AktG zeigt. Die Besetzung von Aufsichtsratsposten mit Vertretern von Aktionären mit einer Kontrollbeteiligung stellt sich vor allem im faktischen Konzern, da hier keine direkte Einwirkungsmöglichkeit des Anteilseigners durch ein Weisungsrecht auf die beherrschte Gesellschaft besteht. Besteht ein Vertragskonzern, so ist dies in der Regel nicht notwendig, denn es bestehen andere Mittel zur Konzernleitung als über die Besetzung des Aufsichtsrats der Tochtergesellschaft,[525] allerdings ändert dies die Einschätzung der Unabhängigkeit der in den Aufsichtsrat entsandten Mitglieder nicht. Ein Mehrheitsbesitz ohne Konzernierung kann vorliegen, wenn das Halten des Anteils an der Gesellschaft die einzige Betätigung des Aktionärs darstellt.

c. Einwirkungsmöglichkeiten im faktischen Konzern

Im faktischen Aktienkonzern besteht kein Weisungsrecht der Muttergesellschaft gegenüber der abhängigen Tochtergesellschaft, die Einflussmöglichkeiten beschränken sich auf faktische Maßnahmen.[526] Aus diesem Grund ist hier die Einflussnahme durch die Besetzung des Aufsichtsrats von hoher Relevanz. Dass die Möglichkeit der Einflussnahme durch die herrschende Gesellschaft gesetzlich anerkannt ist, zeigt sich an der Regelung des § 311 Abs. 1 AktG, der zwar grundsätzlich einem herrschenden Unternehmen untersagt, Maßnahmen zu veranlassen, die sich für die Tochtergesellschaft negativ auswirken, es sei denn, die aus der Maßnahme resultierenden Nachteile werden von der Muttergesellschaft ausgeglichen. Untersagt sind demnach Maßnahmen, deren Folgen nicht ausgeglichen werden können, sei es weil die Muttergesellschaft nicht über die erforderlichen Mittel verfügt, sei es weil der Nachteil nicht quantifizierbar ist.[527] Die Besetzung von Aufsichtsratsposten der Tochtergesellschaft mit Vertretern der Muttergesellschaft stellt eine Möglichkeit dar,

---

525 Bilden zwei oder mehr Unternehmen einen Vertragskonzern mit einem Beherrschungs- oder einem Gewinnabführungsvertrag, so regeln die §§ 291 ff. AktG die Beziehungen zwischen den beiden Unternehmen. Die Vorschriften betreffen sowohl die Sicherung der Rechte der abhängigen Gesellschaft und ihrer Gläubiger (§§ 300 ff. AktG) als auch die der außen stehenden Aktionäre (§§ 304 f. AktG), das heißt solcher, die keine Vertragspartner des Unternehmensvertrags sind. In Bezug auf die Leitungsmacht der Muttergesellschaft ist § 308 Abs. 1 S. 1 AktG wesentlich, der im Falle des Bestehens eines Beherrschungsvertrags ein Weisungsrecht der herrschenden Gesellschaft gegenüber dem Vorstand der abhängigen Gesellschaft hinsichtlich ihrer Leitung begründet. Es umfasst auch Weisungen, die sich für die abhängige Gesellschaft als nachteilig erweisen.

526 Krieger in: Münchener Hdb. des GesR Bd. 4, § 69, Rn. 24.

527 Krieger in: Münchener Hdb. des GesR Bd. 4, § 69, Rn. 23a.

Einfluss auf die Geschicke der Tochtergesellschaft zu nehmen.[528] Das Mutterunternehmen unterliegt bei der Wahl der Aufsichtsratsmitglieder auch keinen Schranken.[529]

d. Zwischenergebnis: Billigung von Interessenkonflikten durch das Aktienrecht

Aus den Konzernstrukturen verschiedenster Ausprägung lässt sich nicht das Erfordernis einer Unabhängigkeit von Aufsichtsratsmitgliedern, die von dem Eigner einer Kontrollbeteiligung entsandt werden, ableiten, die Frage einer Abhängigkeitsvermutung, wie sie der Empfehlung 2005/162/EG zugrunde liegt, ist nicht gegeben. Möglichen Interessenkonflikten wird durch das Konzernrecht begegnet. Die Existenz von Interessenkonflikten ist anerkannt und die Anforderungen, die ihre Überwindung an die einzelne Person stellen würde, sind hoch. Deshalb existieren jedoch konzernspezifische Überwachungsmittel. In Bezug auf Privataktionäre ist kein vergleichbarer Interessenkonflikt gegeben, da eine einzige Kontrollbeteiligung an einer Gesellschaft ein so hohes unternehmerisches Risiko birgt, dass ein schädlicher Interessenkonflikt nicht vermutet werden kann.

aa. Umgang mit Interessenkonflikten

Die Pflichtenbindung des Aufsichtsrats einer abhängigen Gesellschaft unterscheidet sich nicht von der einer konzernfreien Gesellschaft.[530] Als Vorstandsmitglied der Obergesellschaft ist das Aufsichtsratsmitglied gehalten, das Unternehmensinteresse dieser Gesellschaft und des Konzerns zu verfolgen, als Aufsichtsratsmitglied der Untergesellschaft ist es dem Unternehmensinteresse dieser Gesellschaft verpflichtet.[531] Der Überwachungsauftrag des Aufsichtsrats in der abhängigen Gesellschaft unterscheidet sich nicht grundsätzlich von dem in der konzernfreien Gesellschaft.[532]

Ein Interessenkonflikt kann für das einzelne Aufsichtsratsmitglied durch seine mehrfache Verpflichtung jedoch trotz der Bindung an das Unternehmensinte-

---

528 Kropff in: MünchKomm AktG, § 311, Rn. 102.

529 Krieger in: Münchener Hdb. des GesR Bd. 4, § 69, Rn. 35; Kropff in: MünchKomm AktG, § 311, Rn. 102; Decher, S. 103; a. A.: OLG Hamm, AG 1987, S. 38 ff. („Banning").

530 Krieger in: Münchener Hdb. des GesR Bd. 4, § 69, Rn. 35.

531 Marsch-Barner in: Semler/v. Schenck, § 12, Rn. 132; Lutter/Krieger, Rn. 782; Kropff in: MünchKomm AktG, § 311, Rn. 94, § 314, Rn. 24; Krieger in: Münchener Hdb. des GesR Bd. 4, § 69, Rn. 35.

532 Krieger in: Münchener Hdb. des GesR Bd. 4, § 69, Rn. 35.

resse existieren.[533] Das Bestehen dieses Konflikts ist bekannt; es ist anerkannt, dass eine Durchsetzung der Interessen der Obergesellschaft auch über den Aufsichtsrat der Untergesellschaft vorgenommen wird. Negativ betroffen können bspw. Minderheitsaktionäre sein.[534] So kann das Aufsichtsratsmitglied bei Entscheidungen das Interesse der Muttergesellschaft in den Vordergrund stellen und nicht die originären Interessen der Tochtergesellschaft. Damit kann es wider die Interessen der Minderheitsaktionäre handeln.

Die Interessen von Ober- und Untergesellschaft bzw. von Mehrheits- und Minderheitsaktionären können sich (bspw. bei Produktionsverlagerungen innerhalb des Konzerns)[535] durchaus widersprechen.[536]

Fraglich ist, ob dieser Konflikt überwunden werden kann oder ob er zu akzeptieren ist. Teils wird die Überwindung eines Konflikts zwischen dem Unternehmensinteresse der Ober- und dem der Untergesellschaft und die alleinige Berücksichtigung des Unternehmensinteresses der Untergesellschaft als besondere Anforderung an das Pflichtbewusstsein des Aufsichtsratsmitglieds in der Untergesellschaft angesehen, der nicht immer entsprochen wird.[537] Ob diese Anforderung an das Pflichtbewusstsein auch bei Kenntnis dieser Verpflichtung überhaupt zu erfüllen ist, ist nicht vorstellbar, denn das Mitglied des Aufsichtsrats müsste in der Lage sein, bei dem Funktionswechsel seine andere Position außer Acht zu lassen.[538] Da ferner pflichtgemäßes Handeln im Rahmen des einen Mandats bei einer gleichzeitigen Pflichtverletzung gegenüber der anderen Gesellschaft nicht zu einer Entlastung führen soll,[539] würde folglich von einem Aufsichtsratsmitglied verlangt, bei einer Entscheidung mögliche Haftungskonsequenzen nicht zu berücksichtigen.

Weiterhin ist zu bedenken, dass die Vertreter der Muttergesellschaft nicht aufgrund ihrer Persönlichkeit in den Aufsichtsrat der Tochter gewählt werden, sondern aufgrund ihrer Organstellung oder sonstigen Funktion in der Muttergesellschaft. Das heißt, sie werden mit dem Zweck entsandt, die Interessen der

---

533 Vgl. Löbbe, S. 391.

534 Kropff in: MünchKomm AktG, § 311, Rn. 94.

535 Kropff, AktG 1965, S. 373 f.

536 Siehe Marsch-Barner in: Semler/v. Schenck, § 12, Rn. 132; Emmerich/Sonnenschein/Habersack, S. 12.

537 Kropff in: MünchKomm AktG, § 311, Rn. 94.

538 Vgl. Heermann, WM 1997, S. 1689 (1691); Lutter/Kirschbaum, ZIP 2005, S. 103 (104); Marsch-Barner in: Semler/v. Schenck, § 12, Rn. 139.

539 Vgl. BGHZ 90, 381 (398) „BuM/WestLB"; Kropff in: MünchKomm AktG, § 311, Rn. 94; Ulmer NJW 1980, S. 1603 (1603).

herrschenden Gesellschaft zu vertreten[540] und dies unter Inkaufnahme möglicher Interessenkonflikte. Die Leitungsmacht der Obergesellschaft gründet unter anderem auf der Besetzung von Aufsichtsratsposten in der Tochtergesellschaft.[541] Aus diesem Grund wird vertreten, dass das Aufsichtsratsmitglied die Interessen der Obergesellschaft in seinen Entscheidungen berücksichtigen darf, allerdings in engen Grenzen.[542] Es ist jedenfalls dann dazu berechtigt, die besonderen Interessen des herrschenden Unternehmens zu berücksichtigen, wenn daraus kein Nachteil für die Untergesellschaft resultiert.[543] So wird der Konflikt zwischen den verschiedenen Interessen nicht durch besondere Gestaltungen überwunden, sondern als durch die Konzernstruktur bedingt hingenommen.

bb. Konzernspezifische Überwachungsmittel

Es handelt sich bei den dargestellten Interessenkonflikten um eine dem deutschen System des Konzernrechts immanente strukturelle Schwäche des Aufsichtsrats der beherrschten Gesellschaft, die aber durch Mittel des Konzernrechts zum Teil wieder aufgehoben wird. Im Konzern stehen dem Aufsichtsrat neben den allgemeinen Mitteln auch konzernspezifische Instrumente zur Verfügung, um die Funktionsfähigkeit der Überwachung in der Tochtergesellschaft sicherzustellen.

So ist der Aufsichtsrat gehalten, die Funktionsfähigkeit des Einzelausgleichssystems nach §§ 311 ff. AktG zu prüfen, insbesondere anhand des Abhängigkeitsberichts. Bei der Durchführung von nachteiligen Maßnahmen durch den Vorstand der Tochtergesellschaft, ohne dass ein Nachteilsausgleich durch die Muttergesellschaft gewährt wird, ist der Aufsichtsrat verpflichtet, einen Ad-hoc-Vorbehalt nach § 111 Abs. 4 S. 2 AktG zu verabschieden. Wurde eine Maßnahme ohne Vorteilsausgleich bereits umgesetzt, ist der Aufsichtsrat verpflichtet, einen Schadensersatzanspruch gegen den Vorstand der abhängigen Gesellschaft zu prüfen und gegebenenfalls durchzusetzen. Ferner ist er zur Anfechtung nachteiliger Beschlüsse der Hauptversammlung nach § 243 Abs. 2 AktG berechtigt und verpflichtet.[544] Weiterhin ist anzumerken, dass sich die Überwachungspflicht des Aufsichtsrats auch hier nur auf Maßnahmen

---

540 Vgl. Decher, S. 162; Lutter, FS Fischer, S. 419 (428).

541 Vgl. Kropff in: MünchKomm AktG, § 311, Rn. 289; Hopt/Roth in: Großkommentar AktG, § 100, Rn. 40.

542 Vgl. Lutter/Krieger, Rn. 783; Löbbe, S. 68.

543 Vgl. Kropff in: MünchKomm AktG, § 311, Rn. 289; Decher, S. 162; Götz, ZGR 1990, S. 633 (635).

544 Vgl. zu den einzelnen Mitteln: Löbbe, S. 400 ff.

bezieht, die aufgrund ihres Gewichts und ihrer Bedeutung zu den Leitungsentscheidungen des Vorstands zählen.[545]

Der Aufsichtsrat muss nicht einschreiten, wenn die Maßnahme zwar nachteilig, der Ausgleich gem. §§ 311 ff. AktG durch die Obergesellschaft aber gewährleistet ist, da durch die §§ 311 ff. AktG die Möglichkeit auch nachteiliger Einflussnahme grundsätzlich anerkannt ist. Die Ergreifung dieser Mittel durch die Mitgliedschaft von Vertretern der Obergesellschaft im Aufsichtsrat oder in bestimmten Gremien könnte aber so gefährdet erscheinen, dass diese Besetzungspraxis missbilligt werden sollte. Ist ein Vorstandsmitglied der Obergesellschaft Mitglied des Aufsichtsrats der Untergesellschaft, könnte eine als nachteilig angegriffene Maßnahme von ihm selbst initiiert worden sein, und es ist nicht anzunehmen, dass das Mitglied diese Maßnahme im Aufsichtsrat der Untergesellschaft in deren Interesse noch einmal aufgreift. Dieser Nachteil scheint auch durch die grundsätzliche Rechtfertigung der Mitgliedschaft von Mehrheitsaktionären im Aufsichtsrat nicht aufgehoben. Vielmehr wird das konzernrechtliche Ausgleichssystem unter anderem als Rechtfertigung für eventuelle Interessenkonflikte angeführt. Funktioniert dieses System nicht ausreichend bzw. wird es nicht in Anspruch genommen, entfällt damit auch diese Rechtfertigungsgrundlage.

Auf Grund der Tatsache, dass bei börsennotierten Gesellschaften aber stets außenstehende Aktionäre vorhanden sein müssen,[546] ist davon auszugehen, dass der Einfluss der Muttergesellschaft nicht so überhand nimmt, dass das System des Nachteilsausgleichs in keiner Weise mehr funktionieren kann. Deshalb ist festzustellen, dass die Argumente, die für die Mitgliedschaft von Vertretern der Aktionäre mit Kontrollbeteiligung im Aufsichtsrat der Untergesellschaft sprechen, angesichts der Wertungen des Gesetzes und der oben genannten Argumente überwiegen. Insbesondere die direkte Überwindung des Principal-agent-Konflikts spricht dafür. Zwar besteht ein Überwachungsdefi-

---

545 Vgl. Löbbe, S. 404.

546 Voraussetzung der Zulassung von Wertpapieren zum amtlichen Handel ist, dass die zuzulassenden Aktien ausreichend gestreut sind (§ 9 Abs. 1 S. 1 BörsZulVO). Eine ausreichende Streuung liegt gem. § 9 Abs. 1 S. 2 BörsZulVO vor, wenn mindestens 25% der Aktien im Publikum gestreut sind (sog. „free float") oder wenn auf Grund der großen Anzahl der gehandelten Aktien auch bei einer geringeren Streuung ein ordnungsgemäßer Aktienhandel dennoch gewährleistet ist. Befinden sich (fast) alle Wertpapiere in einer Hand, ist diese Voraussetzung nicht mehr gegeben und die Zulassungsvoraussetzungen liegen nicht vor (vgl. Adolff/Tieves, BB 2003, S. 797 (805)). Nach § 25 Abs. 1 Nr. 2 Börsenordnung der Frankfurter Wertpapierbörse kann die Notierung im amtlichen Handel oder geregelten Markt eingestellt werden, wenn ein ordnungsgemäßer Börsenhandel nicht mehr gewährleistet ist.

zit, aber bereits durch die konzernrechtlichen Regelungen kann dieses aufgefangen und die Position des Aufsichtsrats der abhängigen Gesellschaft gestärkt werden.

cc. Mehrheitsbesitz ohne Konzernierung

Das konzernrechtliche Ausgleichssystem greift nicht ein, wenn ein Anteilseigner mit einer Mehrheitsbeteiligung vorhanden ist, der nicht als Unternehmen i. S. d. § 15 AktG einzuordnen ist.

Mehrheitlicher Anteilsbesitz ohne Konzernierung ist insbesondere durch die Beteiligung einer natürlichen Person an der Gesellschaft möglich. Ob konzernrechtliche Regelungen bei der Beteiligung einer natürlichen Person Anwendung finden, hängt davon ab, ob der Anteilseigner als Unternehmer im Sinne des § 15 AktG anzusehen ist. Aktionäre, deren unternehmerische Betätigung sich auf die Beteiligung an der Gesellschaft beschränkt, sind nicht als Unternehmen anzusehen, unabhängig davon, auf welche Weise die Person ihre Beteiligung verwaltet.[547]

Umstritten ist hingegen, ob die Beteiligung einer Person an mehreren Gesellschaften allein zur Bejahung der Unternehmenseigenschaft genügen kann oder ob sich die Person mittels dieser weiteren Beteiligung selbst unternehmerisch (so durch die Stellung als faktischer Geschäftsführer oder die sonstige Ausübung von Leitungsmacht) betätigen muss.[548] Dieses zusätzliche Erfordernis ist abzulehnen, da Zweck des Konzernrechts die Regelung von Konfliktlagen ist, die sich aus der mehrfachen Beteiligung ergeben.[549] Ein entsprechender Interessenkonflikt kann den Inhaber mehrerer Beteiligungen unabhängig von weiterer unternehmerischer Betätigung treffen. Befürworter eines zusätzlichen Erfordernisses begründen dies mit einem Verweis auf § 134 Abs. 1 S. 4 AktG, da sich aus der Vorschrift ergebe, dass allein die Beherrschung einer anderen Aktiengesellschaft den Aktionär nicht zum Unternehmer werden ließe.[550] Der Wortlaut der Vorschrift scheint dies zwar nahe zu legen, betrachtet man jedoch den Zweck des konzernrechtlichen Schutzes, so ist davon auszugehen, dass der Unternehmensbegriff in dieser Norm anders auszulegen ist als in den §§ 15 ff. AktG, zudem dieser nicht gesetzlich definiert

---

547 Vgl. Baier in: MünchKomm AktG, § 15, Rn. 14; Koppensteiner in: Kölner Kommentar AktG, § 15, Rn. 14.

548 Vgl. Baier in: MünchKomm AktG, § 15, Rn. 14.

549 Vgl. Baier in: MünchKomm AktG, § 15, Rn. 14; Koppensteiner in: Kölner Kommentar AktG, § 15, Rn. 37; Emmerich in: Emmerich/Habersack, KonzernR, § 15, Rn. 11a.

550 So Mertens, AG 1996, S. 241 (243); Geßler in: Geßler/Hefermehl/Eckhardt/Kropff, § 15, Rn. 26.

ist.[551] Weiterhin handelt es sich bei § 134 AktG um eine, im Gegensatz zu diesen Normen, periphere Vorschrift.[552] Auf Grund des Schutzzwecks der konzernrechtlichen Normen ist der Meinung, die das Erfordernis einer weitergehenden unternehmerischen Betätigung ablehnt, der Vorzug zu geben.

Eine Mehrheitsbeteiligung an einer weiteren Gesellschaft soll dabei stets die Unternehmenseigenschaft begründen. Es kann auch eine geringere Beteiligung genügen, sofern es dem Anteilseigner möglich ist, Leitungsmacht auszuüben, bspw. aufgrund einer traditionell geringen Hauptversammlungspräsenz oder bestehenden Stimmbindungsverträgen.[553] Folglich greifen konzernrechtliche Schutzmechanismen nicht bei einem mehrheitlichen Anteilsbesitz einer Person an einer Gesellschaft ein. Anstatt der konzernrechtlichen Ausgleichsmechanismen dienen die aktienrechtlichen Haftungstatbestände dem Schutz der Gesellschaft und der Minderheitsaktionäre.[554]

Dies könnte dafür sprechen, den Privataktionär, der Inhaber einer Mehrheitsbeteiligung ist, als abhängig zu qualifizieren, da keine dem Konzernrecht entsprechenden Ausgleichsmechanismen bestehen. Zweifelhaft und im Ergebnis abzulehnen ist hier aber bereits die Annahme des Bestehens eines vergleichbaren Interessenkonflikts. Im Falle des nur in einer Aktiengesellschaft engagierten Mehrheitsaktionärs bestehen keine Konflikte mit den Interessen einer Obergesellschaft, vielmehr ist davon auszugehen, dass die Interessen von Aktionär und Aktiengesellschaft grundsätzlich parallel verlaufen.[555] Wie oben erläutert trägt der Aktionär ein höheres unternehmerisches Risiko, insofern ist hier keine Abhängigkeit zu anderen Interessengruppen gegeben. Sofern ein Konflikt mit den Interessen der Minderheitsaktionäre besteht, kann diesem über die aktienrechtlichen Haftungsinstitute abgeholfen werden.

Die Empfehlung 2005/162/EG unterscheidet zwischen eigentümergeprägten und Publikumsgesellschaften. Bei eigentümergeprägten Gesellschaften soll es lediglich auf eine hinreichende Repräsentanz der Minderheitsaktionäre ankommen.[556] Nach dem oben Gesagten bedarf es dieser Differenzierung jedoch nicht, da der Mehrheitsaktionär ohnehin nicht als abhängig einzustufen ist.

---

551 Koppensteiner in: Kölner Kommentar AktG, § 15, Rn. 40.

552 Koppensteiner in: Kölner Kommentar AktG, § 15, Rn. 40.

553 BGHZ 148, 123 (125); Emmerich in: Emmerich/Habersack, KonzernR, § 15, Rn. 14; Hüffer, AktG, § 15, Rn. 9; a. A.: Koppensteiner in: Kölner Kommentar AktG, § 15, Rn. 47, der bereits eine geringe Beteiligung für ausreichend hält.

554 Baier in: MünchKomm AktG, § 15, Rn. 14.

555 Baier in: MünchKomm AktG, § 15, Rn. 14.

556 Vgl. Hüffer, ZIP 2006, S. 637 (641).

e. Vergleich zu anderen Rechtsordnungen

Das Abweichen von diesem Vorschlag der Empfehlung 2005/162/EG ist im europäischen Vergleich vertretbar, da in anderen Rechtsordnungen kein entsprechendes System des konzernrechtlichen Nachteilsausgleichs gesetzlich geregelt ist. In anderen europäischen Ländern bestehen keine gesetzlichen Regelungen der verbundenen Unternehmen,[557] so dass ein Mehrheitsaktionär keinen Schranken bei der Ausnutzung seines Einflusses unterliegt.

Betrachtet man den Schutz der Tochterinteressen in anderen Rechtsordnungen, zeigen sich systembedingte Unterschiede: So ist bspw. in Frankreich im Konkursgesetz die Figur des so genannten „faktischen Organs" verankert, das im Falle des Konkurses der Tochtergesellschaft auf Ausgleich der Verschuldung haftet, wenn ein Mangel in der Geschäftsführung vorlag.[558] Allerdings wird hiervon offenbar selten Gebrauch gemacht, da die Geschäftsführungsmaßnahme durch das übergeordnete Konzerninteresse gerechtfertigt sein kann. Folglich wird das Recht der Minderheitenaktionäre der actio pro socio zur Verfolgung ihrer Interessen im Fall der Konzernierung eingeschränkt.[559] Mithin beschränkt sich in Frankreich die Ausgleichspflicht auf den Konkursfall. Außerhalb des Konkurses besteht keine Ausgleichspflicht, in Deutschland hingegen muss jede nachteilige Maßnahme, die auf Veranlassung der Obergesellschaft geschieht, ausgeglichen werden.

In Großbritannien bestehen, da von einem strikten Trennungsprinzip[560] ausgegangen wird, keine speziellen Schutzmechanismen zugunsten von Minderheitsgesellschaftern, den Aktionär trifft keine Treuepflicht, und er kann seine Stimme für seine Interessen einsetzen. Grundsätzlich ist die Haftungsabschottung durch den Großaktionär legitim.[561] Zusätzlich bestehen auch hier Schutzmechanismen zugunsten von Minderheitsgesellschaftern im Falle eines Konkurses. Bei Vorliegen betrügerischen oder unrechtmäßigen Handelns („fraudulent/wrongful trading") haften die Organe bzw. die Muttergesellschaft gegenüber den Minderheitsaktionären. Dies gilt ebenfalls beim Weiterführen eines maroden Unternehmens.[562] Ferner besteht die Möglichkeit, den Mehrheitsgesellschafter wegen Interessenkonflikts im Stimmrecht zu be-

557 Einzige Ausnahme ist Portugal, hier besteht seit 1986 ein kodifiziertes Konzernrecht (Altmeppen in: MünchKomm AktG, Einl. v. §§ 291 ff., Rn. 31).

558 Druey, Konzernrecht, S. 311 (318).

559 Druey, Konzernrecht, S. 311 (319).

560 „Corporate Veil", die Hintergründe der Inkorporation sind irrelevant.

561 Druey, Konzernrecht, S. 311 (328).

562 Vgl. Druey, Konzernrecht, S. 311 (335).

schränken oder sogar auszuschließen.[563] Wie in Frankreich gibt es in Großbritannien Regeln, die den Schutz der abhängigen Gesellschaft bezwecken. Sie greifen nur dann ein, wenn eine pflichtwidrige Handlung der Organe der Obergesellschaft vorliegt. Der grundlegende Unterschied zum deutschen System des Nachteilsausgleichs besteht darin, dass dies auch bei Handlungen eingreift, die pflichtgemäß zustande kommen. Folglich ist der Schutz der abhängigen Gesellschaft weitgehender als in Großbritannien.

Auch aufgrund der unterschiedlichen konzernrechtlichen Regelungstechniken in Deutschland und im europäischen Ausland ist eine Abweichung von der Empfehlung 2005/162/EG in diesem Punkt gerechtfertigt. Ferner ist anzumerken, dass die von der SEC gebilligten NYSE Corporate Governance Rules einen Anteilsbesitz allein noch nicht als abhängigkeitsauslösendes Element ansehen.[564]

3. Verhältnis zu DCGK

Der DCGK spricht die Besetzung des Aufsichtsrats mit Vertretern von Anteilseignern nicht an.

4. Rechtspolitische Bewertung

Für eine Qualifizierung der Vertreter von Anteilseignern im Aufsichtsrat als abhängig aus rechtspolitischen Gründen könnte die jüngst mit großer Öffentlichwirksamkeit geführte Diskussion um die Einflussnahme ausländischer Finanzinvestoren, teils organisiert in Form so genannter Hedgefonds[565] und anderer Finanzinvestoren, auf die Geschäfts- und Finanzpolitik von börsennotierten Unternehmen sprechen.[566] Hier wurde moniert, dass die Vertreter die-

---

563 Druey, Konzernrecht, Fn.152, 153.

564 Vgl. NYSE Corporate Governance Rules 2 (a).

565 Für den Begriff des Hedgefonds besteht keine einheitliche Definition, es handelt sich um einen Sammelbegriff für eine Vielzahl von Investmentstrategien. Im Gegensatz zu klassischen Investmentfonds haben Hedgefonds mehr Spielraum bei Managementtechniken und Anlageentscheidungen und können bspw. durch den Einsatz von Fremdkapital (Kreditaufnahme) oder derivativen Instrumenten eine Hebelwirkung (Leverage-Effekt) erzielen (vgl. § 112 InvG). Als charakteristische Eigenschaften für Hedgefonds werden genannt: eine hohe Flexibilität, ein spezifisches Risiko-/Renditeprofil, eine geringe Regulierung und eine stark ergebnisorientierte Entlohnung (vgl. Kiehn/Mager, DBW 2003, S. 605 (605); Engel, Kreditwesen 2003, S. 924 (924); eingehend auch Eling/Erner, WiSt 2004, S. 424 (424), die auch die verschiedenen Anlagestrategien behandeln).

566 Vgl. den Streit um das Verhalten des Hedgefonds TCI, der sich als Aktionär der Deutsche Börse AG (Anteil weniger als 10%) gegen die Übernahme der London Stock Exchange durch die Deutsche Börse AG stellte und die Auswechslung mehrerer Aufsichtsräte der Deutsche Börse AG forderte (FAZ v. 30.12.2005, S. C7).

ser Investoren nicht im Unternehmensinteresse handeln würden. Die Diskussion entspann sich um das Verhalten bestimmter institutioneller Anleger, denen vorgeworfen wurde, die Interessen anderer Aktionäre und Stakeholders bei der Geltendmachung ihres Einflusses nicht ausreichend zu berücksichtigen und lediglich kurzfristige Gewinnmaximierung zu erstreben sowie übermäßigen Einfluss auf Personalentscheidungen nehmen zu wollen. Dem wurde entgegnet, dass die Fondsvertreter als Anteilseigner lediglich engagierter als andere Aktionäre ihre Eigentümerrechte wahrnähmen und auf diesem Weg der Principal-agent-Konflikt gemildert werden könne.[567] Hiergegen wird von den Befürwortern weitergehender Restriktionen vorgebracht, dass es häufig nur zu einer kurzfristigen Übertragung der Anteile bspw. im Rahmen eines Aktienleerverkaufs komme und tatsächlich keine dauernde Eigentümerstellung begründet wird, die die Ausübung mitgliedschaftlicher Rechte rechtfertige.[568] Insgesamt war die Diskussion wohl vor allem auch durch grundsätzliches Misstrauen der deutschen Öffentlichkeit gegenüber den erst seit kurzem in Deutschland agierenden, aus dem anglo-amerikanischen Raum stammenden Hedgefonds geprägt.[569]

Bisher unterliegen Hedgefonds in Deutschland allein den börsenrechtlichen Veröffentlichungsvorschriften nach dem WpÜG und den Vorschriften des InvG (§ 112 InvG). Lediglich im Falle der Beteiligung an einem Unternehmen, das eine Bank oder eine Börse betreibt, untersteht ein Fonds der Anteilseignerkontrolle nach dem KWG oder dem BörsG.[570] Weitergehende Anforderungen an die Transparenz bezüglich der von dem Fonds gehaltenen Beteiligungen oder der Anlagestrategie sieht der Entwurf eines Risikobegrenzungsgesetzes vor.[571] Ob diese Investoren tatsächlich nur kurzfristige Anlagestrategien verfolgen, hängt vom jeweiligen Fonds ab und wird kontrovers diskutiert.[572]

---

567 Vgl. Leyens, RabelsZ 2003, S. 57 (67) bzgl. der Kontrolldichte bei der Beteiligung institutioneller Anleger.

568 Vgl. FAZ, 17.05.2005, S. 13.

569 Erst seit dem Inkrafttreten des Investmentmodernisierungsgesetzes zum 01.01.2004 können Anleger in Deutschland in Hedgefonds („Sondervermögen mit zusätzlichen Risiken") investieren. Bisher war dies nicht möglich, da verschiedene Restriktionen, wie ein Verbot von Leerverkäufen, bestanden. Privatanleger können allerdings nur in so genannte Dachfonds (die das Investment in mindestens 5 Einzelfonds streuen) investieren, weil hierdurch eine Minderung des Risikos erreicht werden kann, während institutionelle Investoren direkt in einzelne Hedgefonds investieren können.

570 FAZ, 11.05.2005, S. 23.

571 Gesetzentwurf für ein Gesetz zur Begrenzung der mit Finanzinvestitionen verbundenen Risiken (Risikobegrenzungsgesetz), BT-Drucks. 16/4738.

572 „Wie langfristig denken Hedgefonds?", Kreditwesen 2005, S. 497 (497).

Aus diesem Grund kann auch keine generelle Aussage dahingehend getroffen werden, dass für die Vertreter dieser Finanzinvestoren in den Aufsichtsräten deutscher Unternehmen strengere Voraussetzungen hinsichtlich der entsandten Mitglieder gelten sollen oder diese aufgrund dieser Eigenschaft - entgegen anderen Vertretern von Anteilseignern - als abhängig qualifiziert werden sollten.

5. Zwischenergebnis

Es lässt sich feststellen, dass ein Überwachungsdefizit bestehen kann, da der Vertreter einer Gesellschaft, die die Mehrheit der Anteile an einer anderen Gesellschaft hält, verschiedenen Interessenbindungen unterliegt. Dies gefährdet insbesondere die Rechte der Minderheitsaktionäre. Diese Schwäche des Aufsichtsrats der abhängigen Aktiengesellschaft ist struktureller Natur und rechtfertigt sich - jedenfalls teilweise - durch die herausgehobene Stellung des Mehrheitsaktionärs, der in dieser Position auch ein höheres unternehmerisches Risiko als die Eigner einer Minderheitsbeteiligung trägt. Ferner wird durch diese Konstellation der Principal-agent-Konflikt direkt überwunden, da der Eigentümer selbst die Kontrolle ausführt. Allerdings betrifft dies nicht die Rechte der anderen Aktionäre, die gegenläufiger Natur sein können. Um sie zu schützen, bestehen im Konzern neben den üblichen Überwachungsinstrumenten des Aufsichtsrats weitere Mittel. Werden diese nicht angewendet, so entfaltet der Schutz keine Wirkung.

Insgesamt ist aber festzustellen, dass aufgrund des deutschen Systems des Konzernrechts davon ausgegangen werden muss, dass die Minderheitenrechte mit den entsprechenden konzernrechtlichen Mitteln geschützt werden können. Zwar könnte man vermuten, dass die Qualifikation eines Aufsichtsratsmitglieds des Mehrheitsaktionärs als abhängig eventuell eine Verbesserung des Schutzes der Minderheitsaktionäre bewirken würde, allerdings würde dies nicht das erhöhte Risiko des Hauptaktionärs berücksichtigen. In anderen Rechtsordnungen besteht kein kodifiziertes Konzernrecht, mit der Folge, dass der Mehrheitsaktionär handeln kann, ohne ausgleichspflichtig zu sein. Dieser Unterschied rechtfertigt es, den Vorschlag des Anhang II 1 d) der Empfehlung 2005/162/EG nicht auf das deutsche Recht zu übertragen.

V. Geschäftsverhältnis in bedeutendem Umfang (Empfehlung 2005/162/EG, Anhang II 1. e))

1. Inhalt und Regelungszweck

Ferner wird nach der Empfehlung 2005/162/EG Anhang II 1. e) ein Aufsichtsratsmitglied nach folgendem Kriterium als abhängig angesehen:

„Die betreffende Person darf zu der Gesellschaft oder einer verbundenen Gesellschaft kein Geschäftsverhältnis in bedeutendem Umfang unterhalten oder im letzten Jahr unterhalten haben, und zwar weder direkt noch als Partner, Anteilseigner, Direktor oder als leitender Angestellter eines Unternehmens oder einer Organisation, das/die ein solches Geschäftsverhältnis zu der Gesellschaft unterhält. Dies schließt die Stellung als bedeutender Anbieter von Waren oder Dienstleistungen (einschließlich finanzieller, rechtlicher oder beratender Art) ein sowie die als bedeutender Abnehmer und als Organisation, die von der Gesellschaft oder ihrer Gruppe Leistungen in bedeutsamen Umfang erhält."

Ein Mitglied des Aufsichtsrats kann durch ein anderes Rechtsverhältnis wie als Vorstandsmitglied einer Gesellschaft, mit der geschäftliche Beziehungen bestehen, rechtlichen Bindungen unterliegen. Das dieser Rechtspflicht zugrunde liegende Interesse kann dem Unternehmensinteresse der Gesellschaft zuwiderlaufen.[573] Das Aufsichtsratsmitglied steht vor der Entscheidung, welchem Interesse es in einer Konfliktsituation den Vorrang zu geben hat. Dabei handelt es sich einen Legalitätskonflikt,[574] da es um die Rechtmäßigkeit der Entscheidung in einer konkreten Situation geht.

Aber auch wenn das Aufsichtsratsmitglied im Konkreten nicht zwei divergierende Rechtspflichten treffen oder wenn es sich formal korrekt verhält, können seine Entscheidungen durch die Tatsache der organschaftlichen Bindung an den Vertragspartner beeinflusst werden, und es kann ein Überwachungsdefizit entstehen. Das Aufsichtsratsmitglied ist hier auch Partei eines Austauschvertrags mit divergierenden Interessen. So kann es bemüht sein, besonders günstige Konditionen für die andere Vertragsseite zu erwirken oder an Konstellationen festzuhalten, die seiner außergesellschaftlichen Tätigkeit entgegenkommen. Die vertragliche Beziehung bewirkt eine engere Verbindung zum Vorstand der anderen Gesellschaft. Ferner besteht ein Informationsvorsprung vor anderen Vertragspartnern der Gesellschaft, den das Aufsichtsratsmitglied zu nutzen versucht sein kann.

Nach einer einjährigen Karenzzeit soll die betreffende Person nicht mehr als abhängig gelten.

2. *Relevanz für das deutsche Recht*

Das Aktiengesetz trifft keine Regelungen bezüglich der Mitgliedschaft von Geschäftspartnern der Gesellschaft im Aufsichtsrat. Lediglich materielle Inte-

---

573 Lutter, Information, S. 123.

574 Vgl. zur Behandlung materieller Interessenkonflikte Kapitel 2 § 1 IV. 1.

ressenkonflikte können Stimmverbote nach sich ziehen oder im Extremfall zu einer Abberufung des Aufsichtsratsmitglieds führen.[575]

Offenlegungsvorschriften finden sich in § 125 Abs. 1 S. 3 1. HS AktG sowie in §§ 285 Nr. 10, 340a Abs. 4 Nr. 1 HGB. Bei der Aufsichtsratswahl sowie im Anhang zum Jahresabschluss müssen weitere Aufsichtsratsmandate des Kandidaten oder Aufsichtsratsmitglieds angegeben werden; hiermit soll den Aktionären die Möglichkeit früher Risikoerkennung gegeben werden.[576] Nicht offen gelegt werden muss der Umfang einer bestehenden Geschäftsbeziehung.

Interessenkonflikte können sich bei der Mitgliedschaft von Vertretern von Geschäftspartnern der Gesellschaft im Aufsichtsrat in Bezug auf die Verschwiegenheitspflicht und das Verhältnis zu anderen Gläubigern im Falle der Insolvenz stellen.

Das Aufsichtsratsmitglied hat einen Informationsvorsprung gegenüber den übrigen Gläubigern der Gesellschaft. Für den Fall der Insolvenz einer Kapitalgesellschaft spiegelt sich dieser „Insiderstatus" in § 138 Abs. 2 Nr. 1 InsO wider, der die Leitungs- und Aufsichtsorgane von Kapitalgesellschaften als „nahe stehende Personen" im Sinne des § 133 Abs. 2 InsO einordnet. Eine Beweislastumkehr erleichtert die Anfechtbarkeit (i. S. d. § 133 InsO) von Rechtshandlungen des Insolvenzschuldners gegenüber diesen Personen aufgrund von Gläubigerbenachteiligung; vermutet werden ein Gläubigerbenachteiligungsvorsatz des Schuldners und die Kenntnis der nahe stehenden Person.[577] Somit ist im insolvenzrechtlichen Kontext anerkannt, dass ein Informationsvorsprung von Organmitgliedern vor anderen besteht. Auch zeigt die insolvenzrechtliche Wertung, dass in diesem Bereich von einem kollusiven Zusammenwirken zwischen Vorstand und Aufsichtsrat zu Ungunsten der Gläubiger ausgegangen wird. Dies bedeutet, dass das Aufsichtsratsmitglied als Geschäftspartner ein besonderes Interesse an der Verwertung von Informationen haben kann, die ihm in seiner Funktion als Aufsichtsrat zur Verfügung stehen. Als Mitglied z. B. des Prüfungsausschusses erhält es vor allen anderen die Bestätigung des Abschlussprüfers über die wirtschaftliche Situation der Gesellschaft. Somit ist es noch über die Tätigkeit als einfaches Aufsichtsratsmitglied hinaus gegenüber den anderen Gläubigern der Gesellschaft im Vorteil.

Die Weitergabe von Informationen an andere Organisationen, unter ihnen möglicherweise die, für die das Mitglied hauptberuflich tätig ist, wird durch

---

575 Vgl. oben Kapitel 2 § 1 IV. 1.

576 Lutter/Krieger, Rn. 767.

577 de Bra in: BraunInsO, § 133, Rn. 32.

die umfassende Verschwiegenheitspflicht (§§ 116 S. 2, 93 AktG) des Aufsichtsratsmitglieds verhindert, deren Bruch durch eine Schadensersatzpflicht sanktioniert ist. Die Verschwiegenheitspflicht besteht gegenüber Aktionären, der Belegschaft, dem Betriebsrat und den Gewerkschaften,[578] und die Weitergabe ist auch dann nicht gerechtfertigt, wenn eine andere Organisation ein Interesse an der entsprechenden Information hat.[579] Aber es ist nicht auszuschließen, dass ein Mitglied des Aufsichtsrats die erhaltene Information an anderer Stelle in sein Handeln mit einfließen lässt und somit ein Vorteil gegenüber anderen Interessenträgern besteht.

3. *Verhältnis zu DCGK*

Ziffer 5.5.2 DCGK empfiehlt, dass Interessenkonflikte, insbesondere solche, die aufgrund einer Beratungs- oder Organfunktion bei Kunden, Lieferanten, Kreditgebern oder sonstigen Geschäftspartnern entstehen können, dem Aufsichtsrat gegenüber offen gelegt werden sollen.

Der DCGK knüpft damit an die Regelungstechnik des Aktiengesetzes an und betrachtet die Offenlegung möglicher Interessenkonflikte als adäquates Mittel zur Verhinderung eines Überwachungsdefizits. Die Regelung gilt sowohl für einmalige als auch für von der Empfehlung in Ziffer 5.5.2 DCGK angesprochene dauerhafte Interessengegensätze.[580]

4. *Ausfüllung von Lücken*

Das Regelbeispiel muss zur Auslegung der Definition nach Ziffer 5.4.2 S. 2 DCGK herangezogen werden. Es sollte ferner ein Regelbeispiel zur Vermutung der Abhängigkeit beim Vorliegen eines Geschäftsverhältnisses in einem wesentlichen Umfang eingefügt werden.

Gesetzlich ist der Aufsichtsrat als Überwachungsorgan und nicht als Organ der Kontaktpflege konzipiert. Dies spiegelt sich in der Besetzungspraxis nicht immer wider, eine Besetzung des Aufsichtsrats mit Vertretern von Banken, Lieferanten etc. ist üblich. Ein Mitglied des Aufsichtsrats, das Vertreter einer anderen Gesellschaft ist, die mit der Gesellschaft ein Geschäftsverhältnis in bedeutendem Umfang unterhält, muss als abhängig angesehen werden. Hierzu müssen die anderweitigen Interessenbindungen als so gravierend angesehen werden können, dass eine unbefangene Entscheidung unwahrscheinlich erscheint. Angesichts der Konfliktlage, zum einen das Unternehmensinteresse

---

[578] Mertens in: Kölner Kommentar AktG, § 116, Rn. 51; Hoffmann-Becking in: Münchener Hdb. des GesR Bd. 4, § 33, Rn. 46; Hüffer, AktG, § 116, Rn. 7.

[579] Vgl. Marsch-Barner in: Semler/v. Schenck, § 12, Rn. 44; Lutter, Information, S. 170.

[580] Vgl. Kremer in: Kodex-Kommentar, Rn. 1103.

und zum anderen das Interesse als Vertreter eines wesentlichen Vertragspartners wahren zu müssen, besteht die Möglichkeit der Befangenheit. Schließlich können die Interessen anderer Vertragspartner der Gesellschaft gefährdet werden.

a. Umfang des Geschäftsverhältnisses

Entsprechend den Schwellenwerten für Zahlungen aus Beratungs- und Kreditverträgen müssen auch für die wesentlichen Geschäftsverhältnisse Schwellenwerte festgelegt werden, ab denen ein Interessenkonflikt und damit eine Abhängigkeit des Aufsichtsratsmitglieds vermutet wird. Es kann sich hierbei beispielhaft an den NYSE Corporate Governance Rules orientiert werden: Danach sind Mitglieder des Board of Directors als abhängig anzusehen, die selbst oder deren Gesellschaft Zahlungen an die Gesellschaft leisten oder Zahlungen von der Gesellschaft erhalten, die jährlich US$ 1 Million oder 2% der „Consolidated Gross Revenues" (konsolidierte Bruttoerlöse) der anderen Gesellschaft übersteigen.[581] Eine entsprechende differenzierende Regelung, mit der Vertragsverhältnisse geringeren Umfangs, für die eine entsprechende Gefährdung nicht angenommen wird, ausgeschlossen werden, ist zweckmäßig. Empfohlen werden als Schwellenwerte jährliche Erlöse in Höhe von über € 1 Mio. oder mehr als 2% der konsolidierten Bruttoerlöse der anderen Gesellschaft, der das Aufsichtsratsmitglied primär vertraglich verpflichtet ist. Eine Orientierung des Umfangs des Geschäftsverhältnisses an dem Bruttoerlös der anderen Gesellschaft ist sachgerecht, weil das Gewicht der anderweitigen Interessenbindung sich nach der Bedeutung des Geschäftsverhältnisses für den Vertragspartner bemisst.

b. Betroffene Personen

Zweifellos betrifft die Abhängigkeitsvermutung dieses Regelbeispiels Vorstände einer Aktiengesellschaft und die Geschäftsführer einer GmbH. Es ist auch auf leitende Angestellte oder andere Personen mit leitender Funktion anzuwenden, da sie zum einen der Weisungsbefugnis der Vorstände oder der Geschäftsführer der Partnergesellschaften unterliegen. Zusätzlich ist davon auszugehen, dass auch sie aufgrund ihrer Tätigkeit bei der anderen Gesell-

---

581 Vgl. NYSE Corporate Governance Rules References to Form 10-K 2. (b) (v): A director who is an executive officer or an employee, or whose immediate family member is an executive officer, of a company that makes payments to, or receives payments from, the listed company for property or services in an amount which, in any single fiscal year, exceeds the greater of $ 1 million, or 2% of such other company's consolidated gross revenues, is not "independent" until three years after falling below such threshold.

schaft für eine Mitgliedschaft in dem Aufsichtsrat der Gesellschaft ausgewählt worden sind.

Auf Grund der oben genannten Gründe[582] sollte sich die Abhängigkeitsvermutung auch auf Geschäftsbeziehungen mit verbundenen Unternehmen erstrecken.

c. Karenzzeit

Die Empfehlung 2005/162/EG empfiehlt eine einjährige Karenzzeit für die Vermutung der Unabhängigkeit nach Beendigung der geschäftlichen Beziehung. In diesem Fall ist eine entsprechend kurze Karenzzeit angemessen, da die Bindungen selbst bei einem wesentlichen Geschäftsverhältnis nicht entsprechende Nachwirkungen entfalten.

5. Rechtspolitische Bewertung

Da das Aufsichtsratsamt als Nebenamt ausgestaltet ist, muss grundsätzlich hingenommen werden, dass Aufsichtsratsmitglieder hauptberuflich Positionen in anderen Gesellschaften oder Organisationen einnehmen oder weitere Aufsichtsratsposten innehaben.

Es sind keine Gründe dafür ersichtlich, die Eigenschaft als Vertreter von Geschäftspartnern als Bestellungshindernis zu qualifizieren. Wird berücksichtigt, dass dem Aufsichtsrat Personen angehören sollen, die Kenntnisse der Branche und des geschäftlichen Umfelds besitzen, so ist die Besetzung mit Geschäftspartnern nicht grundsätzlich unvereinbar im Sinne Guter Corporate Governance.

6. Zwischenergebnis

Der Vorschlag der Empfehlung 2005/162/EG in Anhang II 1. e) ist zur Auslegung der Empfehlung des DCGK heranzuziehen, und Mitglieder des Aufsichtsrats, die selbst ein Geschäftsverhältnis in einem bestimmten Umfang mit der Gesellschaft oder einer verbundenen Gesellschaft unterhalten oder im vorausgehenden Jahr unterhalten haben, sind als grundsätzlich abhängig einzuschätzen. Bezüglich des Umfangs der geschäftlichen Verbindung sollte nach dem Volumen des Verhältnisses differenziert werden. Dabei kann auf die Regelung in den USA Bezug genommen werden und ein Geschäftsverhältnis, dessen Umfang € 1 Mio. übersteigt oder mehr als 2% des konsolidierten Bruttoerlöses der anderen Gesellschaft beträgt, zur Abhängigkeitsvermutung des Mitglieds führen. Ein entsprechendes Regelbeispiel sollte der Definition in Ziffer 5.4.2 S. 2 DCGK beigefügt werden.

---

582 Kapitel 3 § 3. d. aa.

VI. Partner oder Angestellter des derzeitigen oder früheren externen Abschlussprüfers (Empfehlung 2005/162/EG, Anhang II 1. f))

1. Inhalt und Regelungszweck

Unabhängige Aufsichtsratsmitglieder sollen nach Ziffer 1. f) in Anhang II der Empfehlung 2005/162/EG folgende Voraussetzung einhalten:

„Die betreffende Person darf kein Partner oder Angestellter des derzeitigen oder früheren externen Abschlussprüfers der Gesellschaft oder einer verbundenen Gesellschaft sein und darf diese Position auch in den letzten drei Jahren nicht innegehabt haben."

Durch eine organschaftliche Bindung an die zu prüfende Gesellschaft besteht die Gefahr, dass der Abschlussprüfer den Prüfungsauftrag nicht ordnungsgemäß wahrnimmt und nicht mehr zur Neutralität in der Lage ist. Auf Seiten des Aufsichtsrats besteht die Gefahr, dass das Mitglied versucht sein könnte, günstige vertragliche Konditionen für die eigene (Wirtschaftsprüfungs-)Gesellschaft zu erwirken. Weiterhin kann die Person sich in der Lage befinden, mit sich selbst kontrahieren und die Prüfungsschwerpunkte festlegen zu müssen.

Bezogen auf das deutsche Recht dürfte also der ehemalige Abschlussprüfer in den letzten drei Jahren nicht Abschlussprüfer gewesen sein, bevor er ein Aufsichtsratsamt als unabhängiges Mitglied annehmen kann.

2. Relevanz für das deutsche Recht

a. Aktueller Abschlussprüfer

Die Mitgliedschaft des aktuellen Abschlussprüfers im Aufsichtsrat der Gesellschaft ist in Deutschland gesetzlich verboten. Eine Auslegung von Ziffer 5.4.2 S. 2 DCGK anhand dieses Vorschlags kommt damit nicht in Betracht.

Nach § 319 Abs. 3 Nr. 2 HGB darf ein Wirtschaftsprüfer oder vereidigter Buchprüfer nicht Abschlussprüfer sein, wenn er gesetzlicher Vertreter oder Mitglied des Aufsichtsrats der zu prüfenden Gesellschaft oder eines mit ihr verbundenen Unternehmens ist. Gem. § 319 Abs. 3 S. 1 Nr. 4 HGB gilt dies auch, wenn er bei der Prüfung eine Person beschäftigt, die im Sinne dieser Vorschrift nicht Abschlussprüfer sein kann. Auf Wirtschaftsprüfungsgesellschaften ist die Vorschrift gem. § 319 Abs. 4 HGB mit der Maßgabe anzuwenden, dass eine Prüfungsgesellschaft i. S. d. §§ 27 ff. WPO nicht Abschlussprüfer sein kann, wenn sie selbst, einer ihrer gesetzlichen Vertreter, ein Gesellschafter [...] oder eine Person, die das Ergebnis der Prüfung beeinflussen kann, befangen i. S. d. § 319 Abs. 3 S. 1 Nr. 1 - 5 HGB ist. Diese Inkompatibilitätsvorschriften dienen dazu, die Unabhängigkeit und Unparteilichkeit der Abschlussprüfung sicherzustellen.[583]

Zu beachten bleibt weiterhin § 49 WPO, der bestimmt, dass ein Wirtschaftsprüfer seine Tätigkeit zu versagen hat, wenn die Besorgnis der Befangenheit bei der Durchführung eines Auftrags besteht.[584] Hier handelt es sich um eine berufsrechtliche Vorschrift, die sich allein an den Wirtschaftsprüfer richtet, also um eine reine Ordnungsnorm ohne Verbotscharakter gegenüber der Gesellschaft.[585] Eine Befangenheit ist anzunehmen, denn ein Abschlussprüfer, der gleichzeitig Aufsichtsratsmitglied der zu prüfenden Gesellschaft ist, wäre mit zuständig sowohl für die Festlegung der Prüfungsschwerpunkte als auch für den Abschluss des Vertrags mit seinem Arbeitgeber oder, wenn er Partner der Prüfungsgesellschaft ist, seiner Gesellschaft. Eine befangene Ausführung der Prüfung ist zu vermuten, da über die Aufsichtsratstätigkeit eine Bindung an die zu prüfende Gesellschaft besteht und bestimmte Pflichten gegenüber dieser geschaffen werden. Dies gilt auch für den Angestellten einer Wirtschaftsprüfungsgesellschaft, der den Prüfungsauftrag ablehnen muss, da sonst gegen § 49 WPO verstoßen würde.

Die genannten Vorschriften sind insgesamt an den Abschlussprüfer und nicht an den Aufsichtsrat adressiert. Jedoch führen diese, auf die Tätigkeit des Abschlussprüfers ausgerichteten Vorschriften dazu, dass die Wahl des Abschlussprüfers in den Aufsichtsrat der Gesellschaft verhindert und damit neben der Unabhängigkeit und Unbefangenheit des Abschlussprüfers auch die des Aufsichtsrats gewahrt wird.

b. Ehemaliger Abschlussprüfer

Die Mitgliedschaft des früheren Abschlussprüfers im Aufsichtsrat wird vom deutschen Recht nicht untersagt. Nach der Empfehlung 2005/162/EG sollen auch ehemalige Abschlussprüfer der Gesellschaft als abhängig qualifiziert werden.

Den Wechsel zwischen dem Amt als Aufsichtsrat und Abschlussprüfer betreffen § 319 Abs. 2, 3 HGB und § 49 WPO. Diese Vorschriften stehen einer Qualifikation als abhängig nicht entgegen, da Zweck der § 319 Abs. 2, 3 HGB und § 49 WPO, die das Verhältnis des Abschlussprüfers zu der Gesellschaft und ihren Organen betreffen, nicht die Sicherung der Unabhängigkeit des Aufsichtsrats, sondern der des Abschlussprüfers ist. Aus diesem Grund ist die

---

583 Ebke in: MünchKomm HGB, § 319, Rn. 12.

584 Bei der WPO handelt es sich um ein Bundesgesetz.

585 Lutter, FS Semler, S. 835 (839).

Auslegung von Ziffer 5.4.2 S. 2 DCGK anhand des Regelbeispiels 1. f) in Anhang II der Empfehlung 2005/162/EG vorzunehmen. Ein Aufsichtsratsmitglied, das Abschlussprüfer der Gesellschaft war, ist auch als abhängig anzusehen.

§ 319 Abs. 2 Nr. 2 HGB sieht für Aufsichtsratsmitglieder eine dreijährige Karenzzeit vor, bevor diese als Abschlussprüfer für die Gesellschaft tätig werden können. Eine umgekehrte Regelung für die Mitgliedschaft im Aufsichtsrat nach der Tätigkeit als Abschlussprüfer besteht nicht. Folglich können auch ehemalige Abschlussprüfer Mitglieder des Aufsichtsrats sein, ohne eine Karenzzeit einhalten zu müssen.

Es ist nicht auszuschließen, dass der ehemalige Abschlussprüfer durch seine frühere Tätigkeit in seinen Aufsichtsratsentscheidungen befangen ist. Eine mögliche Befangenheit kann aufgrund der genauen Kenntnis des Unternehmens und einem daraus resultierenden Informationsvorsprung gegenüber den anderen Aufsichtsratsmitgliedern nicht unterstellt werden. Ihm als Abschlussprüfer standen zwar nach § 320 Abs. 1 S. 2 HGB umfassende Einsichts- und Auskunftsrechte zu, die jedoch den Informationsrechten des Aufsichtsrats aus § 111 Abs. 2 S. 1 AktG entsprechen und somit keinen Informationsvorteil bewirken können. Eine mögliche Befangenheit des ehemaligen Abschlussprüfers als Aufsichtsratsmitglied ist bei der Erteilung des Prüfungsauftrags an den Abschlussprüfer sowie bei der Abstimmung der Prüfungsschwerpunkte gegeben. Vor allem bei der Festlegung der Prüfungsschwerpunkte kann dieses Aufsichtsratsmitglied versucht sein, eventuelles eigenes Fehlverhalten oder Mängel, die in der Vergangenheit aufgetreten sind, zu verbergen oder jedenfalls nicht auf ihre Offenlegung zu dringen, um Schadensersatzansprüche gegen sich oder die ihn beschäftigende oder beschäftigt habende Prüfungsgesellschaft zu vermeiden.

Der Abschlussprüfer haftet der Gesellschaft nach § 323 Abs. 1 S. 3 HGB für Vorsatz und Fahrlässigkeit. Den Schadensersatzanspruch macht als gesetzlicher Vertreter der Gesellschaft der Vorstand geltend, § 78 Abs. 1 AktG. Da der Vorstand gem. § 84 Abs. 1 S. 3 u. Abs. 3 AktG vom Aufsichtsrat berufen und abberufen wird, könnte er – aus Sorge vor persönlichen Nachteilen – bei der Geltendmachung eines Schadensersatzanspruchs gegen den ehemaligen Abschlussprüfer gehemmt sein.

Eine vergleichbare Konfliktlage besteht bei der Geltendmachung von Schadensersatzansprüchen gegenüber Aufsichtsratsmitgliedern aus §§ 116, 93 AktG. Hier hat der Gesetzgeber den Konflikt erkannt und die Hauptversammlung in § 147 Abs. 1 S. 1 AktG ermächtigt, mit einfacher Stimmenmehrheit die Geltendmachung von Schadensersatzansprüchen gegen den Vorstand oder

Aufsichtsrat zu erzwingen.[586] Dieses Verfahren ist bei der Geltendmachung von Schadensersatzansprüchen gegen den Abschlussprüfer nicht gegeben. Dies ergibt, dass sowohl die Geltendmachung von Schadensersatzansprüchen gegen den ehemaligen Abschlussprüfer als auch die Aufdeckung von Mängeln in der Prüfung selbst durch die Mitgliedschaft des ehemaligen Abschlussprüfers im Aufsichtsrat negativ beeinflusst werden können und ein Interessenkonflikt zu befürchten ist, der zur Abhängigkeit führen kann.

3. Verhältnis zu DCGK

Der DCGK trifft keine Aussage zu der Mitgliedschaft von Abschlussprüfern der Gesellschaft im Aufsichtsrat.

4. Ausfüllung von Lücken

Die Mitgliedschaft ehemaliger Abschlussprüfer im Aufsichtsrat wird vom deutschen Recht nicht missbilligt, soll aber nach der Empfehlung 2005/162/EG die Vermutung der Abhängigkeit nach sich ziehen. Somit bleibt das deutsche Recht hinter dem von der Empfehlung 2005/162/EG Geforderten zurück.

Es wird auch in diesem Fall eine fünfjährige Karenzzeit empfohlen. Es ist davon auszugehen, dass Fehlleistungen des Abschlussprüfers in den folgenden fünf Jahren erkannt und geahndet werden würden und insofern kein Interessenkonflikt mehr droht. Die Einführung der Karenzzeit steht auch nicht im Widerspruch zum DCGK, der in Ziffer 5.3.2 nunmehr empfiehlt, dass der Vorsitzende des Prüfungsausschusses über besondere Kenntnisse und Erfahrungen in der Anwendung von Rechnungslegungsgrundsätzen und internen Kontrollverfahren verfügen soll (entsprechend des Erfordernisses eines „Financial Expert" im SOX).[587] Dies wird die Chance stärken, für die Besetzung des Prüfungsausschusses andere, völlig unabhängige Wirtschaftsprüfer zu gewinnen.

Weiterhin sollte sich die Abhängigkeitsvermutung entsprechend der Empfehlung auch auf verbundene Unternehmen erstrecken.[588]

---

586 Hoffmann/Preu, Rn. 523.

587 Allerdings bleibt offen, wer als Finanzexperte in Frage kommt, und der DCGK verzichtet auf eine ähnlich umfassende Regelung wie der SOX (siehe oben).

588 Siehe oben Kapitel 3 § 4 IV.

5. Rechtspolitische Bewertung

a. Bestellungshindernis

Für den amtierenden Abschlussprüfer gilt ein gesetzliches Bestellungshindernis, das ihn von der Übernahme eines Aufsichtsratsamts in der Gesellschaft ausschließt.

Dies kann nicht für ehemalige Abschlussprüfer gelten. Es ist zwar zu vermuten, dass ein ehemaliger Abschlussprüfer in bestimmten Situationen nicht unbefangen handelt. Die Gefahr eines Überwachungsdefizits besteht, ist aber als nicht so umfassend anzusehen, dass eine interessengerechte Aufgabenwahrnehmung ausgeschlossen ist, die zu einem Bestellungshindernis führen sollte.

b. Verbesserung durch externe Rotation

Es wurde in Deutschland darauf verzichtet, eine pflichtmäßige externe Rotation des Abschlussprüfers einzuführen,[589] obgleich diese als positiv und qualitätssteigernd angesehen wird.[590] Dies wird auf eine konsequente Lobby-Arbeit

589 Der durch das Bilanzrechtsreformgesetz v. 04.12.2004 (BGBGl. I 2004, S. 3166) eingefügte § 319a HGB betrifft in Abs. 1 S. 1 Nr. 4 lediglich die interne Rotation, das heißt innerhalb der Gesellschaft darf nicht mehr als siebenmal hintereinander derselbe Berufsträger den Bestätigungsvermerk erteilen. Auf eine zwangsweise externe Rotation wurde verzichtet, weil davon ausgegangen wurde, dass dies nicht sachgerecht sei (vgl. Niehus, DB 2003, S. 1637 (1638)). Auch der DCGK sieht die externe Rotation nicht vor und eine Regelung wie in den USA wurde bisher noch nicht getroffen.

Für das Erfordernis einer zwangsweisen externen Rotation wird angeführt, dass diese die Unabhängigkeit des Abschlussprüfers stärken würde, da die Distanz zum zu prüfenden Objekt gestärkt würde. Ferner würde die Konkurrenzsituation vergrößert, was die Qualität des Berufsstands erhöhen würde und die Qualität der Abschlussprüfung selbst würde verbessert, da ein „fresh approach" an die Gesellschaft erfolge (vgl. Volhard/Weber, FS Ulmer, S. 865 (876 ff.)). Gegen eine externe Zwangsrotation wird vorgebracht, dass andere Institutionen zur Wahrung der Unabhängigkeit des Abschlussprüfers bestehen und dass die Qualität der Prüfung auch durch quality control und peer review (vom Berufsstand gefordert) gewährleistet bzw. verbessert werden könnte. Ferner sei der „fresh approach" durch die durch das KonTraG eingeführte interne Zwangsrotation bereits gewährleistet. Weiterhin wird vorgebracht, dass ein häufiger Prüferwechsel auf Grund der Einarbeitungszeit ineffektiv sei und dass das Risiko nicht aufgedeckter Falschbilanzierungen im ersten Jahr nach einem Prüferwechsel am höchsten sei (vgl. Luik, BB 1976, S. 237 (238); Herzig/Watrin, zfbf 1995, S. 775 (795); zum Gesamten: Niehus DB 2003, S. 1637 (1637 ff.)). Niehus sieht die gegen einen zwangsweisen Prüferwechsel vorgebrachten Argumente sämtlich als nicht stichhaltig an und schlägt einen so genannten „joint audit" zweier an sich unabhängiger Wirtschaftsprüfer mit unterschiedlicher Bestelldauer vor.

590 Vgl. Volhard/Weber, FS Ulmer, S. 865 (876 ff.).

der beteiligten Wirtschaftsprüfer und Warnungen vor dem zeitlichen und kostenmäßigen Mehraufwand zurückgeführt.[591] Es ist folglich kaum damit zu rechnen, dass die diesbezüglichen Regelungen in naher Zukunft reformiert werden, obgleich sogar Wirtschaftsprüfer selbst eine externe Rotation für sinnvoll zu erachten beginnen.[592] Eine zwangsweise externe Rotation könnte in Verbindung mit der fünfjährigen Karenzzeit wegen vermuteter Abhängigkeit dazu führen, dass die Mitgliedschaft von Abschlussprüfern in Aufsichtsräten grundsätzlich erschwert würde, da aufgrund des häufigeren Wechsels die Zahl der Unternehmen, in denen ein Abschlussprüfer tätig gewesen ist, steigen wird.

6. Zwischenergebnis

Während die gleichzeitige Wahrnehmung der Funktionen von Aufsichtsratsmitglied und Abschlussprüfer einer Gesellschaft in Deutschland gesetzlich ausgeschlossen ist, wird die Mitgliedschaft ehemaliger Abschlussprüfer nicht sanktioniert. Dies ist darauf zurückzuführen, dass Zweck der bestehenden Vorschriften die Wahrung der Unabhängigkeit und Unbefangenheit des Abschlussprüfers ist, der gegenüber den Anlegern und der Öffentlichkeit eine Garantiefunktion einnimmt. Die Stärkung der Unabhängigkeit des Aufsichtsrats hingegen ist nicht Zweck der einschlägigen Regelungen. Vertreter des ehemaligen Abschlussprüfers der Gesellschaft sind als abhängig im Sinne von Ziffer 5.4.2 S. 2 DCGK anzusehen. Dies ergibt eine Auslegung der Definition anhand der Empfehlung 2005/162/EG. Nach einer fünfjährigen Karenzzeit ist der ehemalige Abschlussprüfer nicht mehr als abhängig anzusehen. Es sollte ein entsprechendes Regelbeispiel in den DCGK aufgenommen werden.

VII. Vorstandsmitglied einer anderen Gesellschaft, in der ein Vorstandsmitglied der Gesellschaft Aufsichtsratsmitglied ist (Empfehlung 2005/162/EG, Anhang II 1. g))

1. Inhalt und Regelungszweck

Nach Ziffer 1. g) in Anhang II der Empfehlung 205/162/EG gilt für eine Qualifikation als unabhängig:

„Die betreffende Person darf kein geschäftsführender Direktor bzw. Vorstandsmitglied in einer anderen Gesellschaft sein, in der ein geschäftsführender Direktor bzw. Vorstandsmitglied der Gesellschaft ein nicht geschäftsführender Direktor bzw. Aufsichtsratsmitglied ist; sie darf keine anderen bedeutsamen Verbindungen zu geschäftsführenden Direktoren der Gesellschaft

591 Vgl. Volhard/Weber, FS Ulmer, S. 865 (878).

592 FAZ, 29.04.2002, S. 25.

durch die Beteiligung in anderen Gesellschaften oder Organisationen unterhalten."

Dieses Beispiel der Empfehlung 205/162/EG vermutet im ersten Teil eine Abhängigkeit eines Aufsichtsratsmitglieds bei der so genannten „Überkreuzverflechtung" durch die wechselseitige Aufsichtsratsmitgliedschaft von Vorständen zweier Gesellschaften; nach deutschem Recht ist gem. § 100 Abs. 2 Nr. 3 AktG eine solche Aufsichtsratsbeziehung gesetzlich verboten und stellt ein Bestellungshindernis dar.[593]

Die Empfehlung 2005/162/EG geht im zweiten Teil über die deutsche Regelung insoweit hinaus, als dass eine Abhängigkeit des Aufsichtsratsmitglieds gesehen wird, wenn es über eine dritte Gesellschaft oder Organisation eine bedeutsame Verbindung zu einem Vorstandsmitglied der Gesellschaft unterhält. Denkbar wäre, dass das Aufsichtsratmitglied gleichzeitig die Leitung eines Interessenverbands wahrnimmt, in dessen Organisation ein Vorstandsmitglied der Gesellschaft aktiv eingebunden ist.

Die Beziehung könnte dann bedeutsam sein, wenn analog zu Ziffer 1. e) in Anhang II Empfehlung 2005/162/EG das Aufsichtsratsmitglied in seiner Dritt-Funktion nicht im Unternehmensinteresse der Gesellschaft handelt. Es müsste sich aber in jedem Fall um eine rechtlich fassbare Art der Verbindung bzw. Beteiligung handeln.

Werden die beiden Teile der Regel zusammen betrachtet, scheint der zweite Teil eine Absicherung der im ersten Teil gegebenen Definition von Abhängigkeit bei direkter wechselseitiger Aufsichtsratsmitgliedschaft zu sein: Es soll nicht möglich sein, dass zur Vermeidung einer offensichtlichen Abhängigkeit über eine dritte Gesellschaft oder Organisation Beziehungen aufgebaut werden, die zu einer Abhängigkeit zwischen Aufsichtsratsmitglied und Vorstand führen können.

2. Relevanz für das deutsche Recht

Wegen des Verbots von Überkreuzverflechtungen gem. § 100 Abs. 2 S. 1 Nr. 3 AktG ist die Mitgliedschaft von Vorstandsmitgliedern einer anderen Gesellschaft, in der ein Vorstandsmitglied der Gesellschaft Aufsichtsratsmitglied ist, ausgeschlossen.

Bezüglich anderer Verbindungen zu anderen Gesellschaften oder Organisationen trifft das Aktiengesetz keine Aussage. Wegen der Unbestimmtheit dieses

---

593 Siehe Kapitel 2 § 1 II. 3.

Regelbeispiels der Empfehlung 2005/162/EG können hier auch keine weiteren Parallelen ermittelt werden.

3. *Verhältnis zu DCGK*

Der DCGK trifft keine Aussage zur Mitgliedschaft von Vorstandsmitgliedern anderer Gesellschaften im Aufsichtsrat, in deren anderer Gesellschaft ein Vorstandsmitglied Aufsichtsrat ist.

4. *Zwischenergebnis*

Soweit sie nicht bereits durch § 100 Abs. 2 S. 1 Nr. 3 AktG gesetzlich zwingend vorgegeben ist, scheint die Empfehlung 2005/162/EG ist mit diesem Regelbeispiel wenig aussagekräftig und zu unbestimmt, um eine erhöhte Gefahr eines Überwachungsdefizits aufgrund derartiger Verbindungen annehmen zu können. Der Vorschlag sollte deshalb nicht zur Auslegung der Unabhängigkeit nach Ziffer 5.4.2. S. 2 DCGK herangezogen werden.

VIII. Dauer der Mitgliedschaft übersteigt drei Amtszeiten (Empfehlung 2005/162/EG, Anhang II 1. h))

1. *Inhalt und Regelungszweck*

Ein weiterer, die Vermutung der Abhängigkeit auslösender Tatbestand soll sich aus der Dauer der Mitgliedschaft eines Aufsichtsratsmitglieds ergeben. Die Empfehlung 2005/62/EG, Anlage II sieht unter Ziffer 1. h) vor:

„Die betreffende Person darf nicht länger als drei Amtszeiten als nicht geschäftsführender Direktor bzw. Aufsichtsratsmitglied tätig gewesen sein (bzw. nicht länger als 12 Jahre, wenn das einzelstaatliche Recht Amtszeiten von sehr kurzer Dauer vorsieht)."

Mit diesem Regelbeispiel soll potentiellen Interessenkonflikten vorgebeugt werden, die sich aus einer, mit der Dauer der Zugehörigkeit zu dem Aufsichtsrat gewachsenen Abhängigkeit ergeben können. Drei Amtszeiten oder 12 Jahre sind als Schwellenwerte zu verstehen, nach deren Überschreiten die Abhängigkeit eines Aufsichtsratsmitglieds als gegeben angesehen wird. Im Vergleich zu den anderen Regelbeispielen der Empfehlung 2005/62/EG, Anlage II entsteht die Abhängigkeit zwangsläufig, ohne dass das betroffene Aufsichtsratsmitglied in ein Rechtsverhältnis oder eine Beziehung eingetreten ist, die in den übrigen Regelbeispielen Voraussetzung für die Annahme von Abhängigkeit sind.

So kann der Zweck dieses Regelbeispiels nur sein, einem Nachlassen der Überwachungsleistung vorzubeugen. Es wird vermutet, dass bei einer längeren Zugehörigkeit zum Aufsichtsrat keine Unabhängigkeit mehr zu dem zu überwachenden Vorstand und den anderen am Unternehmen beteiligten Stakeholdern besteht. Möglicherweise sollen mit diesem Regelbeispiel die negativen Folgen eines Nachlassens der Überwachungstätigkeit im Laufe der Zeit durch abnehmende persönliche Leistungsfähigkeit des Aufsichtsratsmitglieds gemildert werden.

2. *Relevanz für das deutsche Recht*

In Deutschland beträgt die Höchstdauer einer einzelnen Amtszeit für Mitglieder des Aufsichtsrats fünf Jahre. Dies ergibt sich aus § 102 AktG, der bestimmt, dass Aufsichtsratsmitglieder nicht für längere Zeit als bis zur Beendigung der Hauptversammlung bestellt werden können, die über die Entlastung für das vierte Geschäftsjahr nach dem Beginn der Amtszeit beschließt.

Eine Beschränkung der Wiederwählbarkeit besteht nicht, eine Wiederwahl kann jedoch erst in der Hauptversammlung erfolgen, mit der die Amtszeit des Aufsichtsratsmitglieds endet.[594] Soweit ersichtlich bestehen in der aktienrechtlichen Literatur gegen eine mehrfache Wiederwahl eines Aufsichtsratsmitglieds keine Bedenken. Eine Begrenzung der Höchstdauer des Aufsichtsratsmandats wird in der aktienrechtlichen Literatur nicht thematisiert.

3. *Verhältnis zu DCGK*

Der DCGK gibt zur Amtsdauer des einzelnen Aufsichtsratsmitglieds weder eine Empfehlung noch eine Anregung. Ziffer 5.4.1 S. 2 DCGK enthält die Empfehlung, dass bei der Vorbereitung des Wahlvorschlags für die Hauptversammlung die internationale Tätigkeit des Unternehmens, potentielle Interessenkonflikte und eine festzulegende Altersgrenze für Aufsichtsratsmitglieder berücksichtigt werden sollen. Die Festlegung einer Altersgrenze hat den Zweck eine mögliche altersbedingte nachlassende Leistungsfähigkeit auszuschließen. Die Unabhängigkeit des Gremiums ist nicht betroffen.

4. *Ausfüllung von Lücken*

Dieser Vorschlag der Empfehlung 2005/162/EG muss zur Auslegung der Definition der Unabhängigkeit von Aufsichtsratsmitgliedern herangezogen werden, obgleich nicht ersichtlich ist, dass allein die Dauer der Mitgliedschaft im Aufsichtsrat potentielle Interessenkonflikte bedingt.

Eine dem Tatbestand immanente strukturelle verstärkte Bindung an den Vorstand ist nicht gegeben. Es bleibt unberücksichtigt, dass auch die Besetzung eines Vorstands wechselt und der Aufsichtsrat durch seine Pflicht zur Bestellung und gegebenenfalls Wiederbestellung des Vorstands gem. § 84

---

594 Semler in: MünchKomm AktG, § 102, Rn. 34; Mertens in: Kölner Kommentar AktG, § 102, Rn. 17.

Abs. 1 AktG dessen Zusammensetzung bestimmt. Zwar verstärken sich die Bindungen an die Gesellschaft im Laufe der Jahre und die Identifikation mit dem Unternehmen wächst, was zu einer besonders verantwortungsvollen Überwachungstätigkeit führen kann. Wenn der Vorstand während mehrerer Amtszeiten des Aufsichtsratsmitglieds nicht wechselt, kann sich durch jahrelange Zusammenarbeit ein besonderes Vertrauensverhältnis entwickeln und das für die Wahrnehmung der Kontrollfunktion notwendige Misstrauen zurücktreten. Dieser mögliche Interessenkonflikt ist den mit fünf Jahren langen einzelnen Amtszeiten immanent, und bedarf keiner zusätzlichen Regelung.

Auch ist nicht anzunehmen, dass mit längerer Amtszeit des Aufsichtsratsmitglieds die Gefahr der Routine und des Verlusts kritischer Distanz eintreten, was den Effekt haben könnte, dass Mängel in der Geschäftsführung nicht mehr auf die gleiche Weise bemerkt würden. Diese mögliche Wechselwirkung war der wesentliche Anlass für die Überlegungen zur externen Rotation von Abschlussprüfern zur Sicherstellung ihrer Unabhängigkeit, die in Deutschland jedoch nicht eingeführt wurde.[595] Als Gründe für die Notwendigkeit der Einführung der externen Rotation wurden genannt: Ein Abschlussprüfer, dessen Wiederwahl ausgeschlossen ist, prüfe die Abschlüsse der Gesellschaft unnachsichtiger,[596] eine mehrfache Wiederbestellung des Abschlussprüfers verhindere dessen finanzielle Abhängigkeit von dem zu prüfenden Unternehmen, die jahrelange Zusammenarbeit mit dem Vorstand berge zudem die Gefahr der Identifikation mit dem Überwachungsobjekt in sich und es könne auch nach mehreren Jahren eine Art von „Betriebsblindheit" einsetzen.[597] Die Forderungen nach unnachsichtiger Prüfung und Vermeidung einer Identifikation sind spezifisch für Abschlussprüfer zu sehen, die die wesentliche Funktion bei der Kontrolle der Unternehmensabschlüsse ausüben, sie sind jedoch nicht zur Beurteilung der Abhängigkeit von Aufsichtsratsmitgliedern geeignet. Eine finanzielle Abhängigkeit tritt durch die Ausgestaltung des Aufsichtsratsamts als Nebenamt auch bei langer Mitgliedschaft im Aufsichtsrat einer Gesellschaft nicht ein. Die Frage einer möglichen „Betriebsblindheit" stellt sich vor allem bei einer spezialisierten Tätigkeit, die bei der Überwachungstätigkeit eines Aufsichtsratsmitglieds nicht gegeben ist. Soweit „Betriebsblindheit" mit nachlassender Überwachungsintensität gleichgesetzt wird, scheint es allerdings willkürlich, zu vermuten, diese würde gerade nach zwölf Jahren so weit abgenommen haben, dass potentielle Interessenkonflikte nicht auszuschließen sind.

---

595 Siehe oben, § 319a HGB.

596 Vgl. Niehus, DB 2003, S. 1637 (1639).

597 Siehe Volhard/Weber, FS Ulmer, S. 865 (876 ff.).

Auch die Gefahr, dass vom Aufsichtsrat einmal geprüfte Vorgänge kein zweites Mal einer eingehenden Untersuchung unterzogen werden, da auf die eigene Erstprüfung vertraut wird, wächst nicht mit längerer Amtsdauer. Dies wird bei einer kürzeren Mandatsdauer wahrscheinlicher werden, da während eines längeren Zeitraums der Zwang, einen Sachverhalt ein zweites Mal zu überprüfen, eher wächst als abnimmt.

5. Rechtspolitische Bewertung

Die Amtsdauer ist kein Umstand, der eine den übrigen Sachverhalten vergleichbare Konfliktlage hervorruft. Hierfür spricht auch, dass andere Rechtsordnungen die Dauer der Amtszeit nicht als abhängigkeitsauslösenden Tatbestand ansehen. So enthalten die NYSE Corporate Governance Rules keine Abhängigkeitsvermutung aufgrund der Dauer der Amtsführung. Da das Aufsichtsratsamt als Nebenamt ausgestaltet ist, wird das Aufsichtsratsmitglied auf die Vergütung nicht angewiesen sein, so dass keine finanziellen Abhängigkeiten bestehen. Eine Begrenzung des Unabhängigkeitsstatus von Aufsichtsratsmitgliedern würde grundsätzlich die Fluktuation im Aufsichtsrat erhöhen.[598]

6. Zwischenergebnis

Auf Grund mangelnder anderweitiger Interessenbindung scheint eine Qualifikation eines Aufsichtsratsmitglieds als abhängig allein aus diesem Grund zu weitgehend und restriktiv. Allerdings sprechen auch keine spezifischen Besonderheiten des nationalen Rechts gegen eine Heranziehung dieses Regelbeispiels Aus diesem Grund muss der Vorschlag der Empfehlung zur Auslegung von Ziffer 5.4.2 S. 2 DCGK herangezogen werden, da die Europäische Kommission diesen Tatbestand als abhängigkeitsauslösendes Moment ansieht.

IX. Enge Familienangehörige eines Vorstandsmitglieds oder anderer als abhängig zu qualifizierender Personen (Empfehlung 2005/162/EG, Anhang II 1. i))

1. Inhalt und Regelungszweck

Die Empfehlung 2005/162/EG, Anhang II 1. i) bestimmt:

„Die betreffende Person darf kein enger Familienangehöriger eines geschäftsführenden Direktors bzw. Vorstandsmitglieds oder von Personen sein, die sich in einer der unter Buchstaben a) bis h) beschriebenen Positionen befinden."

Diese Empfehlung besagt, dass keine engen familiären Beziehungen des Aufsichtsratsmitglieds zu einem Vorstandsmitglied der Gesellschaft oder zu ande-

598 Studien zur Fluktuation in Aufsichtsräten sind nicht bekannt, so dass über das Ausmaß möglicher Fluktuation keine Aussage getroffen werden kann.

ren, nach den Regelbeispielen a) bis h) als unabhängig qualifizierten Aufsichtsratsmitgliedern bestehen darf, um selbst als unabhängig qualifiziert werden zu können. Es wird keine Aussage darüber gemacht, welcher Personenkreis zu den „engen familiären Beziehungen" zu rechnen ist.

2. *Relevanz für das deutsche Recht*

a. Regelungen des Aktiengesetzes - Vergleich mit der ZPO

Das Aktiengesetz trifft keine Regelung zur Aufsichtsratsmitgliedschaft Familienangehöriger von Vorstandsmitgliedern oder anderer, in persönlicher Abhängigkeit zu Aufsichtsratsmitgliedern stehender Personen.[599] Die Übernahme eines Aufsichtsratsamts durch den Verwandten eines Vorstandsmitglieds wird als zulässig angesehen.[600]

Jedoch findet sich eine Abhängigkeitsvermutung bei familiären Beziehungen an anderer Stelle, was zeigt, dass eine entsprechende Regelung dem deutschen Recht nicht fremd ist. Verwiesen sei hier auf die Befangenheitsregelungen für Richter, nach denen unwiderleglich das Bestehen eines Interessenkonflikts vermutet und die notwendige Unabhängigkeit des Richters verneint wird. So ist gem. § 41 ZPO der Richter von der Ausübung des Richteramts in Sachen seines Ehegatten ausgeschlossen, auch wenn die Ehe nicht mehr besteht (Nr. 2), in Sachen seines Lebenspartners, auch wenn die Lebenspartnerschaft nicht mehr besteht (Nr. 3), in Sachen einer Person, mit der er in gerader Linie verwandt oder verschwägert, in der Seitenlinie bis zum dritten Grad verwandt oder bis zum zweiten Grad verschwägert ist oder war (Nr. 4). Zweck der Vorschriften ist, die Neutralität und Unparteilichkeit des Gerichts, also im weiteren Sinne dessen Unabhängigkeit, zu wahren. Bemerkenswert ist, dass diese Abhängigkeitsvermutung zeitlich unbeschränkt besteht. Es existiert keine Karenzzeit, nach deren Ablauf der Richter nicht mehr als befangen in Bezug auf einen ehemaligen Ehe- oder Lebenspartner gilt.

---

599 Die Mitgliedschaft von Angehörigen einer bestimmten Familie im Aufsichtsrat wird im Rahmen des § 100 Abs. 4 AktG diskutiert (siehe Lutter/Krieger, Rn. 24; Semler in: MünchKomm AktG, § 100, Rn. 65). Bezüglich der Verwandtschaft siehe den folgenden Abschnitt.

600 Vgl. Hoffmann-Becking in: Münchener Hdb. GesR Bd. 4, § 30, Rn. 2.

b. Exkurs: Familienunternehmen[601]

Die Besetzung des Aufsichtsrats mit Verwandten des Vorstands ist am ehesten in Familienunternehmen gegeben, wenn sowohl Kontrolle als auch Geschäftsführung von den Eigentümern ausgeübt werden. Hier handelt es sich um eine bewusst verfolgte Besetzungspraxis, um die Unternehmensleitung nicht in familienfremde Hände zu geben.

Familiär geprägte Unternehmen, die nicht Familiengesellschaften im Sinne des § 1 Abs. 1 DrittelBG sind, können zwar gezwungen sein, einen mitbestimmten Aufsichtsrat zu bilden, doch werden sie selten börsennotiert sein, so dass sie nicht der Erklärungspflicht nach § 161 AktG unterliegen und nicht gezwungen sind, den DCGK zu befolgen. Nach § 100 Abs. 4 AktG besteht die Möglichkeit, in der Satzung für die Mitgliedschaft im Aufsichtsrat andere persönliche Voraussetzungen aufzustellen, wie z. B. die Zugehörigkeit zu einer bestimmten Familie. Eine derartige Regelung kann jedoch dazu führen, dass sich die Anteilseigner die Möglichkeit nehmen, externen Sachverstand an die Gesellschaft zu binden.[602] Die Qualifikation eines Familienmitglieds im Aufsichtsrat als abhängig widerspricht aber den Bedürfnissen dieser Unternehmen insoweit nicht, als in diesem Fall die Abweichung von der Empfehlung zur Besetzung mit unabhängigen Mitgliedern erklärt wird und auch eine uneingeschränkte Besetzung des Aufsichtsrats mit abhängigen Aufsichtsräten zulässig ist.

Es gibt für Familienunternehmen einen speziell auf ihre Bedürfnisse zugeschnittenen Kodex, den „Governance Kodex für Familienunternehmen", der von einem auf die Beratung dieser Gesellschaften spezialisierten Institut gemeinsam mit Unternehmern entwickelt wurde.[603] Dieser entbindet börsennotierte Familienunternehmen nicht von einer Erklärung im Sinne des § 161 AktG. Der Governance Kodex für Familienunternehmen kann aber Auskunft darüber geben, welche abweichenden Bedürfnisse in entsprechenden Unternehmen bestehen.

---

601 Gesellschaften sind Familiengesellschaften, wenn sie nur einen Aktionär haben, der eine natürliche Person ist oder alle Aktionäre im Sinne von § 15 Ab. 1 Nr. 2 bis 8 Abs. 2 AO miteinander verwandt oder verschwägert sind (§ 1 Abs. 1 Nr. 1 DrittelBG). Folge dieser Einordnung ist, dass diese Gesellschaften, wenn sie bereits vor dem 10.08.1994 gegründet wurden und weniger als 500 Arbeitnehmer haben, keinen mitbestimmten Aufsichtsrat besitzen müssen. Folgend sollen jedoch auch Gesellschaften behandelt werden, die nicht unter diese Definition fallen, aber dennoch familiär geprägt sind.

602 Wälzholz, DStR 2004, S. 779 (822).

603 www.kodex-fuer-familienunternehmen.de.

Abweichend von den Regelungen des DCGK wird in diesem Kodex auf die Bedürfnisse von Familienunternehmen Rücksicht genommen, was sich unter anderem darin widerspiegelt, dass die wesentlich engere Verknüpfung von Eigentum und Führung betont wird und die Regelungen, die ein mögliches Kontrollorgan (in Form eines Aufsichtsrats oder Beirats) betreffen, weniger Platz einnehmen als im DCGK. Der Governance Kodex für Familienunternehmen rät bei mehreren Eigentümern zur Einrichtung eines freiwilligen Kontrollorgans (Ziffer 4.1). Weiterhin wird angeraten, auch familienfremde Personen in das Kontrollorgan aufzunehmen, eine Altersgrenze festzulegen sowie die fachliche Qualifikation der Mitglieder sicherzustellen. Es wird die Vermeidung von Interessenkonflikten in der Besetzung, insbesondere in Bezug auf die Aufnahme von Geschäftspartnern in das Gremium, angeraten.[604] Bezogen auf die Tätigkeit des Kontrollorgans wird die Notwendigkeit der vertrauensvollen Zusammenarbeit mit der Geschäftsführung des Unternehmens hervorgehoben.[605]

3. Verhältnis zu DCGK

Im DCGK findet sich keine Empfehlung oder Anregung, die die Mitgliedschaft von Familienmitgliedern im Aufsichtsrat betrifft.

4. Ausfüllung von Lücken

Auf Grund möglicher Loyalitätskonflikte ist die Vermutung von Abhängigkeit gegeben und der Vorschlag der Empfehlung 2005/162/EG, Anhang II 1. i) sollte zur Auslegung von Ziffer 5.4.2 S. 2 DCGK herangezogen werden. Darüber hinaus sollte ein explizites Regelbeispiel in den DCGK aufgenommen werden.

In Bezug auf die Festlegung des Grads der Verwandtschaft, der zur Vermutung der Unabhängigkeit des Aufsichtsratsmitglieds führt, soll grundsätzlich den Regelungen der ZPO gefolgt werden. § 41 ZPO ist weitgehend, denn die Vorschrift umfasst nicht nur Eheleute, eingetragene Lebenspartnerschaften, Kinder und Enkel, sondern Geschwister, Neffen sowie die Geschwister und Eltern des Ehegatten. Nicht gefolgt werden sollte der Befangenheitsvermutung des § 41 ZPO in Bezug auf einen Ehegatten, die auch noch nach der Beendigung einer Ehe andauert. Der Richter unterliegt als Organ der Rechtspflege einem strengen, im Grundgesetz verankerten Unabhängigkeitspostulat.[606] Eine ähnliche Bindung besteht in Bezug auf den kein öffentliches Amt aus-

---

604 Vgl. Ziffer 4.2 Governance Kodex für Familienunternehmen.

605 Ziffer 4.4.1 Governance Kodex für Familienunternehmen.

606 Art. 20 Abs. 3, 97 Abs. 1, 101 Abs. 1 S. 2 GG.

übenden Aufsichtsrat nicht. Insoweit ist ein Verzicht auf die Fortdauer der Abhängigkeitsvermutung zulässig.

Eine vergleichbare Regelung enthält der NYSE Corporate Governance Rules General Commentary to Sec. 303 A.02 (b); danach gelten als unmittelbare Familienmitglieder:[607] Eheleute, Eltern, Kinder, Geschwister, Schwiegereltern, Schwiegerkinder und Schwäger sowie jede andere Person, die im gleichen Haushalt lebt (abgesehen von Hausangestellten); eine Befangenheitsvermutung, die nach der Beendigung der Ehe andauert, gibt es nicht.

Trifft die Eigenschaft als Familienmitglied zusammen mit derjenigen als Vertreter eines Eigners einer Kontrollbeteiligung im Sinne von Empfehlung 2005/162/EG, Anhang II 1. d), so ist die Person nicht als abhängig anzusehen. Die Pflichten, die sich aus der Stellung als Anteilseigner einer Kontrollbeteiligung ergeben und die Risiken, die den Privataktionär treffen, rechtfertigen den Verzicht auf die Qualifikation als abhängig. Die rechtlichen Bindungen, denen insbesondere die herrschende Gesellschaft im Konzern unterliegt und die die Einschätzung als unabhängig bedingen, wiegen schwerer als die familiären Bindungen.

5. *Rechtspolitische Bewertung*

Ein Verbot der Mitgliedschaft im Aufsichtsrat von Verwandten von Mitgliedern des Vorstands oder anderer als abhängig zu qualifizierender Mitglieder des Aufsichtsrats ist nicht notwendig. Zwei Konstellationen sind denkbar: Zum einen könnte ein Familienmitglied eines bereits gewählten Aufsichtsratsmitglieds in den Vorstand berufen werden, zum anderen könnte ein Verwandter eines Vorstandsmitglieds in den Aufsichtsrat gewählt werden. Es sind weder Argumente zugunsten einer generellen Privilegierung eines Amts noch für eine Differenzierung danach, welche Person zuerst die Organstellung innehatte, ersichtlich. Auch ist nicht zwingend anzunehmen, dass die verwandtschaftliche Beziehung stets ein tatsächliches umfassendes, die Mitgliedschaft ausschließendes Überwachungsdefizit verursacht. Das Aufsichtsratsmitglied ist, im Gegensatz zum Richter, kein Organ der Rechtspflege, dessen Unabhängigkeit grundgesetzlich verbürgt ist.[608] So besteht zwar ein Loyalitätskonflikt, aber keine Interessenlage, die eine ordnungsgemäße Wahrnehmung der Amtspflichten als ausgeschlossen erscheinen lässt.

---

607 Alle Regelbeispiele der NYSE Corporate Governance Rules umfassen auch unmittelbare Familienmitglieder.

608 Art. 97 Abs. 1 GG.

Bei einzelnen Abstimmungen, die den Vorstand direkt und insbesondere das eigene Familienmitglied betreffen, wäre ein Stimmverbot des Aufsichtsratsmitglieds in diesem speziellen Fall gerechtfertigt, um von vornherein auszuschließen, dass ein Interessenkonflikt zum Tragen kommt. Es kann nicht vermutet werden, dass die Bindung an das Unternehmensinteresse stärker ist als die verwandtschaftliche Beziehung. In Bezug auf Verwandtschaftsverhältnisse zu anderen als abhängig zu qualifizierenden Personen[609] ist die Annahme eines, ein Bestellungshindernis begründenden Interessenkonflikts nicht ersichtlich. Es bestehen zwar offen zu legende Bindungen, jedoch besitzen andere Personen keine dem Vorstand der Gesellschaft vergleichbaren Einflussmöglichkeiten. Etwas anderes würde sich ergeben, wenn ein Verwandter eines Aufsichtsratsmitglieds Partei eines zustimmungsbedürftigen Rechtsgeschäfts nach § 111 Abs. 4 S. 2 AktG ist. In diesem Fall liegt die Annahme eines, ein Stimmverbot bedingenden Interessenkonflikts wiederum nahe.

6. Zwischenergebnis

Eine familiäre Verbindung zwischen Vorstands- und Aufsichtsratsmitgliedern schafft Abhängigkeiten, die zu einem Defizit in der Überwachung der Geschäftsführung führen können. Mithin ist ein Mitglied des Aufsichtsrats, das mit einem Vorstandsmitglied oder einer anderen als abhängig zu qualifizierenden Person verwandt ist, als abhängig zu qualifizieren. Es scheint sinnvoll, hinsichtlich des Grads der Verwandtschaft, die eine Abhängigkeit begründen soll, auf die Vorschrift zum Ausschluss vom Richteramt (§ 41 f. ZPO) zurück zu greifen. Die Regelung bezüglich der Fortwirkung der Verwandtschaftsverhältnisse sollte nicht übernommen werden.

X. Zusatz: Organmitglieder von Wettbewerbern (Ziffer 5.4.2. S. 4 DCGK)

1. Inhalt und Regelungszweck von Ziffer 5.4.2 S. 4 DCGK

Zwar nicht in der Empfehlung 2005/162/EG genannt, aber in der Literatur diskutiert[610] und im DCGK berücksichtigt, ist die Beteiligung von Organmitgliedern von Wettbewerbern im Aufsichtsrat. Die Besetzung von Aufsichtsratsposten mit Vertretern von Wettbewerbern ist in Deutschland nicht ausgeschlossen und wird auch praktiziert.

Der DCGK empfiehlt in Ziffer 5.4.2. S. 4:

„Aufsichtsratsmitglieder sollen keine Organfunktion oder Beratungsaufgaben bei wesentlichen Wettbewerbern des Unternehmens ausüben."

---

609 Personen, die einen der Tatbestände des Anhang II der Empfehlung 2005/162/EG erfüllen.

610 Vgl. z. B.: Hopt/Roth in: Großkommentar AktG, § 100, Rn. 73 ff. m. w. N.

Die Wahrnehmung einer Organ- oder Beratungsfunktion bei einem wesentlichen Wettbewerber wird damit als ein die Überwachungsfunktion beeinträchtigender Tatbestand gesehen. Es muss im Rahmen der Entsprechenserklärung nach § 161 AktG offen gelegt werden, wenn bei einer börsennotierten Gesellschaft ein Organmitglied eines wesentlichen Wettbewerbers Mitglied des Aufsichtsrats ist.

Anhaltspunkte, wann ein Wettbewerber als wesentlich angesehen werden muss, gibt der DCGK nicht. Diese können sich sowohl aus der Größe des anderen Unternehmens oder seinem Marktanteil ergeben oder aber auch daraus, ob die beiden Unternehmen im Kerngeschäftsfeld der Gesellschaft konkurrieren.

Es ist davon auszugehen, dass das Organmitglied eines Konkurrenten jedenfalls auch als abhängig im Sinne von Ziffer 5.4.2 S. 2 DCGk qualifiziert werden muss, da die Person zweifelsohne in einer „geschäftlichen oder persönlichen Beziehung zu der Gesellschaft oder deren Vorstand steht, die einen Interessenkonflikt begründet." Diese Qualifikation ist unabhängig davon gegeben, ob es sich um einen wesentlichen oder nicht wesentlichen Konkurrenten der Gesellschaft handelt, da bei jeder Art von Konkurrenzverhältnis eine anderweitige Interessenbindung angenommen werden muss.

2. Gesetzliche Regelung

Das Aktiengesetz trifft keine Regelung zur Mitgliedschaft im Aufsichtsrat von Personen, die bei einem Wettbewerber eine Organfunktion ausüben. Über die Qualifikation des Aufsichtsratsmitglieds als abhängig hinaus könnte der Mitgliedschaft von Organmitgliedern von Konkurrenten im Aufsichtsrat die Qualität eines Bestellungshindernisses zukommen.

Die Mitgliedschaft von Personen, die mit Wettbewerbern der Gesellschaft verbunden sind, tritt in verschiedenen Konstellationen auf. Zunächst kann eine Person, die Vorstandsmitglied eines Wettbewerbers ist, gleichzeitig zum Aufsichtsrat der Gesellschaft bestellt sein. Zum anderen kann eine Person gleichzeitig Aufsichtsratsmitglied der Gesellschaft und eines Wettbewerbers sein.[611] Diese Besetzungen müssen grundsätzlich Konflikte entstehen lassen, da miteinander direkt im Wettbewerb stehende Unternehmen gegenläufigen Interessen unterworfen sind. Insbesondere können sich Probleme der Verschwiegenheitspflicht in Bezug auf die Unternehmensplanung und -strategie sowie die

611 Im Ergebnis soll es ohne Belang sein, ob die Person bei dem Wettbewerber Vorstands- oder Aufsichtsratsmitglied ist (vgl. Reichert/Schlitt, AG 1995, S. 241 (244)).

Einführung neuer Produkte etc. ergeben.[612] Es wird angeführt, die Anwesenheit des Vertreters eines Wettbewerbers „lähme" die Erörterung zentraler Fragen der Unternehmensplanung.[613]

In der rechtswissenschaftlichen Literatur ist umstritten, ob die Organstellung bei einem Konkurrenten nicht zu solch einem erheblichen Interessenkonflikt führt, dass eine Befolgung des Unternehmensinteresses durch das betroffene Mitglied des Aufsichtsrats ausgeschlossen scheint und diese Eigenschaft ein Bestellungshindernis darstellt.[614] Nach den Befürwortern soll dies jedenfalls dann der Fall sein, wenn sich die Unternehmensgegenstände in einem Kernbereich überschneiden.[615] Andere lehnen die Annahme eines Bestellungshindernisses mit der Begründung ab, dass dies gerade nicht gesetzlich vorgesehen sei und materiellen Konflikten mit Maßnahmen wie Stimmverboten begegnet werden könne.[616] Das Vorliegen eines Interessenkonflikts wird jedoch auch von den Gegnern eines Bestellungshindernisses bejaht.[617] Es wird aber davon ausgegangen, dass der Gesetzgeber, hätte er die Eigenschaft als Organmitglied eines Konkurrenten als untragbar angesehen, diese als gesetzliches Bestellungshindernis verankert hätte.[618] Bisher ist die Notwendigkeit einer Verankerung als Bestellungshindernis nicht anerkannt, und Vertreter von Wettbewerbern können in der Praxis als Aufsichtsratsmitglied fungieren.[619]

3. *Ausfüllung von Lücken – rechtspolitische Bewertung*

Trifft man einen Vergleich mit den gesetzlich normierten Bestellungshindernissen des § 100 AktG, so scheinen die Interessenkonflikte und negativen Auswirkungen der Aufsichtsratsmitgliedschaft von Organmitgliedern von Wettbewerbern mindestens in gleichem Maße schädlich. Auch das Erfordernis

---

612 Vgl. Reichert/Schlitt, AG 1995, S. 241 (244).

613 Vgl. Reichert/Schlitt, AG 1995, S. 241 (244).

614 Dafür Lutter/Kirschbaum, ZIP 2005, S. 103 (104); Reichert/Schlitt, AG 1995, S. 241 (247).

615 Vgl. Lutter/Kirschbaum, ZIP 2005, S. 103 (104).

616 Siehe zu der Diskussion um die Behandlung dauerhafter Interessenkonflikte Kapitel 2 § 1 IV. 1.

617 Vgl. Semler/Stengel, NZG 2003, S. 1 (4).

618 Vgl. oben Kapitel 2 § 1 II.

619 Vgl. OLG Schleswig v. 26.04.2004 – 2 W 46/04, ZIP 2004, S. 1143 ff.. Für Diskussion sorgte die Mitgliedschaft Ferdinand Piechs im Aufsichtsrat der VW AG sowie der Porsche AG (FAZ, 21.04.2006, S. 14).

einer Interessenpluralität innerhalb des Aufsichtsrats kann die offensichtlichen negativen Auswirkungen dieser Interessenträger nicht rechtfertigen.[620]

Aus diesem Grund ist davon auszugehen, dass die Ausübung einer Organfunktion bei einem Wettbewerber keine unabhängige Wahrnehmung der einem Aufsichtsrat obliegenden Aufgaben zulässt und dass eine solche Person, die ein Aufsichtsratsmandat dennoch annimmt, pflichtwidrig im Sinne der §§ 116, 93 AktG handelt und der restliche Aufsichtsrat gehalten ist, einen Antrag auf Abberufung zu stellen. Es ist zu befürworten, der Mitgliedschaft von Organmitgliedern von Wettbewerbern die Qualität eines normierten Bestellungshindernisses zukommen zu lassen und nicht darauf zu vertrauen, dass die notwendigen Schritte von den beteiligten Personen ergriffen werden. Eine Qualifikation als abhängig im Sinne des DCGK ist in diesem Fall als nicht weitreichend genug anzusehen, da eine dauerhafte und ausschließlich schädliche Interessenbindung vermutet werden kann.

4. Zwischenergebnis

Organmitglieder von Wettbewerbern sind in jedem Fall als abhängig anzusehen. Jedoch ist festzustellen, dass bereits die Annahme der Wahl pflichtwidrig ist und ein Antrag auf Abberufung zu stellen ist, da eine pflichtgemäße Amtsführung aufgrund der unterschiedlichen Interessenlage ausgeschlossen ist. Deshalb sollte dieser Eigenschaft auch gesetzlich die Qualität eines Bestellungshindernisses zukommen.

§ 5 Ergebnis: Erweiterte Definition der Unabhängigkeit

I. Auslegung anhand der Empfehlung 2005/162/EG

Das Unabhängigkeitserfordernis nach Ziffer 5.4.2 S. 2 DCGK ist anhand der Empfehlung 2005/162/EG auszulegen. Insbesondere sind die in Anhang II der Empfehlung 2005/162/EG aufgelisteten Regelbeispiele zur Auslegung heranzuziehen, soweit das deutsche Recht dem nicht entgegensteht. Deshalb ist ein Aufsichtsratsmitglied entgegen dem Vorschlag der Empfehlung 2005/162/EG nicht als abhängig anzusehen, wenn es sich um einen Anteilseigner mit Kontrollbeteiligung handelt, da dies eine dem deutschen Recht eigene Form der Wahrnehmung der Eigentümerinteressen im Konzern ermöglicht und ein spezielles Ausgleichssystem besteht. Weitere, in den Regelbeispielen genannte Tatbestände sind in Deutschland bereits zwingend gesetzlich festgeschrieben und Personen, die eines dieser Merkmale erfüllen, können nicht Mitglied des

620 Vgl. Reichert/Schlitt, AG 1995, S. 241 (244).

Aufsichtsrats werden. Dies betrifft die Mitgliedschaft des aktuellen Abschlussprüfers im Aufsichtsrat und Überkreuzverflechtungen.

Eine Vermutung der Abhängigkeit eines Aufsichtsratsmitglied liegt danach bei der Erfüllung einer der folgenden Tatbestände vor: ehemaliges Vorstandsmitglied der Gesellschaft, Arbeitnehmer, Empfänger einer wesentlichen zusätzlichen Vergütung neben der Aufsichtsratsvergütung, Vertreter eines wesentlichen Vertragspartners, ehemaliger Abschlussprüfer der Gesellschaft, Personen, die länger als drei Amtszeiten Mitglied des Aufsichtsrats sind, oder enger Verwandter eines Vorstandsmitglieds bzw. eines aus anderem Grund als abhängig eingestuften Aufsichtsratsmitglieds.

II. Möglichkeit der Abweichung

Die Erfüllung eines der Regelbeispiele führt zu einer Vermutung der Abhängigkeit des Aufsichtsratsmitglieds. Entsprechend der Vorgabe der Empfehlung 2005/162/EG kann der Aufsichtsrat aber trotz der Erfüllung eines Regelbeispiels ein Mitglied als unabhängig ansehen, wenn er zu der Auffassung gelangt, dass besondere, in der Person des Mitglieds liegende Gründe dies rechtfertigen.[621] Ebenso können Verhältnisse, die das Auftreten eines Interessenkonflikts als wahrscheinlich erscheinen lassen, aber nicht von Anhang II der Empfehlung 2005/162/EG umfasst sind, zu einer Einschätzung als abhängig führen. Es handelt sich bei den Regelbeispielen des Anhang II um Leitlinien, die Umstände beschreiben, die normalerweise als potentiell Interessenkonflikte herbeiführend angesehen werden können (Art. 13.2 Empfehlung 2005/162/EG). Sie können aber nicht alle möglicherweise auftretenden Situationen umfassen.

III. Anpassung der Definition des DCGK

Die vom DCGK vorgegebene Definition der Unabhängigkeit im Sinne von Ziffer 5.4.2 S. 2 DCGK muss, um empfehlungskonform zu sein, dahingehend erweitert werden, dass sie auch potentielle Interessenkonflikte umfasst und sollte deshalb lauten:

„Ein Aufsichtsratsmitglied ist als unabhängig anzusehen, wenn es in keiner geschäftlichen oder persönlichen Beziehung zu der Gesellschaft oder deren Vorstand steht, die einen Interessenkonflikt begründen *kann*."

---

621 Vgl. Empfehlung 2005/162/EG Art. 13.2 a. E.

IV. Aufnahme von Regelbeispielen

Weiterhin sollten die ermittelten Abhängigkeitstatbestände in Form von Regelbeispielen auch im DCGK aufgenommen werden, um die Einschätzung der Unabhängigkeit zu erleichtern. Zudem ist dies international üblich und würde auf diesem Wege den Erfordernissen der internationalen Kapitalmärkte gerecht.

Für die Aufnahme der Regelbeispiele wird folgender Wortlaut vorgeschlagen:

Dabei soll als unabhängig im Sinne von Ziffer 5.4.2. S. 2 DCGK nicht gelten, wer:

1. innerhalb der letzten fünf Jahre Vorstandsmitglied der Gesellschaft oder einer verbundenen Gesellschaft war,
2. Arbeitnehmer der Gesellschaft oder einer verbundenen Gesellschaft ist oder in den letzten drei Jahren war und nicht aufgrund der Regelungen der Mitbestimmung in den Aufsichtsrat gewählt wurde,
3. eine zusätzliche Vergütung, z. B. für Beratungsleistungen in bedeutendem Umfang von der Gesellschaft oder einer verbundenen Gesellschaft erhält, die € 100.000 oder das jährliche Entgelt für die Tätigkeit als Aufsichtsratsmitglied übersteigt, darunter fallen auch finanzielle Vorteile in Form der Gewährung eines Kredits,
4. ein Geschäftsverhältnis in bedeutendem Umfang mit der Gesellschaft oder einer verbundenen Gesellschaft unterhält oder innerhalb des letzten Jahres unterhalten hat, dessen Volumen € 1 Mio. oder 2% des konsolidierten Bruttoerlöses der anderen Gesellschaft pro Jahr übersteigt, und zwar weder direkt noch indirekt als Vorstand, Geschäftsführer, Partner, Anteilseigner oder als leitender Angestellter,
5. Partner oder Angestellter des früheren externen Abschlussprüfers der Gesellschaft oder einer verbundenen Gesellschaft innerhalb der letzten fünf Jahre war,
6. länger als drei Amtszeiten Mitglied des Aufsichtsrats der Gesellschaft ist,
7. enger Familienangehöriger eines Vorstandsmitglieds oder von Personen ist, die sich in einer der in 1. bis 5. beschriebenen Positionen befinden.

V. Bestellungshindernis für Organmitglieder von Wettbewerbern

Personen, die eine Organfunktion bei einem Wettbewerber der Gesellschaft innehaben, müssen ebenfalls als abhängig gelten. Auf Grund der gravierenden negativen Folgen für die Gesellschaft und des ständig bestehenden Interessenkonflikts sollte der Gesetzgeber diesem Merkmal aber die Qualität eines Bestellungshindernisses beimessen, da eine pflichtgemäße Aufgabenerfüllung im Unternehmensinteresse durch solche Personen ausgeschlossen ist.

§ 6 Adressaten des Unabhängigkeitserfordernisses

I. Ziffer 5.4.3 S. 2 DCGK – Beschränkung auf Vertreter der Anteilseigner

Die Empfehlungen des DCGK gelten ausschließlich für die Vertreter der Anteilseigner im Aufsichtsrat, nur auf sie kann sich das Unabhängigkeitserfordernis erstrecken. Dies ergibt sich daraus, dass der Aufsichtsrat der Hauptversammlung gem. § 124 Abs. 3 S. 4 AktG Wahlvorschläge allein bezüglich der Anteilseignervertreter unterbreiten kann.[622] Die Vorschriften zur Unabhängigkeit finden sich im DCGK in Abschnitt 5.4 „Zusammensetzung und Vergütung" des Aufsichtsrats, der in Ziffer 5.4.1 DCGK mit „Vorschlägen zur Wahl" Empfehlungen für die Auswahl von Aufsichtsratsmitgliedern gibt und in Ziffer 5.4.1 S. 2 DCGK empfiehlt, dass potentielle Interessenkonflikte bei der Vorbereitung des Wahlvorschlags berücksichtigt werden sollen. Dies stützt die Annahme, dass sich die in diesem gesamten Abschnitt gemachten Vorschläge zur Besetzung des Aufsichtsrats und zur Qualifikation und persönlichen Eignung seiner Mitglieder nur auf die Vertreter der Anteilseigner beziehen können. Das bedeutet, dass nach der Definition gem. Ziffer 5.4.2 S. 2 DCGK zwar jedenfalls die im Rahmen der mitbestimmungsrechtlichen Regelungen in den Aufsichtsrat der Gesellschaft entsandten Arbeitnehmer nicht als unabhängig angesehen werden könnten, sie aber der Definition nicht unterfallen. Die Beteiligung dieser „abhängigen" Mitglieder ist gesetzlich zwingend vorgeschrieben.[623]

II. Notwendigkeit der Differenzierung nach der Position im Aufsichtsrat

Der Aufsichtsrat als Gremium arbeitet arbeitsteilig.[624] Zwar obliegt dem gesamten Gremium die Verantwortung für die Erfüllung der Überwachungsaufgabe,[625] jedoch werden einzelne Aufgaben verschiedenen Mitgliedern übertragen,[626] für deren Erfüllung besondere Fähigkeiten erforderlich sein können.

---

622 Vgl. Hüffer, ZIP 2006, S. 637 (640); Vetter, BB 2005, S. 1689 (1691 f.).

623 Siehe oben Kapitel 3 § 4 II 2. b.

624 Vgl. Hopt/Roth in: Großkommentar AktG, § 111, Rn. 119; Mertens in: Kölner Kommentar AktG, § 116, Rn. 5; Hommelhoff, ZGR 1983, S. 551 (572); Altmeppen, ZGR 2004, S. 390 (396).

625 Vgl. BGHZ 41, 282 (286); Hopt/Roth in: Großkommentar AktG, § 111, Rn. 108; Mertens in: Kölner Kommentar AktG, § 111, Rn. 10; Hüffer, AktG, § 111, Rn. 6.

626 Vgl. Hopt/Roth, Großkommentar AktG, § 111, Rn. 116.

Dies führt dazu, dass innerhalb des Gremiums Positionen mit unterschiedlichen, aber auch mit mehr Möglichkeiten der Einflussnahme entstehen, deren Potential für das Auftreten von Interessenkonflikten entsprechend differiert bzw. anfällig ist. Für die Wahrnehmung dieser herausgehobenen oder auch als sensibel zu bezeichnenden Positionen ist es notwendig, dass das betroffene Aufsichtsratsmitglied nicht als abhängig von eventuell widerstreitenden Interessen der Stakeholders gilt, sondern sein Handeln als unabhängig, allein dem Unternehmensinteresse verpflichtet, angesehen wird. Das heißt, dass nicht jede Position im Aufsichtsrat mit einem unabhängigen Mitglied besetzt werden muss, um eine, dem gesetzlichen Auftrag entsprechende Überwachung der Geschäftsführung zu gewährleisten. Als sensible Positionen sind der Aufsichtsratsvorsitz sowie der Vorsitz und die Mitglieder des Prüfungsausschusses[627] zu sehen, deren Besetzung mit unabhängigen Mitgliedern erfolgen muss.

1. *Aufsichtsratsvorsitz*

Der Aufsichtsrat ist nach § 107 Abs. 1 S. 1 AktG verpflichtet, aus seiner Mitte einen Vorsitzenden zu wählen. Dies gilt für alle Aktiengesellschaften unabhängig davon, ob und wenn ja, in welcher Form sie der Mitbestimmung unterliegen. Position und Einflussbereich des Aufsichtsratsvorsitzenden heben sich von denen der einfachen Aufsichtsratsmitglieder stärker ab als das Gesetz zunächst vermuten lässt, da keine Norm die Aufgaben und Kompetenzen des Vorsitzenden abschließend regelt.[628]

Der Aufsichtsratsvorsitzende hat in mehrfacher Hinsicht eine herausgehobene Position und wesentlichen Einfluss auf die Entscheidungsfindung des Gremiums. Besteht die Gefahr, dass der Aufsichtsratsvorsitzende sich von anderen Interessen als dem Unternehmensinteresse leiten lässt, hat dies besonders negativen Einfluss auf die Leistung des Aufsichtsrats. Diese herausgehobene Position macht es erforderlich, dass dieses Aufsichtsratsmitglied als unabhängig qualifiziert ist, um nicht gegen das Unternehmensinteresse zu handeln.

In erster Linie zu nennen ist sein enger Kontakt zum Vorstand[629], denn er ist den anderen Organen der Gesellschaft gegenüber Repräsentant[630] des Auf-

---

627 Vgl. auch Hopt/Roth in: Großkommentar AktG, § 111, Rn. 113.

628 Vgl. Geßler in: Geßler/Hefermehl/Eckardt/Kropff, § 107, Rn. 27; Hopt/Roth in: Großkommentar AktG, § 107, Rn. 62; Hoffmann-Becking: Münchener Hdb. GesR Bd. 4, § 31, Rn. 15.

629 Hopt/Roth in: Großkommentar AktG, § 107, Rn. 67; Hoffmann-Becking in: Münchener Hdb. des GesR Bd. 4, § 31, Rn. 20; Hoffmann/Preu, Rn. 437 f.

sichtsrats:[631] Ihm gebührt die Informationsvermittlung zwischen Vorstand und Aufsichtsrat.[632] So ist der Vorsitzende für die Entgegennahme der Vorstandsberichte gem. § 90 AktG zuständig[633] und leitet sie an seine Aufsichtsratskollegen weiter. Hierbei besteht ein Ermessen des Aufsichtsratsvorsitzenden bezüglich des Umfangs und der Art der Berichterstattung,[634] das ihm Einfluss auf den Informationsstand der anderen Gremienmitglieder verschafft. Er muss die anderen Mitglieder des Aufsichtsrats nur insoweit informieren, damit sie eine zutreffende Vorstellung über den Inhalt der Berichte erlangen[635] und sie selbst über eine weitere Einsichtnahme entscheiden können. Die Verpflichtung des Aufsichtsratsvorsitzenden zur Entgegennahme der Vorstandsberichte hat treuhänderischen Charakter.[636]

Der Aufsichtsratsvorsitzende ist Mittler zwischen Geschäftsführung und dem Organ zu dessen Überwachung.[637] In dieser Funktion hält er ständigen Kontakt zum Vorstand,[638] fungiert als Ratgeber und stellt seine Verbindungen und Erfahrungen zur Verfügung.[639] Zwar darf hierdurch nicht die Organkompetenz des Aufsichtsrats unterlaufen werden,[640] aber bereits durch die passive Empfangszuständigkeit ergibt sich zwangsläufig ein erweiterter Kontakt zwischen dem Aufsichtsratsvorsitzenden und dem Vorstand.

Diese bereits vor Erlass des DCGK faktisch bestehende Aufgabenverteilung wird durch dessen Einführung verfestigt, da er empfiehlt, dass der Aufsichtsratsvorsitzende mit dem Vorstandsvorsitzenden regelmäßigen Kontakt halten und mit ihm die Strategie, die Geschäftsentwicklung und das Risikomanagement des Unternehmens beraten soll (Ziffer 5.2 DCGK).

---

630 Repräsentation soll nicht gleichzusetzen sein mit Vertretung im rechtlichen Sinne, sondern alle Situationen umfassen, in denen der Aufsichtsratvorsitzende für den Aufsichtsrat gegenüber anderen Organen oder Dritten handelt (so Peus, S. 139), vgl. auch Ziffer 5.2 DCGK.

631 Semler in: Semler/v. Schenck, § 4, Rn. 159; Lutter/Krieger, Rn. 553, 556; Hüffer, AktG, § 107, Rn. 5.

632 Hopt/Roth in: Großkommentar AktG, § 111, Rn. 112; Semler in: Semler/v. Schenck, § 4, Rn. 38.

633 Wiesner in: Münchener Hdb. des GesR Bd. 4, § 25, Rn. 28.

634 Siehe Peus, S. 150.

635 Siehe Semler in: Semler/v. Schenck, § 4, Rn. 46.

636 Vgl. Peus, S. 153.

637 Hopt/Roth in: Großkommentar AktG, § 111, Rn. 111; Hoffmann/Preu, Rn. 437.

638 Semler in: Semler/v. Schenck, § 4, Rn. 161.

639 Hoffmann/Preu, Rn. 437; Peus, S. 162.

640 Peus, S. 162.

Durch seine Stellung als Leiter des Kollegialorgans stehen dem Aufsichtsratsvorsitzenden Kompetenzen zur Verfügung, die es ihm erlauben, die Funktionsweise der Organs positiv im Sinne einer umfassenden Einbeziehung der anderen Aufsichtsratsmitglieder oder negativ durch eine Konzentration auf seine Person zu gestalten. So ist er zur Vorbereitung und Leitung der Aufsichtsratssitzungen verpflichtet, was auch der DCGK in Ziffer 5.2 feststellt.[641] Er beruft die Sitzungen ein (§ 110 Abs. 1 S. 1 AktG) und entscheidet, ob ausschussfremde Aufsichtsratsmitglieder an Ausschusssitzungen teilnehmen dürfen (§ 109 Abs. 2 AktG). Über die konkreten gesetzlichen Regelungen hinaus ist unbestritten, dass dem Aufsichtsratsvorsitzenden umfassende Leitungs- und Koordinationskompetenzen in Bezug auf die Intra-Organarbeit zukommen.[642] Auch überwacht er die Ordnungs- und Rechtmäßigkeit des Verfahrens innerhalb des Aufsichtsrats. Zwar ist der Aufsichtsratsvorsitzende den anderen Organmitgliedern nicht übergeordnet, aufgrund seiner Kompetenz zur Sitzungsleitung stehen ihm aber in Sitzungen die üblichen Disziplinar- und Ordnungsrechte zu.[643]

Auch gegenüber der Hauptversammlung hat der Aufsichtsratsvorsitzende eine herausgehobene Position inne, die es ihm erlaubt, das Bild der Anteilseigner von der Funktionsfähigkeit des Überwachungsorgans zu steuern und damit bspw. eine mögliche Wiederwahl von Aufsichtsratsmitgliedern zu beeinflussen. Er ist verpflichtet gem. § 176 Abs. 1 S. 2 AktG zu Beginn der Hauptversammlung den Bericht des Aufsichtsrats nach § 171 Abs. 2 S. 1 AktG zu erläutern. Dabei kann der Aufsichtsratsvorsitzende alleinverantwortlich den Inhalt seiner Ausführungen bestimmen.[644] Grundlage bildet der vom Gesamtaufsichtsrat erstellte Bericht,[645] den er mit der Feststellung des Jahresabschlusses verfasst und dessen Anfertigung gem. §§ 107 Abs. 2 S. 3, 171 Abs. 2 AktG nicht auf einen Ausschuss übertragen werden kann.

Eine weitere Einwirkungsmöglichkeit ergibt sich aus dem Doppelstimmrecht des Vorsitzenden, wenn die Gesellschaft einen paritätisch[646] mitbestimmten

---

641 Hoffmann/Preu, Rn. 440.

642 Hopt/Roth in: Großkommentar AktG, § 111, Rn. 111; Hoffmann/Preu, Rn. 440; Hoffmann/Becking in: Münchener Hdb. des GesR Bd. 4, § 31, Rn. 19.

643 Semler in: Semler/v. Schenck, § 4, Rn. 171.

644 Semler in: Semler/v. Schenck, § 4, Rn. 160; Hopt/Roth in: Großkommentar AktG, § 107, Rn. 89.

645 Kropff in: MünchKomm AktG, § 176, Rn. 17.

646 In Aktiengesellschaften mit mehr als 2.000 Arbeitnehmern, die somit gem. § 1 Abs. 1 MitbestG dem Mitbestimmungsgesetz unterliegen, ist nach § 7 MitbestG der Aufsichts-

Aufsichtsrat hat. In der Regel ist der Aufsichtsratsvorsitzende auch dann ein Vertreter der Anteilseigner, denn findet sich keine 2/3-Mehrheit für einen Vorsitzenden, so wählen gem. § 27 Abs. 2 S. 2 MitbestG die Anteilseignervertreter den Aufsichtsratsvorsitzenden, die Arbeitnehmervertreter den Stellvertreter. Gem. § 29 Abs. 2 MitbestG zählt die Stimme des Vorsitzenden bei Stimmengleichheit doppelt, seine Stimmte hat mehr Gewicht als die der anderen Mitglieder des Aufsichtsrats. Dies soll dazu dienen, bei einer Pattsituation die Handlungsfähigkeit des Aufsichtsrats zu gewährleisten und Blockaden zu verhindern,[647] sichert dem Aufsichtsratsvorsitzenden einen im Vergleich höheren Einfluss.

2. Vorsitzender und Mitglieder des Prüfungsausschusses

a. Einrichtung eines Prüfungsausschusses

Als weitere herausgehobene Positionen im Aufsichtsrat gelten der Vorsitzende und die Mitglieder des Prüfungsausschusses, die mit unabhängigen Aufsichtsratsmitgliedern besetzt werden sollen.

Das Aktiengesetz schreibt die Bildung eines Prüfungsausschusses nicht vor, verbietet sie aber auch nicht.[648] Durch den Erlass der Richtlinie 2006/43/EG wird die Bildung eines Prüfungsausschusses grundsätzlich Pflicht (vgl. Art. 41 Richtlinie 2006/43/EG) für Unternehmen, deren Aktien auf dem geregelten Markt zugelassen sind oder bei denen es sich um Banken oder Versicherungen handelt.[649] Über die Einrichtung eines Prüfungsausschusses kann der Aufsichtsrat zur Zeit noch mit einfacher Stimmenmehrheit entscheiden (§ 108 AktG), in Gesellschaften, deren Aufsichtsrat mehr als sechs Mitglieder zählt, kann eine Pflicht zur Schaffung eines Prüfungsausschusses bestehen, weil die Aufgaben vom Plenum nicht mit derselben Qualität wahrgenommen werden können.[650] Das gleiche wird für börsennotierte Gesellschaften angenommen.[651]

Die Befassung mit den Prüfungsangelegenheiten betrifft einen sensiblen Bereich im Rahmen der Kontrolle der Geschäftsführung, und ein potentieller Interessenkonflikt wegen fehlender Unabhängigkeit kann sich besonders

---

rat paritätisch mit Vertretern der Anteilseigner sowie Vertretern der Arbeitnehmer zu besetzen.

647 Semler in: Semler/v. Schenck, § 4, Rn. 88.

648 Hopt/Roth in: Großkommentar AktG, § 107, Rn. 313.

649 Siehe zur nationalen Umsetzung Kapitel 2 § 2 II.

650 Scheffler, ZGR 2003, S. 236 (246).

651 Hopt/Roth in: Großkommentar AktG, § 107, Rn. 313.

nachteilig auswirken. Die Mitglieder des Prüfungsausschusses haben gegenüber dem Gesamtaufsichtsrat insofern eine herausgehobene Position, als sie konkret auf die Prüfungshandlungen und damit auf die Ergebnisse des Abschlussprüfers einwirken können. Zwar bleiben, weitergehender als in den USA,[652] bestimmte Handlungen wie die Abstimmung über die Billigung des Jahresabschlusses[653] dem Plenum vorbehalten,[654] jedoch relevante Entscheidungen wie z. B. die Festlegung der Prüfungsschwerpunkte trifft der Ausschuss. Damit obliegt dem Prüfungsausschuss die Verantwortung für einen wichtigen Teilbereich der Überwachungsaufgabe des Aufsichtsrats und der Vorsitzende sowie die Mehrheit seiner Mitglieder müssen unabhängig sein.

b. Aufgaben

Insbesondere durch den engen Kontakt mit dem Abschlussprüfer ist der Einfluss des Prüfungsausschusses auf eine ordnungsgemäße Rechnungslegung und ihre Kontrolle hoch. Zu seinen Aufgaben gehört üblicherweise die Vorbereitung des Wahlvorschlags für den Abschlussprüfer an die Hauptversammlung,[655] die aufgrund eines Umkehrschlusses aus § 107 Abs. 3 S. 2 AktG unstreitig auf einen Ausschuss übertragen werden kann.[656] Ferner legt er den Prüfungsumfang und die Prüfungsschwerpunkte fest,[657] deren Vereinbarung unzweifelhaft durch einen Ausschuss möglich ist. Weiterhin kann dem Prüfungsausschuss die Erteilung des Prüfungsauftrags an den Abschlussprüfer nach § 111 Abs. 2 S. 3 AktG übertragen werden. Dies ist umstritten und wird teils mit der Begründung verneint, dass die Erteilung des Prüfungsauftrags in untrennbarem Zusammenhang zu § 171 Abs. 1 AktG, der nach § 107 Abs. 3 S. 2 AktG einem Plenarvorbehalt unterliegt, und zur allgemeinen Überwachungspflicht des Aufsichtsrats gehören würde.[658] Aber für die Übertragbarkeit auf einen beschließenden Ausschuss spricht, dass § 107 Abs. 3 S. 2 AktG

652 Hier soll das Audit Committee bestimmte Aufgaben abschließend entscheiden und nicht lediglich vorbereitend tätig werden.

653 Vgl. § 107 Abs. 3 AktG i. V. m. § 171 Abs. 2 S. 4 AktG.

654 Auch die Empfehlung 2005/162/EG sieht vor, dass die grundsätzliche Entscheidungskompetenz beim Plenum verbleiben soll und der Ausschuss auch nicht in Teilbereichen an dessen Stelle treten soll und vor allem Empfehlungen an das Kollegium erteilen soll. Lediglich in Fällen, in denen das Gremium dies für angebracht hält, soll die Entscheidungskompetenz an einen Ausschuss übertragen werden (Erwägungsgründe (10)).

655 Altmeppen, ZGR 2004, S. 390 (405).

656 Hüffer, AktG, § 124, Rn. 13; Semler in: Münchener Hdb. des GesR Bd. 4, § 35, Rn. 53.

657 Scheffler, ZGR 2003, S. 236 (249).

658 Vgl. Ziemons, DB 2000, S. 77 (77); Hoffmann/Preu, Rn. 310.

den § 111 Abs. 2 S. 3 AktG nicht nennt[659] und die Sachkunde einzelner Mitglieder bei Erteilung des Prüfungsauftrags durch den Ausschuss besser genutzt werden könne. Deshalb ist aufgrund des Wortlauts des § 107 Abs. 3 S. 2 AktG im Ergebnis davon auszugehen, dass die Übertragung auf einen beschließenden Ausschuss möglich ist. Dies entspricht auch dem DCGK, der in Ziffer 5.3.2 die Erteilung des Prüfungsauftrags durch den Prüfungsausschuss vorsieht.[660]

Der DCGK umschreibt die Aufgaben des Prüfungsausschusses in Ziffer 5.3.2:

„Der Aufsichtsrat soll einen Prüfungsausschuss (Audit Committee) einrichten, der sich insbesondere mit Fragen der Rechnungslegung und des Risikomanagements, der erforderlichen Unabhängigkeit des Abschlussprüfers, der Erteilung des Prüfungsauftrags an den Abschlussprüfer, der Bestimmung von Prüfungsschwerpunkten und der Honorarvereinbarung befasst."

Damit umfasst der DCGK die zuvor dargestellten Aufgaben und nennt zudem Detailbereiche wie die Überwachung des Risikomanagements.

c. Besetzung und Größe

Es muss die Mehrheit der in den Prüfungsausschuss gewählten Vertreter der Anteilseigner unabhängig sein. Sind auch Vertreter der Arbeitnehmer im Prüfungsausschuss beteiligt, kann sich das Unabhängigkeitserfordernis nicht auf diese Personen beziehen.[661] Auch in diesem Fall kann aber gefordert werden, dass die Mehrheit der Mitglieder unabhängig ist, da kein Paritätsgebot in Ausschüssen besteht.

Das Aktiengesetz trifft keine Aussage zur Größe und Besetzung von Ausschüssen. Als Umkehrschluss aus § 108 Abs. 2 S. 3 AktG folgt, dass beschlie-

---

659 So Hüffer, AktG, § 111, Rn. 12c; Semler in: MünchKomm AktG, § 111, Rn. 329; Scheffler, ZGR 2003, S. 236 (249).

660 Angesichts der Gegenstimmen und mangels bisheriger rechtlicher Klärung durch die Rechtsprechung wird empfohlen, die Entscheidung zunächst dem Plenum zu überlassen (Kropff in: Semler/v. Schenck, § 8, Rn. 163), um sicherzugehen, dass der von einem Ausschuss gefasste Beschluss nicht fehlerhaft ist. Geht man davon aus, dass der Kodex-Kommission ein beschließender Ausschuss vorschwebte, müsste eine Abweichung von der Empfehlung des DCGK in der Entsprechenserklärung gem. § 161 AktG offen gelegt werden. Es ist nicht ersichtlich, ob dies bisher erfolgte, was dafür spricht, dass die Erteilung des Prüfungsauftrags entweder trotz der rechtlichen Unsicherheit vom Prüfungsausschuss vorgenommen wird oder aber, dass das Plenum entscheidet, ohne die mögliche Abweichung offen zu legen.

661 Siehe oben Kapitel 3 § 6 I.

ßende Ausschüsse mindestens drei Mitglieder haben müssen,[662] vorbereitende Ausschüsse können aus zwei Mitgliedern bestehen.[663] Die Mitglieder des Prüfungsausschusses werden – wie bei anderen Ausschüssen auch – vom Aufsichtsrat gewählt. Der Aufsichtsrat selbst muss über die Bestellung eines Mitglieds des Ausschusses mit einfacher Mehrheit beschließen.[664]

Da kein Paritätsgebot in Ausschüssen besteht, kann sich der Prüfungsausschuss auch nur aus Vertretern der Anteilseigner zusammensetzen. Ein dagegen sprechendes Gebot kann weder dem Aktiengesetz noch dem Mitbestimmungsgesetz entnommen werden (§ 27 Abs. 3 MitbestG),[665] die Ansicht, eine paritätische Besetzung sei vorgegeben,[666] ist abzulehnen. Es darf durch die Gestaltung aber nicht das Mitbestimmungsrecht umgangen werden[667] und Arbeitnehmervertreter ohne sachlichen Grund von der Mitgliedschaft in einem Ausschuss ausgeschlossen werden.[668] Es müssen sachliche Gründe für die arbeitnehmerfreie Besetzung eines Ausschusses bestehen, wie die Qualifikation der Teilnehmer oder die Aufgaben des Ausschusses.[669]

Sind keine Arbeitnehmer Mitglieder des Prüfungsausschusses, weil keines der Aufsichtsratsmitglieder der Arbeitnehmerseite über die entsprechende fachliche Qualifikation verfügt, stellt dies einen sachlichen Grund für den Ausschluss und damit keine Diskriminierung dar.[670] Bezüglich der fachlichen

---

662 BGHZ 65, 190; Hüffer, AktG, § 107, Rn. 17; Hoffmann-Becking in: Münchener Hdb. des GesR Bd. 4, § 32, Rn. 18; a. A. vertrat Geßler in: Geßler/Hefermehl/Eckardt/Kropff, Rn. 68, da es sich bei § 108 Abs. 2 S. 3 AktG um eine Regelung für den Gesamtaufsichtsrat handele, da die nötige Beschränkung der Übertragung von Befugnissen an Ausschüssen das Gesetz selbst in § 107 Abs. 3 S. 2 AktG treffe. Dass die Beschlussfähigkeitserfordernisse für den Gesamtaufsichtsrat auch für Ausschüsse gelten sollen, sieht Geßler nicht als notwendig an (jetzt von Semler in: MünchKomm AktG, § 107, Rn. 293 aufgegeben).

663 Dass es keinen Ausschuss mit einem Mitglied geben kann, ergibt sich aus der Bezeichnung als Gremium (Hüffer, AktG, § 107, Rn. 17).

664 Semler in: MünchKomm AktG, § 107, Rn. 287.

665 BGHZ 122, 342 (356 ff.); BGHZ 83, 106 ff.

666 Vgl. Oetker in: Großkommentar AktG MitbestG, § 25, Rn. 29; Säcker, S. 14 ff.

667 Z. B. durch die Übertragung möglichst zahlreicher Entscheidungen auf beschließende arbeitnehmervertreterfreie Ausschüsse, Kirsten, BB 2004, S. 173 (173); BGHZ 122, 342 (355).

668 BGHZ 122, 342; BGHZ 83, 106 ff.

669 Hoffmann-Becking in: Münchener Hdb. des GesR Bd. 4, § 32, Rn. 22; Hüffer, AktG, § 107, Rn. 21.

670 Vgl. Altmeppen, ZGR 2004, S. 390 (410).

Qualifikation werden weitere Anforderungen als an die übrigen Aufsichtsratsmitglieder gestellt.[671]

Auch der DCGK macht zur Anzahl der Mitglieder des Prüfungsausschusses keine Aussage. Zur Besetzung des Prüfungsausschusses regt er allein an, dass diesem kein ehemaliges Mitglied des Vorstands der Gesellschaft vorsitzen sollte (Ziffer 5.3.2 S. 2 DCGK). Wie oben erläutert wird diese Anregung durch die Empfehlung Ziffer 5.4.4 DCGK überflüssig.[672] Weiterhin empfiehlt der DCGK „fachlich qualifizierte Ausschüsse" zu bilden (Ziffer 5.3.1 S. 1 DCGK).

Die Empfehlung 2005/162/EG schlägt in Ziffer 4.1 Anhang I vor, dass zumindest die Mehrheit der Mitglieder des Prüfungsausschusses unabhängig sein soll, Art. 41 der Richtlinie 2006/43/EG fordert nur ein unabhängiges Mitglied im Prüfungsausschuss. Auf Grund des Gewichts der Aufgaben des Prüfungsausschusses für die Überwachung der Geschäftsführung sollte dem Vorschlag der Empfehlung 2005/162/EG gefolgt werden und der Aufsichtsrat nur dann als unabhängig angesehen werden, wenn die Mehrheit der Mitglieder des Prüfungsausschusses unabhängig ist.

d. Ausschussvorsitzender

Weiterhin muss der Ausschussvorsitzende unabhängig sein.

Das Aktiengesetz nennt im Gegensatz zum Aufsichtsratsvorsitz den Ausschussvorsitz nicht. Es liegt in der Kompetenz des Aufsichtsrats zu entscheiden, ob ein Ausschussvorsitzender ernannt werden soll.[673] Eine Regelung in der Satzung ist unzulässig,[674] da dies gegen § 107 Abs. 3 S. 1 AktG verstoßen würde, der dem Aufsichtsrat selbst die Befugnis zuweist, aus seiner Mitte einen oder mehrere Ausschüsse zu bilden. Dies bedeutet, dass die Bestellung eines Ausschussvorsitzenden fakultativ ist,[675] ab einer gewissen Mitgliederanzahl kann sie sinnvoll sein.[676] Andererseits wird vertreten, dass sich die Pflicht

---

671 Scheffler, ZGR 2003, S. 236 (258).

672 Kapitel 3 § 4 I 3.

673 Semler in: MünchKomm AktG, § 107, Rn. 291.

674 Hopt/Roth, in: Großkommentar AktG, § 107, Rn. 292; Hoffmann-Becking in: Münchener Hdb. des GesR Bd. 4, § 32, Rn. 19.

675 Semler in: MünchKomm AktG, § 107, Rn. 290; Hopt/Roth in: Großkommentar AktG, § 107, Rn. 291; Mertens in: Kölner Kommentar AktG, § 107, Rn. 291; Hüffer, AktG, § 107, Rn. 19; Siebel: in: Semler/v. Schenck, § 6, Rn. 77; Hoffmann/Preu, Rn. 160.

676 Semler in: MünchKomm AktG, § 107, Rn. 290; Hoffmann-Becking in: Münchener Hdb. des GesR Bd. 4, § 32, Rn. 16.

zur Wahl eines Ausschussvorsitzenden aus dem Gesetz ergibt.[677] Dies wird damit begründet, dass gesetzliche Vorschriften, die einen Gremienvorsitz voraussetzen, unstreitig analog auf die Ausschussarbeit angewendet werden sollten (so § 110 AktG, § 107 Abs. 2 S. 1 AktG). Jedoch kann nur der Aufsichtsrat nach pflichtgemäßem Ermessen beurteilen, wie die Arbeit zweckmäßigerweise eingerichtet wird, um seinen Funktionen und seiner Allgemeinverantwortung gerecht zu werden.[678] Dem Aufsichtsrat steht also die Errichtungs- und Personalkompetenz bei der Bildung von Ausschüssen zu.[679]

Auch über die Kompetenzen eines Ausschussvorsitzenden trifft das Aktiengesetz keine Aussage. Es ist üblich, dass dem Ausschussvorsitzenden hinsichtlich der Arbeit des Ausschusses die gleichen Kompetenzen zukommen, wie dem Aufsichtsratsvorsitzenden in Bezug auf das gesamte Organ. In diesem Sinne kann dem Ausschussvorsitzenden unabhängig davon, ob er gleichzeitig Aufsichtsratsvorsitzender ist, im Ausschuss ein Zweitstimmrecht eingeräumt werden.[680] Dies wiederum kann durch den Aufsichtsrat in der Geschäftsordnung oder durch die Hauptversammlung gestattet werden.[681] Nach herrschender Meinung stellt dies keinen Eingriff in die Organisationshoheit des Aufsichtsrats und keinen Verstoß gegen § 107 Abs. 3 S. 1 AktG dar. Es handelt sich um Klauseln, die das Verfahren innerhalb des Aufsichtsrats nicht so weit regeln, dass dadurch das Ermessen des Aufsichtsrats, seine Arbeitsweise sachlich und personell frei zu gestalten, eingeengt wird.[682] Dem Ausschussvorsitzenden soll wie dem Aufsichtsratsvorsitzenden, die Organisation der Ausschusssitzungen obliegen.[683]

Der Ausschussvorsitzende hat innerhalb des Ausschusses - aufgrund der besonderen Aufgaben - eine herausgehobene Stellung. Dies bedingt die Forderung besonderer persönlicher Voraussetzungen in Form der Unabhängigkeit.

---

677 Paefgen, S. 360.

678 BGHZ 83, 106 (115).

679 Oetker in: Großkommentar AktG MitbestG, § 25, Rn. 30.

680 BGHZ 83, 106 (117); BGHZ 83, 144 (147); Semler in: MünchKomm AktG, § 107, Rn. 293.

681 Semler in: MünchKomm AktG, § 107, Rn. 293; Paefgen, S. 358, der darauf hinweist, dass das Zweitstimmrecht sich nicht bereits gesetzlich aus einer Analogie zu § 29 Abs. 2 MitbestG ergibt (dies vertritt hingegen Säcker, S. 50 ff.)

682 BGHZ 83, 106 (118), a. A.: Säcker, S. 32, sowie Paefgen, S. 366, der allerdings davon ausgeht, dass Satzungsbestimmungen subsidiär Anwendung finden können, solange der Aufsichtsrat selbst keine Regelung bezüglich der Ausgestaltung des Ausschusses getroffen hat. Seiner Meinung nach stellt § 107 Abs. 3 S. 1 AktG eine Umkehrung des allgemeinen Verhältnisses zwischen Satzung und Geschäftsordnung dar.

683 Semler in: MünchKomm AktG, § 107, Rn. 372 ff.

Der DCGK enthält einige Regelungen, die den Ausschussvorsitz betreffen, trifft aber keine Aussage zu Anforderungen an seine Unabhängigkeit. Der DCGK setzt die Benennung eines Vorsitzenden des Prüfungsausschusses voraus, wenn er anregt, dass der Vorsitzende des Prüfungsausschusses kein ehemaliges Vorstandsmitglied sein sollte (Ziffer 5.3.2 DCGK). Seit der Anpassung des DCGK im Juni 2005 empfiehlt der DCGK in Ziffer 5.3.2 S. 2, dass der Vorsitzende des Ausschusses über besondere Kenntnisse und Erfahrungen in der Anwendung von Rechnungslegungsgrundsätzen und internen Kontrollverfahren verfügen soll. Diese, an die Definition des Financial Expert im SOX anknüpfende Empfehlung kann bei Nichtbeachtung eine doppelte Erklärungspflicht im Rahmen der Entsprechenserklärung nach § 161 AktG nach sich ziehen. So muss eine Abweichung von der Empfehlung erklärt werden, falls zum einen kein Vorsitz besteht oder zum anderen der Vorsitzende nicht die nach dem DCGK erforderliche Mindestqualifikation besitzt.[684]

Des Weiteren wird angeregt, dass der Aufsichtsratsvorsitzende nicht gleichzeitig den Vorsitz des Prüfungsausschusses innehaben sollte, Ziffer 5.2 DCGK. Dem sollte gefolgt werden. Begründet wird diese Regelung einerseits mit der zusätzlichen Arbeitsbelastung des Vorsitzenden, andererseits mit Zweifeln an der Unabhängigkeit des Aufsichtsratsvorsitzenden in einem Krisenfall aufgrund der engen Verbindung zum Vorstand.[685] Teils wird eine entsprechende Besetzung als sinnvoll angesehen, weil der Vorsitzende des Aufsichtrats nicht von dieser wichtigen Tätigkeit ausgeschlossen werden dürfe und sie angemessen steuern könne, wenn er bspw. über die beste Kenntnis des Unternehmens verfügt.[686] Überzeugender ist die Missbilligung der Kumulierung der beiden Ämter in einer Person sowohl im Hinblick auf die Machtkonzentration als auch auf die höhere zeitliche Belastung, die beide Positionen mit sich bringen. Eine Personenidentität zwischen dem Vorsitzenden des Prüfungsausschusses und dem Aufsichtsratsvorsitzenden muss aufgrund der Ausgestaltung des Tatbestands als Anregung nicht im Rahmen der Entsprechenserklärung gem. § 161 AktG offen gelegt werden.

Weder enthält die Empfehlung 2005/162/EG eine Bestimmung mit Anforderungen an einen Ausschussvorsitzenden, noch trifft die Richtlinie 2006/43/EG eine Regelung über den Vorsitz des Prüfungsausschusses.

---

684 Die Empfehlung erfordert keine Offenlegung der Abwägungen, die zu einer Einschätzung einer Person als „Finanzexperten" im Sinne des DCGK geführt haben. Die Offenlegung dieser Erwägungen ist m. E. für eine Bewertung der Kompetenz des Prüfungsausschusses zweckmäßig und sollte erfolgen.

685 Altmeppen, ZGR 2004, S. 390 (405); Kremer in: Kodex-Kommentar, Rn. 967.

686 Vgl. Kremer in: Kodex-Kommentar, Rn. 968.

e. Vergleich mit dem Audit Committee im monistischen Leitungssystem

Es könnten dem Prüfungsausschuss des Aufsichtsrats ähnlich weitgehende Kompetenzen und Aufgaben zugestanden werden, wie sie dem Audit Committee in Rechtsordnungen mit monistischen Führungssystemen, insbesondere in den USA, zuerkannt worden sind. Jedoch bestehen, bedingt durch das dualistische Führungssystem mit der Trennung von Aufsichtsrat und Vorstand, andere strukturelle Voraussetzungen, die eine grundsätzliche Adaption des Audit Committee nicht erforderlich machen.

Sollten dem Prüfungsausschuss einzelne, weitere Kompetenzen, wie sie das Audit Committee innehat, übertragen werden, müssten auch erhöhte gesetzliche Anforderungen an die Unabhängigkeit und Qualifikation seiner Mitglieder und den Ausschuss gestellt werden

Zu den Aufgaben des Audit Committee gehören die Auswahl und Bestellung des Abschlussprüfers sowie der Abschluss des Dienstvertrags, die Durchsicht der Beschlüsse des Board of Directors, die Diskussion des Abschlussberichts mit den Mitgliedern des Board of Directors.[687] Seit Erlass des SOX gehört zu dessen Aufgabenbereich - neben diesen direkt mit der Abschlussprüfung zusammenhängenden Aufgaben - auch die Behandlung von Beschwerden von Mitarbeitern und Dritten bezüglich der Rechnungslegung des Unternehmens.[688] Das Audit Committee ist außerdem zuständig für die Überwachung der Internen Revision.[689] Für börsennotierte Gesellschaften ist die Einrichtung eines vorschriftgemäßen Audit Committee verpflichtend und Teil der Voraussetzungen der Zulassung zum Börsenhandel.[690] Das Audit Committee ist ein selbständiger ständiger Ausschuss des Board of Directors und soll eine eigene Ausschussordnung haben.[691] Ihm dürfen nur unabhängige Direktoren angehören, bei einem Mitglied muss es sich um einen so genannten „Financial Ex-

687 Rössler, S. 97.

688 Sect 301 [4] SOX.

689 Scheffler, ZGR 2003, S. 236 (242).

690 Für die Zulassung an der NYSE ist die Einrichtung eines Audit Committee seit 1978 Pflicht (Altmeppen, ZGR 2004, S. 390 (391)). Durch den SOX wurde der SEC aufgegeben, eine Bestimmung zu erlassen, die alle US-amerikanischen Börsen verpflichtet, Gesellschaften, die kein den gesetzlichen Vorschriften entsprechendes Audit Committee unterhalten, vom Börsenhandel auszuschließen (Sec. 301 SOX, Exchange Act Rule 10 A 3). Dem kam die SEC nach und die Regelung trat am 25.04.2003 in Kraft, wobei die Börsenordnungen der NYSE und der NASDAQ über die Anforderungen des SOX teils noch hinausgehen.

691 Scheffler, ZGR 2003, S. 236 (243).

pert" handeln.[692] Sec. 407 SOX verpflichtete die SEC, Regelungen zur Qualifikation eines Financial Expert zu erlassen. An den Sitzungen des Audit Committee nimmt neben dem Leiter der Internen Revision auch der Chief Financial Officer (CFO) teil.[693]

Dies zeigt, dass die Aufgaben des Audit Committee erheblich über die des Prüfungsausschusses hinausgehen. Als ein ständiges Kontrollorgan mit exekutiven Rechten kann es fast als ein zusätzliches Organ neben dem Board of Directors angesehen werden. Ein vergleichbares Organ könnte in Deutschland nicht ohne Anpassung des Aktiengesetzes eingeführt werden.

3. Stellung als „einfaches Aufsichtsratsmitglied"

Sonstige Mitglieder des Aufsichtsrats ohne herausgehobene Funktion müssen grundsätzlich nicht unabhängig sein. Die Notwendigkeit der Unabhängigkeit eines einfachen Aufsichtsratsmitglieds ist aber dann gegeben, wenn zur Qualifikation des Organs als unabhängig die ausreichende Anzahl nur durch die Berücksichtigung einfacher Mitglieder erreicht werden kann.

Auch ein einfaches Mitglied bestimmt die Arbeit des Aufsichtsrats, sein Einfluss kann erheblich sein. Wie weit dieser Einfluss reicht, hängt von der Größe des Organs und der Anzahl der Ausschüsse ab. Wenn ein Aufsichtsrat nur wenige Mitglieder hat und die Gesellschaft eventuell nicht der paritätischen Mitbestimmung oder der Mitbestimmung nach dem DrittelbG unterliegt, ist der Einfluss, den ein einzelnes Aufsichtsratsmitglied nehmen kann, sehr viel größer als in einem Gremium, das die gesetzlichen Höchstzahlen erreicht. Auch hängt der Einfluss davon ab, wie viele Ausschüsse bestehen und wie viele Aufgaben dem Gesamtaufsichtsrat außerhalb des Katalogs des § 107 Abs. 3 S. 2 AktG verbleiben.

---

692 In der Durchführungsverordnung 17 CFR § 229.401 (h) (2), SEC Release 33-8177 (Disclosure Required by Sects. 406 and 407 of the Sarbanes-Oxley Act of 2002) der SEC zum SOX ist festgelegt, welche Qualifikationen ein Financial Expert besitzen muss: Er soll Kenntnisse im Zusammenhang mit Jahresabschlüssen und den General Accepted Accounting Principles (GAAP) sowie die Fähigkeit besitzen, die Anwendung der Rechnungslegungsvorschriften zu bewerten. Ferner muss er Erfahrungen mit der Aufstellung, Prüfung oder Analyse von Jahresabschlüssen aufweisen, Kenntnisse über interne Kontrollsysteme und das Verfahren des Finanzberichtwesens sowie die Funktionsweise eines Audit Committee aufweisen. Diese Kenntnisse kann er durch bestimmte, in der Durchführungsverordnung genannte Tätigkeiten erworben haben (vgl. Willms in: Semler/v. Schenck, § 14, Rn. 37).

693 Dies wäre in Deutschland nicht möglich, da die Interne Revision zwar ein Überwachungsgremium ist, jedoch als Stabsabteilung dem Vorstand unterstellt ist und diesen bei seiner Leitungsaufgabe unterstützt und damit der Geschäftsführung, dem Überwachungsobjekt, zuzurechnen ist.

Beschlüsse, an denen jedes Aufsichtsratsmitglied mitwirken muss, betreffen die unter Plenarvorbehalt stehenden Geschäfte des § 107 Abs. 3 S. 3 AktG. Hierzu gehört unter anderem die organschaftliche Bestellung des Vorstands gem. § 84 Abs. 1 S. 1 AktG und deren Widerruf nach § 84 Abs. 3 S. 1 AktG, die Einberufung der Hauptversammlung nach § 111 Abs. 3 AktG sowie die Prüfung des Jahresabschlusses nach § 171 AktG und die Prüfung des Abhängigkeitsberichts gem. § 314 Abs. 2 AktG. Die Abstimmung über diese Punkte kann formalen Charakter besitzen, da die Vorbereitung durch einen Fachausschuss die Auswahl und Wertung der Informationen beinhaltet und damit der Entscheidungseinfluss des Plenums beschränkt wird.[694] Beschlüsse können so detailliert vorbereitet werden, dass keine Entscheidungsalternative für das Plenum besteht.[695]

Die zunehmende Arbeitsteilung innerhalb des Aufsichtsrats bedingt, dass die Besetzung der Position des einfachen Aufsichtsratsmitglieds in einer börsennotierten Aktiengesellschaft mit einem abhängigen Aufsichtsratsmitglied über den Zählwert der Stimme hinaus keine spezifische Gefahr für eine funktionierende Überwachung darstellt.

4. Mitgliedschaft in anderen Ausschüssen

Neben dem Prüfungsausschuss kann ein Aufsichtsrat weitere Ausschüsse vorbereitender, entscheidender und überwachender Art einrichten.[696] Der DCGK empfiehlt die Bildung von fachlich qualifizierten Ausschüssen in Ziffer 5.3.1. In der Regel fallen darunter: der Personalausschuss zur Regelung der Vertragsangelegenheiten der Vorstandsmitglieder, der Finanzausschuss zur Überwachung der Finanzplanung und der Investitionsausschuss, der sich mit größeren, strategischen Investitionen befasst.

Grundsätzlich ist festzustellen, dass auch ein einfaches, abhängiges Ausschussmitglied mehr Einfluss auf die Aufgabenwahrnehmung des Aufsichtsrats hat als ein Aufsichtsratsmitglied, das allein im Plenum seinen Verpflichtungen nachkommt. In Bezug auf beschließende Ausschüsse, die unter Wahrung der Grenzen des § 107 Abs. 3 S. 2 AktG eingerichtet werden können, ist der Einfluss, den die Besetzung mit einem abhängigen Aufsichtsratsmitglied haben könnte, offensichtlich. Der Zählwert seiner Stimme ist bei einer geringen Größe des Organs hoch und damit sein Einfluss umso größer. Mit der Nennung weiterer, fachlich qualifizierter Ausschüsse im DCGK ist zwar nicht die Forderung verbunden, auch diese Ausschüsse mit unabhängig qualifizier-

---

694 Lutter/Krieger, Rn. 626.

695 Vgl. Lutter/Krieger, Rn. 373 bezüglich des Personalausschusses.

696 Vgl. Hoffmann-Becking in: Münchener Hdb. des GesR Bd. 4, § 32, Rn. 2.

ten Aufsichtsratsmitgliedern zu besetzen, doch in der grundsätzlichen Intention des Kodizes könnte die entsprechende Empfehlung, zumindest implizit, angelegt sein.

5. Zwischenergebnis – Unabhängigkeitserfordernis bei herausgehobenen Positionen

Damit der Aufsichtsrat als ausreichend unabhängig angesehen werden kann, müssen der Aufsichtsratsvorsitzende und die Mehrheit der Mitglieder sowie der Vorsitzende des Prüfungsausschusses unabhängig sein. Diesen Positionen kommt bei der Erfüllung der Überwachungsaufgabe ein so großes Gewicht zu, dass eine Besetzung mit interessengeleiteten Mitgliedern als besonders schädlich für die Aufgabenerfüllung anzusehen ist.

III. Unabhängigkeitserfordernis für die Mehrheit der Anteilseignervertreter

Die Mehrheit der Vertreter der Anteilseigner muss unabhängig sein, damit die Empfehlung nach Ziffer 5.4.2 S. 1 DCGK erfüllt ist und keine Abweichung gem. § 161 AktG erklärt werden muss.

Der DCGK empfiehlt, dass dem Aufsichtsrat „eine nach seiner Einschätzung ausreichende Anzahl unabhängiger Mitglieder angehören soll" (Ziffer 5.4.2 S. 1 DCGK), es handelt sich um eine Ermessensentscheidung des Aufsichtsrats. Eine unabhängige Entscheidungsfindung ist grundsätzlich gewährleistet, wenn die Mehrheit der Anteilseignervertreter unabhängig ist, das Ermessen ist dann insoweit reduziert. Eine entsprechende Regelung gibt die Börsenordnung der NYSE in Sec. 303 A 1 (vgl. auch NASDAQ Marketplace Rules 4350 (c) (1)) vor, dass dem Board of Directors börsennotierter Gesellschaften eine Mehrzahl unabhängiger Direktoren angehören soll. Als Grund wird angegeben, dass dies die Aufsicht des Board of Directors verbessert und die Gefahr von Interessenkonflikten verringert. Diese Regel ist zwingend und es kann davon auch nicht im Wege des Comply-or-explain-Prinzips abgewichen werden.

Die Empfehlung 2005/162/EG bestimmt, dass zumindest die Mehrheit der Mitglieder des Prüfungsausschusses unabhängig sein soll (vgl. Anhang I, Nr. 4.1), trifft aber keine weitergehende Regelung bezüglich der absoluten Anzahl, sondern empfiehlt in Art. 4 nur, dass dem Aufsichtsrat eine ausreichende Anzahl unabhängiger Mitglieder angehören soll. Die Richtlinie 2006/43/EG legt in Art. 41 Abs. 1 S. 3 fest, dass allein ein Mitglied des Prüfungsausschusses unabhängig sein muss.[697] Diese Bestimmungen stehen einem weitergehenden Erfordernis nach der Unabhängigkeit der Mehrheit der Anteilseignervertreter

---

697 Zur nationalen Umsetzung siehe Kapitel 3 § 4 I 3.

aber nicht entgegen, zumal sich die Richtlinie ausschließlich mit dem Prüfungsausschuss und der Abschlussprüfung beschäftigt.

Für das Erfordernis der Mehrheit spricht, dass bestimmte grundlegende Entscheidungen gem. § 107 Abs. 3 AktG vom Plenum getroffen werden müssen. Gehören dem Plenum nicht genügend unabhängige Aufsichtsräte an, sind die optimalen formalen Voraussetzungen für unabhängige Entscheidungen nicht gegeben.

Dagegen spricht auch nicht, dass dem Aufsichtsrat abhängige Mitglieder unterschiedlicher Interessenbindung angehören können, das Ergebnis einer möglicherweise interessengeleiteten Entscheidung also nach der Art der jeweils bestehenden Abhängigkeit differieren kann. Eine Abstimmung muss nicht stets durch opportunistisches Verhalten beeinflusst sein, vielmehr können sich dabei die unterschiedlichen Beweggründe gegeneinander aufwiegen, weil zwischen den verschiedenen abhängigen Mitgliedern nicht zwangsweise ein Interessengleichlauf besteht.[698] Dies stellt aber keine ausreichende Rechtfertigung dar, da keine verlässliche Prognose getroffen werden kann und der Anschein eines abhängigen Aufsichtsrats jedenfalls besteht.

Eine Ausweitung des Unabhängigkeitserfordernisses auf die Vertreter der Arbeitnehmervertreter im Aufsichtsrat ist rechtlich nicht möglich.[699] Unabhängigkeitsanforderungen beziehen sich allein auf die Anteilseignervertreter im Aufsichtsrat, sie sind Treuhänder der Interessen der Aktionäre und müssen als Gruppe ausreichend unabhängig sein. Zweck der unternehmerischen Mitbestimmung ist die Wahrung der Arbeitnehmerinteressen. Somit sind die Vertreter der Arbeitnehmer nicht in gleichem Maße Treuhänder der Interessen der Anteilseigner, und es ist gerechtfertigt, dass sie nicht in gleichem Maße unabhängig sein müssen.

Teils wird eine geringere Anzahl unabhängiger Mitglieder als die Mehrheit der Anteilseignervertreter als ausreichend erachtet. Der gänzliche Verzicht auf ein unabhängiges Mitglied ist nach übereinstimmender Auffassung aber nicht mit Guter Corporate Governance vereinbar.[700] Auch kann eine geringere An-

698 So können Verbindungen zum Vorstand der Gesellschaft, zu Kunden oder Lieferanten, zum Abschlussprüfer etc. bestehen.

699 Siehe oben Kapitel 3 § 6 I.

700 Vgl. Hüffer, ZIP 2006, S. 637 (641).

zahl von unabhängigen Mitgliedern im Aufsichtsrat eine unabhängige Entscheidungsfindung nicht gewährleisten.[701]

Es ist also eine Mehrheit unabhängiger Mitglieder unter den Anteilseignervertretern zu fordern, die entsprechende absolute Anzahl bestimmt sich nach der Größe des Aufsichtsrats.

IV. Berücksichtigung des Unabhängigkeitserfordernisses im Wahlverfahren für Aufsichtsratsmitglieder

1. Wahl unabhängiger Mitglieder durch die Hauptversammlung

Durch die Empfehlungen des DCGK ist der Aufsichtsrat gehalten, in den Wahlvorschlag an die Hauptversammlung eine ausreichende Anzahl als unabhängig zu qualifizierender Kandidaten aufzunehmen,[702] um eine den Anforderungen des DCGK entsprechende Besetzung des Aufsichtsrats zu ermöglichen, so dass im Rahmen der Entsprechenserklärung des § 161 AktG keine Abweichung von der Empfehlung gemäß Ziffer 5.4.2 S. 1 DCGK festgestellt werden muss.

Mit der Empfehlung Ziffer 5.4.2 S. 1 DCGK erweitern sich die Pflichten des Aufsichtsrats in Bezug auf den Wahlvorschlag an die Hauptversammlung. Der Aufsichtsrat ist gem. § 124 Abs. 3 S. 1 AktG verpflichtet, mit Bekanntmachung der Tagesordnung der Hauptversammlung gem. § 124 AktG einen Wahlvorschlag zu unterbreiten. Ein ordnungsgemäßer Wahlvorschlag ist Voraussetzung einer wirksamen Wahl (§ 124 Abs. 4 AktG). Die Sorgfaltspflicht des Aufsichtsrats gem. §§ 116, 93 AktG erstreckt sich auch auf die Aufstellung des Abstimmungsvorschlags für die Hauptversammlung.[703] Auf Grund der allgemeinem Treu- und Förderpflicht des Aufsichtsrats gegenüber der Gesellschaft besteht die Verpflichtung, die Wahlvorschläge für eine optimierte Zusammensetzung des Gremiums auszugestalten.[704] Bisher musste der Aufsichtsrat bei der Unterbreitung des Wahlvorschlags an die Hauptversammlung beachten, dass die Kandidaten die Voraussetzungen des § 100 AktG erfüllen. Ferner war der Aufsichtsrat gehalten, einen Vorschlag abzugeben, der im Fall der Annahme durch die Hauptversammlung zur Wahl eines Aufsichtsrats mit allen notwendigen Kompetenzen und Fähigkeiten führt.[705] Die

---

701 Hüffer schlägt vor, dass dem mitbestimmten Aufsichtsrat zwischen 1 und 4 unabhängige Mitglieder angehören sollen.

702 Zweifelnd, ob sich nach DCGK geeignete Kandidaten finden lassen: v. Werder/Talaulicar/Kolat, DB 2003, S. 1857 (1861).

703 Vgl. Lutter, ZIP 2003, S. 417 (418).

704 Vgl. Hopt/Roth in: Großkommentar AktG, § 116, Rn. 155; Wardenbach, S. 281.

705 Vgl. Lutter, ZIP 2003, S. 417 (418).

Erfordernisse musste das Gremium selbst anhand der Größe des Unternehmens und seiner Ausrichtung ermitteln.[706] Nunmehr muss der Vorschlag auch die Empfehlungen des DCGK berücksichtigen. Der Aufsichtsrat muss sicherstellen, dass der Wahlvorschlag eine ausreichende Anzahl unabhängiger Mitglieder enthält. Eine Pflicht des Aufsichtsrats über die Aufstellung geeigneter Vorschläge hinaus, für seine optimale Zusammensetzung zu sorgen, besteht hingegen nicht,[707] da die Zusammensetzung des Aufsichtsrats letztlich in der Hand der Hauptversammlung liegt, selbst wenn eine faktische Dominanz des Aufsichtsrats bei der Bestimmung der Kandidaten besteht.[708] Die Hauptversammlung wählt gem. § 101 Abs. 1 S. 1 AktG die Mitglieder des Aufsichtsrats, sie ist an den Vorschlag des Aufsichtsrats nicht gebunden (vgl. § 101 Abs. 1 S. 2 AktG) und kann eine abweichende Entscheidung treffen.[709] Diese Möglichkeit wird gestärkt durch die Empfehlung des DCGK nach Ziffer 5.4.3 S. 1, die Aufsichtsratswahl als Einzelwahl durchzuführen.[710] Bisher ist überwiegend die Listenwahl üblich, bei der der Hauptversammlung eine Liste von Kandidaten vorgelegt wird, die nur insgesamt angenommen oder abgelehnt werden kann,[711] was zu einer Dominanz des amtierenden Aufsichtsrats bei der Auswahl seiner Nachfolger führt.

2. *Vorbereitung eines Wahlvorschlags, Einschätzung der Unabhängigkeit*

Die Vertreter der Anteilseigner im Aufsichtsrat entscheiden durch Beschluss über den Wahlvorschlag für die Hauptversammlung. Im Rahmen dessen ist auch die Entscheidung über die Unabhängigkeit der Kandidaten zu treffen. Das heißt, es wird zum einen entschieden, ob die einzelnen Kandidaten als unabhängig eingeschätzt werden können, und zum anderen, ob das Organ als unabhängig anzusehen ist.

---

706 Vgl. Lutter, ZIP 2003, S. 417 (418).

707 Wardenbach, S. 281; a. A. Hommelhoff, ZGR 1983, S. 551 (568).

708 Vgl. Wardenbach, S. 281.

709 Hoffmann-Becking in: Münchener Hdb. des GesR Bd. 4, § 30, Rn. 14; Werner in: Großkommentar AktG, § 124, Rn. 4.

710 Für bedenklich hält dies Hüffer hinsichtlich des mit dem UMAG verfolgten Ziels einer Straffung von Hauptversammlungen (Hüffer, ZIP 2006, S. 637 (643).

711 LG Dortmund, AG 1968, S. 390 (391); Hopt/Roth in: Großkommentar AktG, § 101, Rn. 44; Semler in: MünchKomm AktG, § 101, Rn. 39; Hüffer, AktG, § 101, Rn. 6; Mertens in: Kölner Kommentar AktG, § 101, Rn. 16; Hoffmann-Becking in: Münchener Hdb. des GesR Bd. 4, § 30, Rn. 19; Bollweg, S. 189 f. Die Zulässigkeit der Listenwahl ist umstritten, wird aber überwiegend positiv gesehen, da dem Gesetz nicht entnommen werden kann, dass jeder Aufsichtsrat einzeln gewählt werden muss.

Die Feststellung der Unabhängigkeit eines Kandidaten muss durch einen Beschluss erfolgen, da dies grundsätzlich der gesetzlich vorgesehene Weg der Entscheidungsfindung ist.[712] Über die Wahlvorschläge im Rahmen des § 124 Abs. 3 AktG entscheiden die Vertreter der Amteilseigner[713] durch Mehrheitsbeschluss.[714] Die Entscheidung kann an einen Ausschuss übertragen werden,[715] es ist hingegen nicht zulässig, dass der Aufsichtsratsvorsitzende allein mögliche Kandidaten auswählt.[716] Auch die Einschätzung der Unabhängigkeit kann einem Ausschuss übertragen werden, da sie als Teil des Wahlvorschlags keinem Plenumsvorbehalt nach § 107 Abs. 2 S. 3 AktG unterliegt.[717]

Inhaltlich ist zunächst festzustellen, dass der einzelne Kandidat nicht persönlich abhängig im Sinne der Definition gem. Ziffer 5.4.2 S. 2 DCGK ist und dass keine Anhaltspunkte in der persönlichen Situation entsprechend den Regelbeispielen vorliegen. Weiterhin muss festgestellt werden, dass der Wahlvorschlag an die Hauptversammlung eine ausreichende Anzahl unabhängiger Mitglieder enthält, um Ziffer 5.4.2 S. 1 DCGK zu genügen.

Dieses Ergebnis sollte der Hauptversammlung gegenüber offen gelegt werden.[718] Art. 13.3 der Empfehlung 2005/162/EG spricht nur von einer Offenlegung „in geeigneter Form", eine Umsetzung in das deutsches Recht oder eine Aufnahme in den DCGK ist bisher nicht erfolgt. Die Erwägungen des Aufsichtsrats zur Unabhängigkeit eines Wahlvorschlags können im Rahmen des Berichts des Aufsichtsratsvorsitzenden an die Hauptversammlung erfolgen.[719] Eine erweiterte Offenlegung fordert die Empfehlung 2005/162/EG in Artikel 13.3.1 insbesondere dann, wenn der Aufsichtsrat trotz der Erfüllung eines oder mehrerer zur Auslegung heranzuziehender Regelbeispiele von der Unabhängigkeit eines zur Bestellung vorgeschlagenen Mitglieds ausgehen möchte.

---

712 Vgl. Hüffer, ZIP 2006, S. 637 (640).

713 § 124 Abs. 3 S. 4 AktG.

714 Vgl. Kubis in: MünchKomm AktG, § 124, Rn. 48; Werner in: Großkommentar AktG, § 124, Rn. 48; Hüffer, AktG, § 124, Rn. 13; Semler in: Münchener Hdb. GesR Bd. 4, § 35, Rn. 53.

715 Vgl. Semler in: Münchener Hdb. des GesR Bd. 4, § 35, Rn. 53; Werner in: Großkommentar AktG, § 124, Rn. 48; Hüffer, AktG, § 124, Rn. 13.

716 Vgl. Kubis in: MünchKomm AktG, § 124, Rn. 48.

717 Vgl. Hüffer, ZIP 2006, S. 637 (640).

718 Vgl. Hüffer, ZIP 2006, S. 637 (640).

719 Vgl. Hüffer, ZIP 2006, S. 637 (640), der vorschlägt, dass dies zukünftig im Rahmen des Berichts nach § 171 Abs. 2 AktG geschehen könnte.

Fasst der Aufsichtsrat keinen Beschluss über die Unabhängigkeit der Kandidaten oder die Unabhängigkeit des Organs, muss davon ausgegangen werden, dass Ziffer 5.4.2 S. 1 DCGK nicht entsprochen wird, da er nicht zu einer „Einschätzung" im Sinne dieser Vorschrift gelangen würde. Dann muss im Rahmen der Entsprechenserklärung nach § 161 AktG offen gelegt werden, dass dem Aufsichtsrat keine ausreichende Anzahl von unabhängigen Mitgliedern angehört.

3. Besetzung der herausgehobenen Positionen innerhalb des Aufsichtsrats

Wurden unabhängige Mitglieder in den Aufsichtsrat gewählt, verbleibt - nach den in der vorliegenden Arbeit unterbreiteten Vorschlägen - die Besetzung der herausgehobenen Positionen innerhalb des Aufsichtsrats mit unabhängigen Mitgliedern, nämlich die Position des Aufsichtsratsvorsitzenden sowie die Besetzung des Prüfungsausschusses.[720] Der Aufsichtsratsvorsitzende wird gem. § 107 Abs. 1 S. 1 AktG vom Aufsichtsrat aus seiner Mitte gewählt. Auch die Mitglieder des Prüfungsausschusses werden vom Aufsichtsratsplenum bestimmt; mit einfacher Mehrheit der Stimmen wird gem. §§ 107 Abs. 3 S. 1, 108 Abs. 1 AktG über die Einrichtung und Besetzung eines Prüfungsausschusses Beschluss gefasst. Wird diese Entscheidung getroffen, ist der Aufsichtsrat gehalten, die Erkenntnisse zur Unabhängigkeit der einzelnen Mitglieder zu berücksichtigen. Entscheidet sich der Aufsichtsrat gegen eine Besetzung dieser Positionen mit unabhängigen Mitgliedern, zieht dies eine Erklärungspflicht im Rahmen des § 161 AktG nach sich, da der Aufsichtsrat nicht als unabhängig anzusehen ist.

4. Zwischenergebnis - Erweiterte Pflichten hinsichtlich der Ausgestaltung des Wahlvorschlags an die Hauptversammlung

Zur Erfüllung der Empfehlung in Ziffer 5.4.2 S. 1 DCGK ist es notwendig, dass der Aufsichtsrat der Hauptversammlung einen Wahlvorschlag für den Aufsichtsrat unterbreitet, der eine den Vorgaben entsprechende Anzahl unabhängiger Mitglieder enthält. Über den Wahlvorschlag und die Feststellung der Unabhängigkeit der einzelnen Mitglieder muss der Aufsichtsrat im Beschlussverfahren entscheiden.

V. Einfluss auf die Abgabe der Entsprechenserklärung nach § 161 AktG

Aufsichtsrat und Vorstand müssen jährlich nach § 161 AktG erklären, dass den vom Bundesministerium der Justiz im amtlichen Teil des elektronischen Bundesanzeigers bekannt gemachten Empfehlungen der "Regierungskommission Deutscher Corporate Governance Kodex" entsprochen wurde und wird oder

---

720 Siehe § 6 II.

welche Empfehlungen nicht angewendet wurden oder werden. Zu den Empfehlungen, die das Organ Aufsichtsrat betreffen, ist auch dieser erklärungspflichtig.[721] Er muss jährlich Beschluss über den vergangenheitsbezogenen und den zukunftsgerichteten Teil der Erklärung fassen.[722]

Durch die Empfehlung zur Unabhängigkeit ist der Aufsichtsrat damit gezwungen, auch wenn von der Hauptversammlung keine Aufsichtsratswahl durchzuführen ist, seine eigene Unabhängigkeit jährlich festzustellen. Der Aufsichtsrat muss einen Beschluss darüber fassen, ob ihm eine ausreichende Anzahl unabhängiger Mitglieder angehört. Dies bedingt, dass neben der Unabhängigkeit des Organs auch die persönliche Unabhängigkeit des einzelnen Mitglieds erneut festzustellen ist, damit die Erklärung sorgfaltsgemäß abgegeben werden kann. Diese Beschlussfassung über die Entsprechenserklärung kann auf einen Ausschuss übertragen werden, da sie nicht unter einem Plenarvorbehalt nach § 107 Abs. 3 S. 2 AktG steht.

VI. Ergebnis – Unabhängigkeitserfordernis für die Mehrheit der Anteilseignervertreter und bei der Besetzung herausgehobener Positionen

Dem Aufsichtsrat müssen unabhängige Mitglieder angehören, um die Empfehlung in Ziffer 5.4.2 S. 1 des DCGK zu erfüllen. Es muss die Mehrheit der Vertreter der Anteilseigner unabhängig sein, und aus diesem Kreis müssen der Aufsichtsratsvorsitzende sowie der Vorsitzende und die Mehrheit der Mitglieder des Prüfungsausschusses gewählt werden.

Für die Schaffung der entsprechenden Voraussetzungen ist der Aufsichtsrat gehalten, in seinen Wahlvorschlag an die Hauptversammlung zumindest die dafür notwendige Anzahl unabhängiger Kandidaten aufzunehmen. Über die Unabhängigkeit des einzelnen Kandidaten sowie den Wahlvorschlag und die Unabhängigkeit des Organs muss der Aufsichtsrat im Beschlussverfahren entscheiden. Der Beschluss kann auf einen Ausschuss übertragen werden.

§ 7 Haftung bei Verletzung der Verpflichtungen nach § 161 AktG i. V. m. Ziffer 5.4.2 S. 1, 2 DCGK, §§ 116, 93 AktG

Das Unabhängigkeitserfordernis legt dem Aufsichtsrat zusätzliche Pflichten sowohl bei der Vorbereitung des Abstimmungsvorschlags an die Hauptversammlung für die Wahl des Aufsichtsrats als auch bei der Einschätzung der Unabhängigkeit des Organs auf. Für das einzelne unabhängige Aufsichtsratsmitglied kann sich ein höheres Haftungsrisiko in der Position als Aufsichts-

---

721 Vgl. Semler in: MünchKomm AktG, § 161, Rn. 88.

722 Vgl. Semler in: MünchKomm AktG, § 161, Rn. 165.

ratsvorsitzender oder als Vorsitzender oder Mitglied des Prüfungsausschusses ergeben.

I. §§ 116, 93 AktG – Haftung des einzelnen Aufsichtsratsmitglieds

Wenn zusätzliche Anforderungen an die persönliche Qualifikation eines Aufsichtsratsmitglieds für die Besetzung einer Position mit besonderen Verantwortlichkeiten gestellt werden, hat dies Auswirkungen auf das Haftungsrisiko. Aus diesem Grund können unabhängige Mitglieder einem höheren Haftungsrisiko unterliegen.

Gemäß den haftungsbegründenden Normen im Aktiengesetz §§ 116, 93 AktG haben Aufsichtsratsmitglieder ihr Amt mit der Sorgfalt eines ordentlichen und gewissenhaften Aufsichtsratsmitglieds zu erledigen. Verletzen sie diese Pflichten schuldhaft, so sind sie zum Ersatz des daraus entstehenden Schadens verpflichtet (§§ 116, 93 Abs. 2 AktG). Die Haftung tritt gegenüber der Gesellschaft ein und nicht gegenüber den Aktionären, zu deren Gunsten die Norm auch keine Schutzwirkung entfaltet.[723] Zu den allgemeinen Amtspflichten des Aufsichtsrats, die den Aufgabenbereich, in dem die Haftung eintritt, betreffen, sei auf den Beginn der Arbeit verwiesen.[724]

Es handelt sich gem. §§ 116, 93 Abs. 2 S. 1 AktG um eine gesamtschuldnerische Haftung. Jedoch haftet das Aufsichtsratsmitglied nicht automatisch, weil das Gesamtorgan seine Pflichten verletzt hat, vielmehr bedarf es einer individuellen Pflichtverletzung.[725] Diese kann schon darin liegen, bei einem sorgfaltswidrigen Beschluss nicht mit „Nein" zu stimmen, sondern sich lediglich zu enthalten.[726]

Werden Beschlüsse des Aufsichtsrats von einem Ausschuss gefasst, so hat dies Einfluss auf die Haftung der anderen Aufsichtsratsmitglieder. Das Mitglied trifft nicht die Pflicht, die Arbeit eines beschließenden Ausschusses jederzeit und ohne konkreten Verdacht zu kontrollieren, eine Pflicht zur Einschaltung

---

723 Hüffer, AktG, § 93, Rn. 19; Hoffmann-Becking in: Münchener Hdb. GesR Bd. 4, § 33, Rn. 43; Mertens in: Kölner Kommentar AktG, § 93, Rn. 169.

Es ist ferner darauf hinzuweisen, dass höchst selten Schadensersatzersatzansprüche der Gesellschaft gegenüber Aufsichtsräten geltend gemacht werden, da der Vorstand eigene Pflichtverletzungen vortragen müsste, um eine Verletzung der Überwachungspflicht des Aufsichtsrats nachzuweisen. (Reichert/Weller, ZRP 2002, S. 49 (50)).

724 Siehe Kapitel 1 § 2 V. 2.

725 Mertens in: Kölner Kommentar, AktG, § 116, Rn. 57; Lutter/Krieger, Rn. 834; Breuer/Fraune in: Anwaltkommentar Aktienrecht, § 116 AktG, Rn. 15; Hopt/Roth in: Großkommentar Akt, § 116, Rn. 92 f.

726 Lutter/Krieger, Rn. 834 f.

des Gesamtaufsichtsrats kann sich aber ergeben, wenn Zweifel an der Ordnungsmäßigkeit der Arbeit des Ausschusses bestehen. Insgesamt hat der Aufsichtsrat die Pflicht, die Tätigkeit der Ausschüsse zu überwachen und sich regelmäßig über die Ausschusstätigkeit berichten zu lassen. Versäumt der Ausschuss seine Pflichten, macht sich das Gesamtorgan haftbar, wenn es die Fehlentwicklung bei ordnungsgemäßer Überwachung hätte erkennen können.[727]

Verschuldensmaßstab ist im Sinne der §§ 116 S. 1, 93 Abs. 1 S. 1 AktG, die Sorgfalt eines ordentlichen und gewissenhaften Aufsichtsratsmitglieds. Es handelt sich um einen objektivierten Verschuldensmaßstab, individuelle Fähigkeiten oder Kenntnisse bleiben zunächst unberücksichtigt, denn jedes in den Aufsichtsrat gewählte Mitglied muss in der Lage sein, diesen Sorgfaltsmaßstab zu erfüllen.[728]

Unterschiede ergeben sich dennoch in zweierlei Hinsicht: Zum einen kann das Verschulden im Hinblick darauf differieren, dass die Aufsichtsratsmitglieder unterschiedliche Aufgaben übernehmen. Bei einer Arbeitsteilung im Aufsichtsrat trägt das zuständige Aufsichtsratsmitglied die Verantwortung, und es verringert sich die Haftung der übrigen Mitglieder.[729] Werden also unabhängige Mitglieder in den Aufsichtsrat unter der Prämisse gewählt, dass sie bestimmte Positionen, wie die Mitgliedschaft im Prüfungsausschuss innehaben werden, so verringert sich das Haftungsrisiko der übrigen Mitglieder, da die Wahrscheinlichkeit, dass sie in den Prüfungsausschuss gewählt werden, sinkt.

Zum anderen kann ein strengerer Maßstab bestehen, wenn einzelne Aufsichtsratsmitglieder aufgrund ihrer besonderen Fähigkeiten[730] in den Aufsichtsrat gewählt werden und herausgehobene Funktionen übernehmen - vor allem den Aufsichtsratsvorsitz, für die sie diese Fähigkeiten benötigen. Dann haften sie entsprechend den Anforderungen und können sich nicht darauf berufen,

---

727 Lutter/Krieger, Rn. 841.

728 Vgl. Hopt/Roth in: Großkommentar AktG, § 116, Rn. 41; Semler in: MünchKomm AktG, § 116, Rn. 29; Hoffmann/Becking in: Münchener Hdb. GesR Bd. 4, § 33, Rn. 46; Hüffer, AktG, § 116, Rn. 2; Lutter/Krieger, Rn. 846.

729 Hopt/Roth in: Großkommentar AktG, § 116, Rn. 41; Lutter/Krieger, Rn. 848; Schwark, ZHR Beiheft 71, S. 75 (106).

730 Semler in: MünchKomm AktG, § 116, Rn. 96; Hoffmann/Becking in: Münchener Hdb. GesR Bd. 4, § 33, Rn. 46; Brauer/Fraune in: Anwaltkommentar Aktienrecht, § 116 AktG, Rn. 3; sowie: Schwark, ZHR Beiheft 71, S. 75 (107), der vorschlägt, de lege ferenda an alle Mitglieder den gleichen Maßstab anzulegen, um langfristig eine verbesserte Qualifikation aller Mitglieder eines Aufsichtsrats zu erreichen.

dass an andere Mitglieder ein geringerer Maßstab angelegt wird.[731] Ob Sonderkenntnisse einzelner Mitglieder, die aus ihrer sonstigen beruflichen Tätigkeit resultieren, zu einem strengeren Haftungsmaßstab führen, ist umstritten, aber zu bejahen, da diese Mitglieder häufig aufgrund ihrer Fachkenntnis in den Aufsichtsrat gewählt werden und davon ausgegangen werden muss, dass sie nicht sorgfaltsgemäß handeln, wenn sie diese nicht einsetzen.[732] Zwar kann die persönliche Eigenschaft der Unabhängigkeit des Aufsichtsratsmitglieds nicht mit einer höheren persönlichen Qualifikation gleichgesetzt werden, da sie keine erhöhte fachliche Eignung impliziert, jedoch kann sich ein erhöhtes Haftungsrisiko aus der Übernahme besonders einflussreicher Positionen innerhalb des Aufsichtsrats ergeben. Die übernommene persönliche Verantwortung steigt.

II. Ergebnis – höheres Haftungsrisiko für Aufsichtsratsmitglieder in herausgehobenen Positionen

Im Ergebnis ist festzuhalten, dass Personen, die als unabhängige Mitglieder in den Aufsichtsrat gewählt werden, einem höheren Haftungsrisiko als die abhängigen Aufsichtsratsmitglieder unterliegen. Die als abhängig geltenden Aufsichtsratsmitglieder wirken vorrangig bei Plenumsentscheidungen mit und sind nicht für die Übernahme der herausgehobenen Position des Aufsichtsratsvorsitzenden sowie der Positionen des Prüfungsausschusses vorgesehen.

§ 8 Anwendbarkeit der Empfehlungen zur Unabhängigkeit auf die SE

Seit Einführung der SE besteht auch in Deutschland die Möglichkeit, eine Aktiengesellschaft mit einer monistischen Führungsstruktur zu gründen. Bei der Umsetzung der Unabhängigkeitsanforderung nach Ziffer 5.4.2 S. 2 DCGK auf den Verwaltungsrat einer börsennotierten, monistisch verfassten, mitbestimmten SE stellen sich Probleme, da der DCGK zwar gem. Art. 9 SE-VO und § 161 AktG Anwendung findet, aber allein auf ein zweigliedriges Führungssystem zugeschnitten ist.[733] Die notwendige Anzahl unabhängiger Mitglieder des Verwaltungsrats hängt von seiner Ausgestaltung ab: Wenn keine geschäftsführenden Direktoren Mitglieder des Verwaltungsrats sind, kann sich an den Vorgaben zum dualistischen System orientiert werden.

---

731 Mertens in: Kölner Kommentar AktG, § 116, Rn. 57; Lutter/Krieger, Rn. 849.

732 In diesem Sinne: Mertens in: Kölner Kommentar AktG, § 116, Rn. 57; Dreher, FS Boujong, S. 71 (81 f.); dagegen: Hüffer, AktG, § 116, Rn. 3; Schmidt, GesR, § 28 III 1 d.

733 Vgl. Frodermann in: Jannott/Frodermann, SE, Rn. 331.

Sind hingegen geschäftsführende Direktoren Mitglieder des Verwaltungsrats, so muss in der mitbestimmten SE die Mehrheit der Vertreter der Anteilseigner unter den nicht geschäftsführenden Direktoren unabhängig sein. Eine unabhängige Aufgabenerfüllung ist aber dennoch nicht gewährleistet, da de lege lata ein Übergewicht der Arbeitnehmervertreter besteht, wenn im Rahmen der paritätischen Mitbestimmung die Hälfte aller Mitglieder des Verwaltungsrats von den Arbeitnehmern entsandt werden.

I. Aufgaben des Verwaltungsrats

Gem. § 22 Abs. 1 SEAG leitet der Verwaltungsrat die Gesellschaft, bestimmt die Grundlinien ihrer Tätigkeit und überwacht deren Umsetzung, er ist also das oberste Leitungsorgan der Gesellschaft.[734] Ferner obliegt ihm gem. § 22 SEAG die Einberufung der Hauptversammlung (Abs. 2), die Führung der Handelsbücher sowie die Einrichtung eines Überwachungssystems, damit den Fortbestand der Gesellschaft gefährdende Entwicklungen früh erkannt werden (Abs. 3), und ihn treffen bestimmte Pflichten im Falle der Überschuldung der Gesellschaft (Abs. 5). Daneben steht ihm gem. § 22 Abs. 4 SEAG ein Einsichts- und Prüfungsrecht in alle Unterlagen der Gesellschaft zu. Das Gremium vereint die gesamten Kompetenzen von Vorstand und Aufsichtsrat in sich.[735]

Das SEAG formuliert persönliche Voraussetzungen der Mitglieder des Verwaltungsrats, § 27 Abs. 1 SEAG entspricht dabei § 100 Abs. 2 AktG und geht über dessen Regelungsgehalt nicht hinaus. Auch andere Normen enthalten keine weitergehenden Anforderungen zur Unabhängigkeit. Ebenso finden sich keine speziellen Regelungen für die Einrichtung eines Prüfungsausschusses und die Anforderungen an seine Besetzung sowie für die Person des Verwaltungsratsvorsitzenden. Damit entspricht das SEAG den Regelungen des Aktiengesetzes.

II. Betroffene Personen

Der Verwaltungsrat ist gem. § 40 SEAG verpflichtet, geschäftsführende Direktoren zu bestellen, die die Geschäfte der Gesellschaft führen.[736] Ihre Aufgabe ist die laufende Verwaltung der Gesellschaft, im Gegensatz zu den Vorständen der Aktiengesellschaft, deren Geschäftsführungsbefugnis eigenverantwortli-

---

[734] Teichmann, BB 2004, S. 53 (53).

[735] Vgl. Frodermann in: Jannott/Frodermann, SE, Rn. 166; Merkt, ZGR 2003, S. 650 (658); Reichert/Brandes, ZGR 2003, S. 767 (789).

[736] Es wird kritisiert, dass hier die Begrifflichkeiten verwischt werden, da üblicherweise die Unternehmensleitung als Teil der Geschäftsführung angesehen wird.

che Leitungsrechte einschließt.[737] Zwischen den geschäftsführenden Direktoren und den Mitgliedern des Verwaltungsrats besteht eine Trennung der Funktionen, nicht aber zwangsweise der Personen.[738]

1. Geschäftsführende Direktoren keine Mitglieder des Verwaltungsrats

Die geschäftsführenden Direktoren müssen nicht Mitglieder des Verwaltungsrats sein, und in diesem Fall ist die Überwachung der Geschäftsführung nicht Teil ihrer Aufgabe. Bei dieser Gestaltungsalternative nähern sich monistisches und dualistisches Führungssystem an, da Überwachung und Geschäftsführung von unterschiedlichen Personen wahrgenommen werden.[739] Unterliegt die Gesellschaft der paritätischen Mitbestimmung, so bedeutet dies, dass die Hälfte der Mitglieder des Verwaltungsrats Arbeitnehmervertreter sind. Die Beteiligung von Arbeitnehmervertretern an Leitungsaufgaben unterliegt grundsätzlichen Bedenken,[740] die aber auf die Frage nach der Unabhängigkeit der Vertreter der Anteilseigner keinen Einfluss haben.

Auf Grund der Nähe zum dualistischen System gelten die Überlegungen zur Unabhängigkeit des Organs, das heißt zur Anzahl der unabhängigen Mitglieder und zu den herausgehobenen Positionen entsprechend.

2. Geschäftsführende Direktoren als Mitglieder des Verwaltungsrats

Geschäftsführende Direktoren können auch gleichzeitig Mitglieder des Verwaltungsrats sein (vgl. § 40 Abs. 1 S. 2 SEAG). Damit haben sie stärkeren Einfluss auf die Unternehmensführung als dies dem Vorstand einer Aktiengesellschaft im Rahmen seiner Geschäftsführung gegeben ist, denn sie nehmen an den Sitzungen des Verwaltungsrats, dem die Überwachung der Geschäftsführung obliegt, teil. Bei dieser Gestaltungsalternative muss gem. § 40 Abs. 1 S. 2 SEAG die Mehrheit der Mitglieder des Verwaltungsrats aus nicht geschäftsführenden Direktoren bestehen.[741]

---

737 Frodermann in: Jannott/Frodermann, SE, Rn. 228.

738 Teichmann, BB 2004, S. 53 (54).

739 Frodermann in: Jannott/Frodermann, SE, Rn. 171.

740 Siehe hierzu: Habersack, Europäisches Gesellschaftsrecht, Rn. 41.

741 Dies kann dennoch dazu führen, dass bei einzelnen Abstimmungen innerhalb des Verwaltungsrats eine Mehrheit geschäftsführender Direktoren Entscheidungen im Bereich der Überwachung oder strategischen Planung trifft. Dies wird nicht als Guter Corporate Governance entsprechend angesehen (Frodermann in: Jannott/Frodermann, SE, Rn. 171).

a. Berücksichtigung der unternehmerischen Mitbestimmung

Die Anzahl der bei dieser Gestaltungsalternative zu fordernden unabhängigen Mitglieder hängt wesentlich davon ab, wie die Mitbestimmung im Verwaltungsrat gehandhabt wird. Im Falle eines paritätisch zu besetzenden Verwaltungsrats muss bisher wohl davon ausgegangen werden, dass die Hälfte der Sitze des gesamten Verwaltungsrats und nicht lediglich die Hälfte der für die nicht geschäftsführenden Direktoren verbleibenden Sitze den Vertretern der Arbeitnehmer zustehen.

Das Gesetz über die Beteiligung der Arbeitnehmer in einer Europäischen Gesellschaft (SE-Beteiligungsgesetz-SEBG)[742] (folgend: SEBG) trifft keine Unterscheidung zwischen dem dualistischen und monistischen Modell des Leitungssystems. Dies bedeutet, dass bei Wahl des monistischen Modells die Hälfte des Verwaltungsrats mit Arbeitnehmervertretern zu besetzen sein kann.

Es wird moniert, dass eine Arbeitnehmerbeteiligung außerhalb der Überwachungsfunktion dem deutschen Mitbestimmungsmodell fremd ist, dass das SEBG aber diesem Umstand keinerlei Rechnung trägt.[743] Gesetzt, dass Arbeitnehmervertreter als nicht geschäftsführende Direktoren berufen werden, so hätten sie als Mitglieder des Verwaltungsrats ein Weisungsrecht gegenüber den geschäftsführenden Direktoren, was über den Bestand der deutschen Mitbestimmung hinausginge.[744]

Teils wird sogar die Meinung vertreten, dass eine entsprechende Besetzung des Verwaltungsrats wegen eines Verstoßes gegen Art. 14 GG verfassungswidrig sei.[745] Begründet wird dies mit den Ausführungen des Bundesverfassungsgerichts zur Verfassungsmäßigkeit der Mitbestimmung.[746] Betrachtet man diese im Lichte von Art. 14 GG, darf die Mitbestimmung nicht dazu führen, dass über das im Unternehmen investierte Kapital gegen den Willen der Anteilseigner entschieden werden kann. Das MitbestG genügt nach Auffassung des Bundesverfassungsgerichts dieser Voraussetzung, da beim paritätisch besetzten Aufsichtsrat stets ein leichtes Übergewicht der Anteilseigner

---

742 Art. 2 des Gesetzes zur Einführung der Europäischen Gesellschaft (SEEG) vom 22.12.2004, BGBl. Teil I 2004, S. 3675.

743 Kienast in: Jannott/Frodermann, SE, Rn. 296 f.

744 Vgl. Kallmeyer, ZIP 2003, S. 1531 (1534).

745 So Gruber/Weller, NZG 2003, S. 297 (299); Kallmeyer, ZIP 2003, S. 1531 (1534); zweifelnd: Reichert/Brandes, ZGR 2003, S. 767 (790).

746 BVerfGE 50, 290 (350 ff.).

vorhanden sei.[747] Daraus wird der Schluss gezogen, dass ein monistischer mitbestimmter Verwaltungsrat nur verfassungsmäßig wäre, wenn Entscheidungen im Rahmen des laufenden Geschäfts sowie Strategieentscheidungen nur von Vertretern der Anteilseigner getroffen werden könnten.[748] Hiergegen spricht, dass das zahlenmäßige Übergewicht der Anteilseignervertreter aufgrund der Möglichkeit des Stichentscheids durch den Verwaltungsratsvorsitzenden (vgl. Art. 50 Abs. 2 S. 2 SE-VO) gewahrt bleibt.

Die fehlende Beschränkung auf die nicht geschäftsführenden Verwaltungsratsmitglieder zur Ermittlung der Anzahl der Arbeitnehmervertreter im Rahmen der paritätischen Mitbestimmung war bereits während der Beratungen des Gesetzentwurfs kontrovers, es wurde aber darauf verzichtet, eine Änderung oder Einschränkung vorzunehmen.[749] Weiter ist umstritten, ob eine paritätische Besetzung des Verwaltungsrats nach derzeitiger Rechtslage überhaupt notwendig ist. Ein Teil geht davon aus, dass sich die zahlenmäßige Gleichwertigkeit vor und nach der Gründung der SE lediglich auf die Zahl der nicht geschäftsführenden Direktoren beziehen könne, da dies auch im dualistischen Modell, das als Vergleichsmaßstab dient, der Fall sei.[750] Die Auffassung ist zwar nachvollziehbar und stellt im Gegensatz zum anderen Verständnis eine sachgerechte Interpretation des von der Richtlinie 2001/86/EG[751] vorgegeben Gebots der Gleichheit dar, dem Ansatz kann aber dennoch nicht gefolgt werden und somit ist mit anderen Autoren eine dahingehende Interpretation der Bestimmungen als contra legem für unzulässig zu halten.[752]

b. Ausreichende Anzahl unabhängiger Mitglieder

Um eine unabhängige Überwachung zu gewährleisten, muss die Mehrheit der Verwaltungsräte der Anteilseignerseite grundsätzlich unabhängig sein. Das Erfordernis kann sich aber persönlich nur auf die Mitglieder beziehen, die nicht geschäftsführende Direktoren sind. Geschäftsführende Direktoren könnten nicht als unabhängig qualifiziert werden. Dies kann dazu führen, dass alle

---

747 BVerfGE 50, 290 (350 ff.).

748 Vgl. Gruber/Weller, NZG 2003, S. 297 (299).

749 Vgl. Empfehlungen des Wirtschaftsausschusses des Bundesrats v. 12.11.2004, (BR-Drucks. 850/04) hinsichtlich der Umsetzung der Richtlinie in Bezug auf die Anzahl der Arbeitnehmervertreter im Verwaltungsrat.

750 Dafür: Teichmann, BB 2004, S. 53 (56); nicht entschieden: Horn, DB 2005, S. 147 (152).

751 Richtlinie 2001/86/EG des Rates vom 8. Oktober 2001 zur Ergänzung des Statuts der Europäischen Gesellschaft hinsichtlich der Beteiligung der Arbeitnehmer, ABl. L 294 vom 10.11.2001, S. 22 ff.

752 Z. B. Theisen/Wenz, Rn. 332; Kallmeyer, ZIP 2003, S. 1531 (1534).

nicht geschäftsführenden Direktoren innerhalb des Verwaltungsrats unabhängig sein müssen.

Geht man davon aus, dass bestimmte Gremien, wie z. B. der Prüfungsausschuss, nur mit nicht geschäftsführenden Verwaltungsratsmitgliedern besetzt werden können, so müssen auch diese Gremien mit einer überwiegenden Anzahl unabhängiger Mitglieder besetzt werden.

Dies würde bezüglich der Vertreter der Anteilseigner den Regelungen in den USA entsprechen: So muss nach den NYSE Corporate Governance Rules Sec. 303A die Mehrheit der Mitglieder des Board of Directors unabhängig sein. Ferner müssen alle Mitglieder des Audit Committee,[753] des Nominating/Corporate Governance Committee[754] sowie des Compensation Committee[755] unabhängig sein. Damit werden wichtige Entscheidungen, teils gesetzlich, wie durch das Audit Committee, teils durch die Börsenordnung vorgegeben, zwingend ausschließlich von unabhängigen Mitgliedern getroffen.

Eine Erstreckung auf den gesamten Verwaltungsrat ist im Hinblick auf die Mitbestimmung nicht möglich. Zudem ist aber bereits unwahrscheinlich, dass bei einer in Bezug auf die nicht geschäftsführenden Direktoren überparitätischen Beteiligung von Arbeitnehmervertretern die Empfehlung nach Ziffer 5.4.2 S. 1 DCGK überhaupt umgesetzt werden kann. Im Falle eines paritätisch besetzten Verwaltungsrats ist die Anzahl der nicht geschäftsführenden Direktoren unter den Anteilseignervertretern geringer als die Anzahl der Arbeitnehmervertreter.

c. Bewertung

Ein Übergewicht der Arbeitnehmervertreter gegenüber den nicht geschäftsführenden Vertretern der Anteilseigner ist nicht im Sinne einer funktionierenden Überwachung. Zwar kann eine unabhängige Entscheidung der Vertreter der Anteilseigner herbeigeführt werden, jedoch sind die Nachteile, die eine entsprechende Besetzung des Verwaltungsrats hat, offensichtlich. Die Vertreter der Arbeitnehmer im Verwaltungsrat sind direkt an der Geschäftsführung und nicht mehr lediglich an der Überwachung beteiligt. Sind sie gegenüber den nicht geschäftsführenden Direktoren in der Überzahl, können sie außerdem wesentliche Entscheidungen treffen. Eine unabhängige Beschlussfassung ist in diesem Fall als ausgeschlossen anzusehen.

---

[753] Vgl. Sec. 10A- 3 (b) (1) Exchange Act.

[754] Vgl. Sec. 303A 4 (a) NYSE Corporate Governance Rules.

[755] Vgl. Sec. 303A 5 (a) NYSE Corporate Governance Rules.

Vorteile einer stärkeren Einbindung der Arbeitnehmer in die Unternehmensführung werden auf unternehmenspolitischer Ebene gesehen: Es werden „Blockademöglichkeiten" reduziert und im Falle der Neuausrichtung eines Unternehmens mit möglichen negativen Auswirkungen auf die Beschäftigtenzahl kann eine vertrauensvolle Zusammenarbeit im Verwaltungsrat förderlich sein.[756]

d. Verbesserung der Unabhängigkeit durch die Organisation des Gremiums

Zur Beseitigung negativer Konsequenzen wird eine Reduzierung des Einflusses der Arbeitnehmervertreter innerhalb des Verwaltungsrats durch die interne Organisation des Gremiums vorgeschlagen. So wird die Bildung eines „Exekutiv- und Planungsausschusses" empfohlen, was nach § 34 Abs. 4 S. 1 SEAG möglich wäre, der sich mit Fragen der laufenden Verwaltung – sofern diese nicht den geschäftsführenden Direktoren übertragen ist – und der Unternehmensplanung beschäftigt.[757] Der Ausschuss sollte nach dieser Ansicht lediglich mit Vertretern der Anteilseigner besetzt werden.

Der Streit um die paritätische Besetzung von Aufsichtsratsausschüssen wurde bereits oben dargestellt.[758] Im Fall des Exekutiv- und Planungsausschusses ist eine ausschließliche Besetzung mit Anteilseignervertretern nicht missbräuchlich. Dies wäre der Fall, wenn die Besetzung dazu dienen sollte, zwingendes Mitbestimmungsrecht zu unterlaufen oder zu umgehen.[759] Da Sinn und Zweck der deutschen Regelungen zur Mitbestimmung nicht die Mitwirkung an der Geschäftsführung, sondern deren Überwachung ist, kann die Übertragung von Leitungsaufgaben auf Ausschüsse nicht als missbräuchliche Umgehung angesehen werden. Diesen Ausschüssen ist es aber verwehrt, Beschlüsse zu fassen, die dem Verwaltungsratsplenum vorbehalten sind, in diesem Bereich können sie lediglich vorbereitend tätig werden.[760] Sie könnten mit einer überwiegenden Anzahl unabhängiger Mitglieder besetzt werden, um die Qualität der Wahrnehmung der Leitungsaufgaben zu verbessern.

III. Ergebnis: eingeschränkte Anwendbarkeit des DCGK

In Bezug auf die dualistische SE oder eine SE mit monistischem Leitungssystem, bei der keine geschäftsführenden Direktoren Mitglieder des Verwal-

---

756 Vgl. Kallmeyer, ZIP 2003, S. 1531 (1534).

757 Frodermann in: Jannott/Frodermann, SE, Rn. 218.

758 Kapitel 3 § 6 III 2. c.

759 Vgl. BGHZ 83, 144 (146 ff.).

760 Vgl. Frodermann in: Jannott/Frodermann, SE, Rn. 220.

tungsrats sind, können die Vorschriften des DCGK zur Unabhängigkeit angewendet werden.

Im Falle der Mitgliedschaft geschäftsführender Direktoren muss die Mehrheit der Vertreter der nicht geschäftsführenden Direktoren unabhängig sein. Unterliegt die Gesellschaft der unternehmerischen Mitbestimmung, kann sich das Erfordernis nur auf die Vertreter der Anteilseigner beziehen. Selbst wenn diese ausreichend unabhängig sind, ist eine unabhängige Entscheidungsfindung durch das Gesamtgremium aber nahezu als ausgeschlossen anzusehen.

Eine Anpassung der Regelungen des Kodizes im Hinblick auf die monistisch verfasste SE ist deshalb nicht notwendig, denn es ist keine Möglichkeit vorstellbar, wie die sich bei der gesetzlichen Umsetzung ergebenden Mängel durch den DCGK ausgeglichen werden könnten. Es ist zu erwarten, dass eine deutsche monistisch verfasste SE, bei der geschäftsführende Direktoren gleichzeitig Mitglieder des Verwaltungsrats sind, keinen Zuspruch finden wird. Die Möglichkeiten der Ausgestaltung gehen weit über die mit der unternehmerischen Mitbestimmung bezweckte Beteiligung der Arbeitnehmer hinaus. Es können zwar Teilaufgaben auf Ausschüsse des Verwaltungsrats, die nur mit Vertretern der Anteilseigner besetzt werden, übertragen werden, dies ändert aber an dem zahlenmäßigen Übergewicht von Arbeitnehmervertretern nichts.

Kapitel 4: Zusammenfassung und Ausblick

§ 1 Zusammenfassung

Die Unabhängigkeit des Aufsichtsrats ist einerseits persönliche Eigenschaft des einzelnen Mitglieds, andererseits Eigenschaft des Organs als Entscheidungsträger.

Als Ergebnis der vorliegenden Arbeit lässt sich zunächst feststellen, dass sich aus dem Aktiengesetz selbst kein positives Unabhängigkeitserfordernis ableiten lässt, wenn auch die Unabhängigkeit in der Art der Ausgestaltung des Aufsichtsratsamts angelegt ist. Die Vorschriften des Aktiengesetzes, die das Verhältnis des Aufsichtsrats zu anderen Interessengruppen und die persönlichen Eigenschaften der Aufsichtsratsmitglieder betreffen sowie eine unbefangene Entscheidungsfindung des Aufsichtsrats sicherstellen sollen, sind nicht zu einem positiven Unabhängigkeitserfordernis verallgemeinerbar. Es besteht aber zukünftig eine Verpflichtung des Gesetzgebers zur Normierung eines Unabhängigkeitserfordernisses. Die bislang noch nicht umfassend in deutsches Recht umgesetzte Richtlinie 2006/43/EG verpflichtet die Mitgliedstaaten, dem Aufsichtsrat börsennotierter Gesellschaften die Einrichtung eines Prüfungsausschusses grundsätzlich vorzugeben, der mit einem unabhängigen Mitglied besetzt sein muss.

Ein Unabhängigkeitserfordernis für den Aufsichtsrat besteht auf untergesetzlicher Ebene im DCGK. Der Kodex empfiehlt in Ziffer 5.4.2 S. 1 DCGK, dass eine ausreichende Anzahl von Mitgliedern unabhängig sein soll. Auch enthält der DCGK in Ziffer 5.4.2 S. 2 eine Definition der Unabhängigkeit als persönliche Eigenschaft des einzelnen Mitglieds des Aufsichtsrats.

Zur Auslegung sind insbesondere die in Anhang II der Empfehlung 2005/162/EG enthaltenen Regelbeispiele heranzuziehen. Entsprechend der Vorgaben der Empfehlung 2005/162/EG wurden sie daraufhin untersucht, ob ihnen das deutsche Recht entgegensteht oder ob deutsche Besonderheiten gegen ihre Anwendung sprechen. Ein Teil der Regelbeispiele sind zur Auslegung des Unabhängigkeitserfordernisses von Aufsichtsratsmitgliedern zu verwenden und sollten in den DCGK aufgenommen werden.

Dabei soll als unabhängig im Sinne von Ziffer 5.4.2. S. 2 DCGK nicht gelten, wer:

1. innerhalb der letzten fünf Jahre ein Vorstandsmitglied der Gesellschaft oder einer verbundenen Gesellschaft war,

2. Arbeitnehmer der Gesellschaft oder einer verbundenen Gesellschaft ist oder in den letzten drei Jahren war und nicht aufgrund der Regelungen der Mitbestimmung in den Aufsichtsrat gewählt wurde,
3. eine zusätzliche Vergütung, z. B. für Beratungsleistungen, in bedeutendem Umfang von der Gesellschaft oder einer verbundenen Gesellschaft erhält, die € 100.000 im Einzelfall oder das jährliche Entgelt für die Tätigkeit als Aufsichtsratsmitglied übersteigt, darunter fallen auch finanzielle Vorteile in Form der Gewährung eines Kredits,
4. ein Geschäftsverhältnis in bedeutendem Umfang mit der Gesellschaft oder einer verbundenen Gesellschaft unterhält oder innerhalb des letzten Jahres unterhalten hat, dessen Volumen € 1 Mio. oder 2% des konsolidierten Bruttoerlöses der anderen Gesellschaft pro Jahr übersteigt, und zwar weder direkt noch indirekt als Vorstand, Geschäftsführer, Partner, Anteilseigner oder als leitender Angestellter,
5. Partner oder Angestellter des früheren externen Abschlussprüfers der Gesellschaft oder einer verbundenen Gesellschaft innerhalb der letzten fünf Jahre war,
6. länger als drei Amtszeiten Mitglied des Aufsichtsrats der Gesellschaft ist,
7. enger Familienangehöriger eines Vorstandsmitglieds oder von Personen ist, die sich in einer der in 1. bis 5. beschriebenen Positionen befinden.

Die anderen Regelbeispiele sind nicht zur Auslegung des Unabhängigkeitsbegriffs heranzuziehen: Dazu gehört die Qualifikation eines Anteilseigners mit Kontrollbeteiligung als abhängig, da das deutsche Konzernrecht - als anwendbares nationales Recht - hier andere Regelungen trifft. Weiterhin soll eine bestimmte Dauer der Amtszeit nicht automatisch zur Bejahung der Abhängigkeit führen. Überkreuzverflechtungen sind in Deutschland gesetzlich verboten (§ 100 Abs. 2 S. 1 Nr. 3 AktG), so dass ein entsprechender Tatbestand ausgeschlossen ist.

Der DCGK, jedoch nicht die Empfehlung 2005/162/EG, Anhang II, empfiehlt zur Vermeidung von Interessenkonflikten, dass kein Vertreter eines wesentlichen Wettbewerbers Mitglied des Aufsichtsrats sein soll. Dieser Tatbestand würde jedenfalls auch zur Qualifikation als abhängig führen, sollte aber aufgrund der schädlichen Auswirkungen gesetzlich verboten werden. Auch die Gewährung eines Kredits in bestimmter Höhe muss zur Vermutung der Abhängigkeit des einzelnen Mitglieds führen, auch wenn die Empfehlung 2005/162/EG dies nicht explizit vorsieht.

Die durch den DCGK vorgegebene Definition der Unabhängigkeit des einzelnen Mitglieds nach Ziffer 5.4.2 S. 2 DCGK sollte um einen Katalog von Regelbeispielen entsprechend dem oben aufgeführten Vorschlag ergänzt werden, um dem Anwender die Einschätzung der Unabhängigkeit des einzelnen Mitglieds zu ermöglichen. Zusätzlich ist die Definition des DCGK in Ziffer 5.4.2 S. 2 DCGK dahingehend anzupassen, dass auch potentielle Interessenkonflikte von der Regelung umfasst werden. Die Empfehlung des DCGK entspricht insoweit nicht dem Vorschlag der Empfehlung 2005/162/EG. Es muss eine Abgrenzung zu bestehenden Interessenkonflikten, die ein Stimmverbot oder einen Ausschluss aus der Aufsichtsratssitzung nach sich ziehen, getroffen werden können. Die Empfehlung in Ziffer 5.4.2 S. 2 DCGK sollte lauten: Ein Aufsichtsratsmitglied ist als unabhängig anzusehen, wenn es in keiner geschäftlichen oder persönlichen Beziehung zu der Gesellschaft oder deren Vorstand steht, die einen Interessenkonflikt begründen <u>kann</u>.

Gestrichen werden sollte die Anregung in Ziffer 5.4.7 DCGK, dass die erfolgsorientierte Vergütung des Aufsichtsrats auch auf den langfristigen Unternehmenserfolg bezogene Bestandteile enthalten sollte. Eine entsprechende Vereinbarung ist nach geltendem Aktienrecht nicht möglich.

Bezüglich der Unabhängigkeit des Organs Aufsichtsrats muss das Erfordernis einer ausreichenden Anzahl unabhängiger Aufsichtsratsmitglieder gemäß Ziffer 5.4.2 S. 1 DCGK dahingehend ausgelegt werden, dass die Mehrheit der Vertreter der Anteilseigner unabhängig sein muss, weil nur so eine unabhängige Entscheidung getroffen werden kann. Ferner müssen der Vorsitzende des Aufsichtsrats sowie der Vorsitzende und die Mehrheit der Mitglieder des Prüfungsausschusses unabhängig sein, da ihre Einflussmöglichkeiten so weitreichend sind, dass bei einer abhängigen Besetzung eine unabhängige Entscheidungsfindung des Organs nicht vermutet werden kann.

Mit diesen Erfordernissen erweitern sich die Pflichten des Aufsichtsrats dahingehend, dass er, um seine regelkonforme Besetzung zu ermöglichen, der Hauptversammlung einen Wahlvorschlag unterbreiten muss, der eine entsprechende Anzahl unabhängiger Mitglieder beinhaltet. Über die Einschätzung der Unabhängigkeit des einzelnen Kandidaten sowie der Unabhängigkeit des Organs muss der Aufsichtsrat im Beschlussverfahren entscheiden. Ferner ist er verpflichtet, jährlich über die Unabhängigkeit seiner Mitglieder Beschluss zu fassen, um die Entsprechenserklärung nach § 161 AktG bezüglich der Erfüllung der Empfehlung in Ziffer 5.4.2 S. 1 DCGK abgeben zu können.

Die Erfüllung des Unabhängigkeitserfordernisses durch den Verwaltungsrat einer monistisch verfassten paritätisch mitbestimmten SE ist nicht möglich. Nach den bisher bestehenden Regelungen kann nicht angenommen werden, dass bei einer Mehrheit der Vertreter der Arbeitnehmer unter den nicht geschäftsführenden Direktoren dieses Gremiums eine unabhängige Entscheidung getroffen werden kann. Deshalb sollte die derzeitige Regelung zur paritätischen Mitbestimmung in dieser Form nicht beibehalten werden, da so die verfassungsrechtlichen Grenzen der Mitbestimmung durch eine Beteiligung an der Geschäftsführung überschritten werden.

§ 2 Ausblick

Bis zum 29.06.2008 wird der Gesetzgeber zunächst die Unabhängigkeit eines Mitglieds des vom Aufsichtsrat eingesetzten Prüfungsausschusses festschreiben müssen, und der Begriff der Unabhängigkeit wird so Eingang in das Aktiengesetz finden.

In der Diskussion um die Unabhängigkeit des Aufsichtsrats wird aufgrund der bisher nicht erkennbaren Relevanz des Kodizes für den Börsenkurs[761] teils überlegt, den Kodex selbst mit stärkeren Durchsetzungsmechanismen auszustatten oder aber Teile des Kodizes in das Aktienrecht zu übernehmen, wenn die Empfehlungen nicht ausreichend befolgt werden. Beispiel dafür ist das Gesetz über die Offenlegung der Vorstandsvergütungen (Vorstandsvergütungs-Offenlegungsgesetz (VorstOG)).[762] Grund war die mangelnde Akzeptanz der Empfehlung des DCGK zur individualisierten Offenlegung der Vorstandsbezüge (Ziffer 4.2.4 DCGK in der Fassung bis zum 12.06.2006).[763] Zu nennen ist ebenfalls die Forderung eines gesetzlichen Verbots des direkten Wechsels von Vorstandsmitgliedern in den Aufsichtsrat, dessen gesetzliche Umsetzung aber bisher nicht begonnen hat.[764]

Diese Tendenz wird kritisch beurteilt, da Unternehmen wenig erprobte Regelungen auferlegt werden und das Aktienrecht als überreguliert angesehen wird,[765] was zu einer Einschränkung der unternehmerischen Freiheit führen soll.[766] Es bleibt abzuwarten, ob sich diese Tendenz fortsetzt, oder ob sich eine

---

761 So hat eine Untersuchung über die Entwicklung von Börsenkursen nach Einführung der Pflicht zur Abgabe der Entsprechenserklärung gezeigt, dass ein teilweises oder gesamtes Nichtbefolgen (auch bezeichnet als „Opt-out") der Empfehlungen des DCGK nicht zu einer messbaren negativen Beeinflussung des Börsenkurses führte (vgl. Nowak/Rott/Mahr, ZGR 2005, S. 252 (278 f.))

762 Gesetz über die Offenlegung der Vorstandsvergütungen (Vorstandsvergütungs-Offenlegungsgesetz - VorstOG) vom 3. August 2005, BGBl. I 2005, S. 2267.

763 Vgl. Regierungsbegründung zum VorstOG, S. 1.

764 Vgl. FAZ, 20.12.2006, S. 11.

765 Vgl. Kiethe, WM 2004, S. 459 (460).

766 So Claussen/Bröcker, AG 2000, S. 481 (482).

stärkere Akzeptanz der Empfehlungen ohne gesetzliche Grundlage einstellen wird.

Regelungsbedarf in Bezug auf ein monistisch verfasstes Leitungssystem in mitbestimmten Gesellschaften kann sich in Zukunft auch daraus ergeben, dass die Europäische Union eine Wahlmöglichkeit zwischen einem ein- oder zweistufigen Verwaltungsaufbaus bei allen börsennotierten Aktiengesellschaften entsprechend den Empfehlungen der High Level Group of Company Law Experts,[767] wie von der Europäischen Kommission angekündigt,[768] mittelfristig einführen will.[769] Dann würde sich das Problem nicht mehr lediglich in Bezug auf eine kleine Gruppe von Gesellschaften stellen. Der Gesetzgeber ist in diesem Fall aufgerufen, eine praktikable und schlüssige Regelung zu finden, die die Besonderheiten der unternehmerischen Mitbestimmung berücksichtigt und ihre Grenzen bestimmt und damit die Einrichtung eines monistischen Führungssystems auch in Deutschland tatsächlich ermöglicht.

---

767 Report of The High Level Group of Company Law Experts on a Modern Regulatory Framework for Company Law in Europe, Brüssel, 4. November 2002, S. 81.

768 Mitteilung der Kommission an den Rat und das Europäische Parlament, Modernisierung des Gesellschaftsrechts und Verbesserung der Corporate Governance in der Europäischen Union – Aktionsplan, KOM(2003) 284, S. 18 f.

769 Vgl. Habersack, Europäisches Gesellschaftsrecht, S. 71.

Literaturverzeichnis

Adams, Michael — Die Usurpation von Aktionärsbefugnissen mittels Ringverflechtung in der Deutschland AG – Vorschläge für Reformen im Wettbewerbs-, Steuer- und Unternehmensrecht, in: AG 1994, S. 148 - 156, zitiert: Adams, AG 1994

Adolff, Johannes; Tieves, Johannes — Über den rechten Umgang mit einem entschlusslosen Gesetzgeber: Die aktienrechtliche Lösung des BGH für den Rückzug von der Börse, in: BB 2003, S. 797 - 805, zitiert: Adolff/Tieves, BB 2003

Altmeppen, Holger — Der Prüfungsausschuss - Arbeitsteilung im Aufsichtsrat, in: ZGR 2004, S. 390 - 415, zitiert: Altmeppen, ZGR 2004

Arbeitskreis „Externe und Interne Überwachung der Unternehmung" der Schmalenbach - Gesellschaft für Betriebswirtschaft e. V. — Auswirkung des Sarbanes-Oxley Act auf die Interne und Externe Unternehmensüberwachung, in: BB 2004, S. 2399 - 2407, zitiert: AKEIÜ der Schmalenbach - Gesellschaft, BB 2004

Atkins, Paul S. — Erfahrungen mit Corporate Governance in den USA, in: Cromme, Gerhard (Hrsg.), Corporate Governance Report, Stuttgart 2003, S. 37 - 47, zitiert: Atkins in: Corporate Governance Report

Ball, Andreas — Die Krisenwarnpflichten des Jahresabschlussprüfers gegenüber dem Aufsichtsrat, Frankfurt am Main 2003, zitiert: Ball

Bauer, Michael — Abschlussprüfung und Beratung, in: WiSt 2004, S. 178 - 185, zitiert: Bauer, WiSt 2004

Behrens, Peter	Corporate Governance, in: Basedow, Jürgen; Hopt, Klaus J.; Kötz, Hein (Hrsg.), Festschrift für Ulrich Drobnig, Tübingen 1998, S. 491 - 506, zitiert: Behrens, FS Drobnig
Bernhardt, Wolfgang	Aufsichtsrat - die schönste Nebensache der Welt?, in: ZHR 159 (1995), S. 310 - 321, zitiert: Bernhardt, ZHR 159 (1995)
Berrar, Carsten	Zur Reform des AR nach den Vorschlägen der Regierungskommission „Corporate Governance", in: NZG 2001, S. 1113 - 1122, zitiert: Berrar, NZG 2001
ders.	Die zustimmungspflichtigen Geschäfte nach § 111 Abs. 4 AktG im Lichte der Corporate Governance - Diskussion, in: DB 2001, S. 2181 - 2186, zitiert: Berrar, DB 2001
Bleicher, Knut	Vergleichende Überlegungen zur Aktivierung des Verwaltungsrats, in: Bleicher, Knut; Schmitz-Dräger, Ralph (Hrsg.), Festschrift für Hans Siegwart, Bern 1990, S. 47 - 61, zitiert: Bleicher, FS Siegwart
Block, Ulrich	Neue Regelungen zur Corporate Governance gemäß Sarbanes-Oxley-Act, in: BKR 2003, S. 774 - 787, zitiert: Block, BKR 2003
Bogdandy, Armin von; Bast, Jürgen; Arndt, Felix	Handlungsformen im Gemeinschaftsrecht, in: ZaöRV 2002, S. 77 - 160, zitiert: v. Bogdandy/Bast/Arndt, ZaöRV 2002
Bollweg, Hans-Georg	Die Wahl des Aufsichtsrats in der Hauptversammlung der Aktiengesellschaft, Köln 1997, zitiert: Bollweg
Borges, Georg	Selbstregulierung im Gesellschaftsrecht - zur Bindung an Corporate Governance Kodizes, in: ZGR 2003, S. 508 – 540, zitiert: Borges, ZGR 2003
Braun, Eberhard	Insolvenzordnung (InsO) Kommentar, 3.Auflage, München 2007, zitiert: Bearbeiter in: Braun InsO

Bürgers, Tobias — Keine Aktienoptionen für Aufsichtsräte - Hindernis für die Professionalisierung des Aufsichtsrats, in: NJW 2004, S. 3022 - 3026, zitiert: Bürgers, NJW 2004

Canaris, Claus-Wilhelm; Schilling, Wolfgang; Ulmer, Peter — Handelsgesetzbuch: Großkommentar/begründet von Hermann Staub, 4. Auflage, Berlin 2002, zitiert: Bearbeiter in: Großkommentar HGB

Claussen, Carsten P.; Bröcker, Norbert — Corporate-Governance-Grundsätze in Deutschland - nützliche Orientierungshilfe oder regulatorisches Übermaß?, in: AG 2000, S. 481 - 491, zitiert: Claussen/Bröcker, AG 2000

Däubler, Wolfgang — Unternehmensrating - ein Rechtsproblem?, in: BB 2003, S. 429 - 434, zitiert: Däubler, BB 2003

Decher, Christian E. — Personelle Verflechtungen im Aktienkonzern: Loyalitätskonflikt und qualifiziert faktischer Konzern, Heidelberg 1990, zitiert: Decher

Deckert, Martina — Organschaftliche und vertragliche Beratungspflichten des Aufsichtsratsmitglieds, in: AG 1997, S. 109 - 114, zitiert: Deckert, AG 1997

Donald, David C. — Die Entwicklung der US-amerikanischen Corporate Governance nach Enron, in: WM 2003, S. 705 - 714, zitiert: Donald, WM 2003

Dreher, Meinrad — Die Qualifikation der Aufsichtsratsmitglieder, in: Ebenroth, Thomas et al. (Hrsg.), Festschrift für Karlheinz Boujong, München 1996, S. 71 - 97, zitiert: Dreher, FS Boujong

Druey, Jean Nicolas — Das deutsche Konzernrecht aus der Sicht des übrigen Europa, in: Lutter, Marcus (Hrsg.), Konzernrecht im Ausland, ZGR Sonderheft 11 1994, S. 311 - 368, zitiert: Druey, Konzernrecht

Ebke, Werner F. (Hrsg.) — Münchener Kommentar zum Handelsgesetzbuch, 2. Auflage, München 2001, zitiert: Bearbeiter in: MünchKomm HGB

Eling, Martin; Erner, Carsten	Hedgefonds, in: WiSt 2004, S. 424 - 427, zitiert: Eling/Erner, WiSt 2004
Emmerich, Volker; Habersack, Mathias	Aktien- und GmbH-Konzernrecht, 4. Auflage, München 2005, zitiert: Bearbeiter in: Emmerich/Habersack, KonzernR
Emmerich, Volker; Habersack, Mathias, Sonnenschein, Jürgen (bis zur 6. Auflage)	Konzernrecht, 7. Auflage, München 2001, zitiert: Emmerich/Sonnenschein/Habersack
Engel, Andreas	Chancen und Gestaltungsmöglichkeiten von Hedge-Fonds, in: Kreditwesen 2003, S. 924 - 927, zitiert: Engel, Kreditwesen 2003
Ernst, Christoph	Die Einheitlichkeit des Wirtschaftsprüferberufes, in: Wpg 2003, S. 18 - 25, zitiert: Ernst, Wpg 2003
Fischer, Curd Eduard	Rechtsschein und Wirklichkeit im Aktienrecht, in: AcP (154) 1955, S. 85 - 120, zitiert: Fischer, AcP (154) 1955
Fleischer, Holger	Der Einfluss der Societas Europaea auf die Dogmatik des deutschen Gesellschaftsrechts, in: AcP (204) 2004, S. 502 – 543, zitiert: Fleischer, AcP (204) 2004
ders.	Das Aktiengesetz von 1965 und das neue Kapitalmarktrecht, in: ZIP 2006, S. 451 - 459, zitiert: Fleischer, ZIP 2006
Gehling, Christian	Erfolgsorientierte Vergütung des Aufsichtsrats, in: ZIP 2005, S. 549 – 557, zitiert: Gehling, ZIP 2005
Geßler, Ernst; Hefermehl, Wolfgang; Eckardt, Ulrich; Kropff, Bruno	Aktiengesetz, Band I (§§ 1 - 75), München 1984, zitiert: Bearbeiter in: Geßler/Hefermehl/Eckardt/Kropff
dies.	Aktiengesetz, Band II (§§ 76 - 147), München 1973, zitiert: Bearbeiter in: Geßler/Hefermehl/Eckardt/Kropff

Godin, Reinhard von; Wilhelmi, Hans	Aktiengesetz vom 6. September 1965, Bd. 1, §§ 1 - 178, 2. Auflage, Berlin 1971, zitiert: Godin/Wilhelmi, AktG
Götz, Heinrich	Rechte und Pflichten des Aufsichtsrats nach dem Transparenz- und Publizitätsgesetz, in: NZG 2002, S. 599 – 604, zitiert: Götz, NZG 2002
ders.	Zustimmungsvorbehalte des Aufsichtsrats der Aktiengesellschaft, in: ZGR 1990 S.633 - 656, zitiert: Götz, ZGR 1990:
Groeben, Hans von der; Thiesing, Jochen; Ehlermann, Claus-Dieter (Hrsg.)	Kommentar zum EU-/EG-Vertrag, Bd. 4 (Art. 137 - 209a EGV), 5. Auflage, Baden-Baden 1997, zitiert: Bearbeiter in: Groeben/Thiesing/Ehlermann, EGV
Großfeld, Bernhard	Wandel der Unternehmensverfassung, in: NZG 2005, S. 1 - 5, zitiert: Großfeld, NZG 2005
Gruber, Johannes; Weller, Marc-Philippe	Societas Europaea: Mitbestimmung ohne Aufsichtsrat?, in: NZG 2003, S. 297 - 301, zitiert: Gruber/Weller, NZG 2003
Grundmann, Stefan	Europäisches Gesellschaftsrecht, Heidelberg 2004, zitiert: Grundmann
Gruson, Michael; Kubicek, Matthias	Der Sarbanes-Oxley Act, Corporate Governance und das deutsche Aktienrecht, in: AG 2003, S. 337 - 352, 393 – 406, zitiert: Gruson/Kubicek, AG 2003
Gummert, Hans; Riegger, Bodo; Weipert, Lutz (Hrsg.)	Münchener Handbuch des Gesellschaftsrechts, Bd. 1, BGB-Gesellschaft, Offene Handelsgesellschaft, Partnerschaftsgesellschaft, Partenreederei, EWIV, 2. Auflage, München 2004, zitiert: Bearbeiter in: Münchener Hdb. des GesR Bd. 1
Habersack, Mathias	Europäisches Gesellschaftsrecht, 3. Auflage, München 2006, zitiert: Habersack, Europäisches Gesellschaftsrecht

ders.	Der Aufsichtsrat im Visier der Kommission, in: ZHR 168 (2004), S. 373 - 381, zitiert: Habersack, ZHR 168 (2004)
ders.	Die erfolgsabhängige Vergütung des Aufsichtsrats und ihre Grenzen, in: ZGR 2004, S. 721 - 734, zitiert: Habersack, ZGR 2004
ders.	Aufsichtsrat und Prüfungsausschuss nach dem BilMoG, in: AG 2008, S. 97 – 107, zitiert: Habersack, AG 2008
Hagel, Joachim	Unabhängigkeit als ethisch-moralische Herausforderung, in: Wpg 2002, S. 1355 - 1360, zitiert: Hagel, Wpg 2002
Heermann, Peter W.	Interessenkonflikte von Bankenvertretern in Aufsichtsräten bei (geplanten) Unternehmensübernahmen, in: WM 1997, S. 1689 - 1696, zitiert: Heermann, WM 1997
Heidel, Thomas (Hrsg.)	Anwaltkommentar Aktienrecht, Bonn 2003, zitiert: Bearbeiter in: Anwaltkommentar Aktienrecht
Hein, Jan von	Die Rolle des US-amerikanischen CEO gegenüber dem Board of Directors im Lichte neuerer Entwicklungen, in: RIW 2002, S. 501 - 509, zitiert: v. Hein, RIW 2002
Heintzen, Markus	Der Deutsche Corporate Governance Kodex aus Sicht des deutschen Verfassungsrechts, in: ZIP 2004, S. 1933 - 1938, zitiert: Heintzen, ZIP 2004
Henze, Hartwig	Leitungsverantwortung des Vorstands - Überwachungspflicht des Aufsichtsrats, in: BB 2000, S. 209 - 216, zitiert: Henze, BB 2000
Herkenroth, Klaus E.	Bankenvertreter als Aufsichtsratsmitglieder von Zielgesellschaften: Zur beschränkten Leistungsfähigkeit des Rechts bei der Lösung von Interessenkonflikten anlässlich der Finanzierung von Übernahmen, in: AG 2001, S. 33 - 40, zitiert: Herkenroth, AG 2001

Herzig, Norbert; Watrin, Christoph — Obligatorische Rotation des Wirtschaftsprüfers - ein Weg zur Verbesserung der externen Unternehmenskontrolle?, in: zfbf 1995, S. 775 - 804, zitiert: Herzig/Watrin, zfbf 1995

Heussen, Benno — Interessenkonflikte zwischen Amt und Mandat bei Aufsichtsräten, in: NJW 2001, S. 708 - 710, zitiert: Heussen, NJW 2001

Hoffmann, Dietrich; Preu, Peter — Der Aufsichtsrat, 5. Auflage, München 2003, zitiert: Hoffmann/Preu

Hoffmann-Becking, Michael (Hrsg.) — Münchener Handbuch des Gesellschaftsrechts, Bd. 4, Aktiengesellschaft, 3. Auflage, München 2007, zitiert: Bearbeiter in: Münchener Hdb. des GesR Bd. 4

Hofmann, Rudolph; Hofmann, Ingo — Corporate Governance. Überwachungseffizienz und Führungskompetenz in Kapitalgesellschaften, München 1998, zitiert: Hofmann/Hofmann

Holl, Alexander — Die Reform des aktienrechtlichen Aufsichtsrats, Frankfurt am Main 2002, zitiert: Holl

Hommelhoff, Peter — Eigenkontrolle statt Staatskontrolle, in: Schubert/Hommelhoff (Hrsg.), 100 Jahre modernes Aktienrecht, Berlin 1985, S. 53 - 107, zitiert: Hommelhoff, Eigenkontrolle

ders. — Die Autarkie des Aufsichtsrats - Besprechung der Entscheidung BGHZ 85, 293 „Hertie" -, in: ZGR 1983, S. 551 - 580, zitiert: Hommelhoff, ZGR 1983

Hommelhoff, Peter; Mattheus, Daniela — Corporate Governance nach dem KonTraG, in: AG 1998, S. 249 - 259, zitiert: Hommelhoff/Mattheus, AG 1998

Hopt, Klaus J. — Europäisches Gesellschaftsrecht und deutsche Unternehmensverfassung - Aktionsplan und Interdependenzen, in: ZIP 2005, S. 461 - 474, zitiert: Hopt, ZIP 2005

Hopt, Klaus J.; Wiedemann, Herbert	Großkommentar AktG, §§ 76 – 83, 4. Auflage, Berlin 2003, zitiert: Bearbeiter in: Großkommentar AktG
dies.	Großkommentar AktG, §§ 95 – 116, 4. Auflage, Berlin 2005, zitiert: Bearbeiter in: Großkommentar AktG
dies.	Großkommentar AktG, §§ 121 – 130, 4. Auflage, Berlin 1993, zitiert: Bearbeiter in: Großkommentar AktG
dies.	Großkommentar Aktiengesetz; 12. Lieferung: Mitbestimmungsgesetz, 4. Auflage, Berlin 1999, zitiert: Bearbeiter in: Großkommentar AktG MitbestG
Horn, Norbert	Die Europa-AG im Kontext des deutschen und europäischen Gesellschaftsrechts, in: DB 2005, S. 147 - 153, zitiert: Horn, DB 2005
Hueck, Götz; Windbichler, Christine	Gesellschaftsrecht, 20. Auflage, München 2003, zitiert: Hueck/Windbichler
Houben, Joseph	Überkreuzverflechtung bei Aufsichtsräten, in: DB 1965, S. 546, zitiert: Houben, DB 1965
Hüffer, Uwe	Aktiengesetz, 7. Auflage, München 2006, zitiert: Hüffer, AktG
ders.	Die Unabhängigkeit von Aufsichtsratsmitgliedern nach dem DCGK, in: ZIP 2006, S. 637 - 644, zitiert: Hüffer, ZIP 2006
Jannott, Dirk; Frodermann, Jürgen	Handbuch der Europäischen Aktiengesellschaft - Societas Europaea, Heidelberg 2005, zitiert: Bearbeiter in: Jannot/Frodermann, SE
Jensen, Michael C.; Meckling, William	Theory of the firm: Managerial behavior, agency costs and ownership structure, in: Journal of Financial Economics 1976, S. 305 - 360, zitiert: Jensen/Meckling, Journal of Financial Economics 1976

Jürgens, Stefanie — Mitbestimmung und Verantwortlichkeit, Frankfurt am Main 2001, zitiert: Jürgens

Kallmeyer, Harald — Das monistische System in der SE mit Sitz in Deutschland, in: ZIP 2003, S. 1531 - 1536, zitiert: Kallmeyer, ZIP 2003

Kersting, Christian — Das Audit - Committee nach dem Sarbanes-Oxley-Gesetz - Ausnahmeregelungen für ausländische Emittenten, in: ZIP 2003, S. 2010 - 2017, zitiert: Kersting, ZIP 2003

Kiehn, Daniela; Mager, Ferdinand — Hedgefonds, in: DBW 2003, S. 605 - 607, zitiert: Kiehn/Mager, DBW 2003

Kiethe, Kurt — Aktienoptionen für den Vorstand im Maßnahmenkatalog der Bundesregierung - ein Beitrag zur Überregulierung des Aktienrechts, in: WM 2004, S. 458 - 466, zitiert: Kiethe, WM 2004

Kirsten, Roland — Deutscher Corporate Governance-Kodex: Die rechtmäßige Besetzung von Aufsichtsratsausschüssen am Beispiel des Prüfungsausschusses, in: BB 2004, S. 173 - 175, zitiert: Kirsten, BB 2004

Konow, Karl-Otto — Das Verbot der Überkreuzverflechtung, in: DB 1965, S. 849 - 851, zitiert: Konow, DB 1965

Kropff, Bruno — Textausgabe des Aktiengesetzes 1965 mit Begründungen und Berichten, Düsseldorf 1965, zitiert: Kropff, AktG 1965

Kropff, Bruno; Semler, Johannes (Hrsg.) — Münchener Kommentar zum Aktiengesetz Band 3, §§ 76 – 117, 2. Auflage, München 2004, zitiert: Bearbeiter in: MünchKomm AktG

dies. — Münchener Kommentar zum Aktiengesetz, Band 4, §§ 118-147, 2. Auflage, München 2003, zitiert: Bearbeiter in: MünchKomm AktG

dies.	Münchener Kommentar zum Aktiengesetz, Band 5/1, §§ 148-151, 161 - 178 AktG, §§ 238 - 264 c, 342, 342 a HGB; 2. Auflage, München 2003, zitiert: Bearbeiter in: MünchKomm AktG
dies.	Münchener Kommentar zum Aktiengesetz, Band 8, §§ 278 - 328, 2. Auflage, München 2000, zitiert: Bearbeiter in: MünchKomm AktG
Lanfermann, Georg; Maul, Silja	Auswirkungen des Sarbanes-Oxley Acts in Deutschland, in: DB 2002, S. 1725 – 1732, zitiert: Lanfermann/Maul, DB 2002
dies.	EU-Prüferrichtlinie: Neue Pflichtanforderungen für Audit Committees, in: DB 2006, S. 1505 – 1511, zitiert: Lanfermann/Maul, DB 2006
Lange, Oliver	Der Wechsel aus dem Vorstand in den Aufsichtsrat, in: NZG 2004, S. 265 - 270, zitiert: Lange, NZG 2004
Leyens, Patrick C.	Deutscher Aufsichtsrat und US-Board: ein- oder zweistufiges Verwaltungssystem?, in: RabelsZ 2003, S. 57 - 105, zitiert: Leyens, RabelsZ 2003
Löbbe, Marc	Unternehmenskontrolle im Konzern, Heidelberg 2003, zitiert: Löbbe
Lück, Wolfgang	Audit Committees - Prüfungsausschüsse zur Sicherung und Verbesserung der Unternehmensüberwachung in deutschen Unternehmen, in: DB 1999, S. 441 - 443, zitiert: Lück, DB 1999
Ludwig, Susanne	Leitungsgremien und Aufsichtsräte im Konzern, Wiesbaden 1997, zitiert: Ludwig
Luhmann, Niklas	Vertrauen, 4. Auflage, Stuttgart 2000, zitiert: Luhmann, Vertrauen
ders.	Soziale Systeme. Grundriß einer allgemeinen Theorie, 12. Auflage, Frankfurt am Main 2006, zitiert: Luhmann, Soziale Systeme

Luik, Hans — Ist ein obligatorischer Prüfungswechsel für Aktiengesellschaften sinnvoll?, in: BB 1976, S. 237 - 239, zitiert: Luik, BB 1976

Lutter, Marcus — Der doppelte Aufsichtsrat, in: Bierich, Marcus (Hrsg.), Festschrift für Johannes Semler, Berlin 1993, S. 835 - 852, zitiert: Lutter, FS Semler

ders. — Information und Vertraulichkeit im Aufsichtsrat, 2. Auflage, Köln 1984, zitiert: Lutter, Information

ders. — Zur Wirkung von Zustimmungsvorbehalten nach § 111 Abs. 4 S. 2 AktG auf nahestehende Gesellschaften, in: Lutter, Marcus u. a. (Hrsg.), Festschrift für Robert Fischer, Berlin 1979, S. 419 - 436, zitiert: Lutter, FS Fischer

ders. — Defizite für eine effiziente Aufsichtsratstätigkeit und gesetzliche Möglichkeiten ihrer Verbesserung, in: ZHR 159 (1995), S. 287 - 309, zitiert: Lutter, ZHR 159 (1995)

ders. — Die Erklärung zum Corporate Governance Kodex gemäß § 161 AktG, in: ZHR 166 (2002), S. 523 - 543, zitiert: Lutter, ZHR 166 (2002)

ders. — Fragerecht und Informationsanspruch des Aktionärs und GmbH-Geschäftsführers im Konzern, in: AG 1985, S. 117 - 124, zitiert: Lutter, AG 1985

ders. — Auswahlpflichten und Auswahlermessen bei der Wahl von Aufsichtsratsmitgliedern, in: ZIP 2003, S. 417 - 419, zitiert: Lutter, ZIP 2003

Lutter, Marcus; Kirschbaum, Tom — Zum Wettbewerber im Aufsichtsrat, in: ZIP 2005, S. 103 - 105, zitiert: Lutter/Kirschbaum, ZIP 2005

Lutter, Marcus; Krieger, Gerd — Rechte und Pflichten des Aufsichtsrats, 4. Auflage, Köln 2002, zitiert: Lutter/Krieger

Malik, Fredmund — Die Neue Corporate Governance, 3. Auflage, Frankfurt am Main 2002, zitiert: Malik

Martens, Klaus-Peter	Stand und Entwicklung im Recht der Stock-Options, in: Habersack, Mathias; Hommelhoff, Peter; Hüffer, Uwe; Schmidt, Karsten: Festschrift für Peter Ulmer, Berlin 2003, S. 399 - 418, zitiert: Martens, FS Ulmer
Merkt, Hanno	Die monistische Unternehmensverfassung für die Europäische Aktiengegesellschaft aus deutscher Sicht, in: ZGR 2003, S. 650 - 678, zitiert: Merkt, ZGR 2003
Mertens, Hans-Jürgen	Verpflichtung der Volkswagen AG einen Bericht gemäß § 312 AktG über ihre Beziehungen zum Land Niedersachsen zu erstatten, in: AG 1996, S. 241 – 249, zitiert: Mertens, AG 1996
Mestmäcker, Ernst-Joachim	Verwaltung, Konzerngewalt und Rechte der Aktionäre, Karlsruhe 1958, zitiert: Mestmäcker
Meyer, Justus; Ludwig, Sören	Aktienoptionen für Aufsichtsräte ade?, in: ZIP 2004, S. 940 - 945, zitiert: Meyer/Ludwig, ZIP 2004
Minuth, Thorsten	Führungssysteme der Europäischen Aktiengesellschaft (SE), Berlin 2005, zitiert: Minuth
Müller, Hans-Friedrich	Aufsichtsrat und anwaltliche Tätigkeit, in: NZG 2002, S. 797 - 802, zitiert: Müller, NZG 2002
Müller, Robert	Gesellschaftsvertrag und Synallagma, Zürich 1971, zitiert: Müller, Synallagma
Niehus, Rudolf J.	Turnusmäßiger Wechsel des Abschlussprüfers, in: DB 2003, S. 1637 - 1650, zitiert: Niehus, DB 2003
Nowak, Eric; Rott, Roland; Mahr, Till G.	Wer den Kodex nicht einhält, den bestraft der Kapitalmarkt?, in: ZGR 2005, S. 252 - 279, zitiert: Nowak/Rott/Mahr, ZGR 2005
ohne Autor	„Wie langfristig denken Hedgefonds?“, Kreditwesen 2005, S. 497, zitiert: Kreditwesen 2005

Oetker, Hartmut — Aufsichtsrat/Board: Aufgaben, Besetzung, Organisation, Entscheidungsfindung und Willensbildung - Rechtlicher Rahmen, in: Hommelhoff, Hopt, v. Werder (Hrsg.), Handbuch Corporate Governance, Köln 2003, S.261 - 284, zitiert: Oetker in: Handbuch Corporate Governance

OICV-IOSCO — Consultation Report, Board Independence of Listed Companies, November 2006; zitiert: IOSCO-Report

Paefgen, Walter — Struktur und Aufsichtsratsverfassung in der mitbestimmten AG, Berlin 1982, zitiert: Paefgen

Peltzer, Martin — Keine Aktienoptionen mehr für Aufsichtsräte, in: NZG 2004, S. 509 - 512, zitiert: Peltzer, NZG 2004

Peus, Egon A. — Der Aufsichtsratsvorsitzende, Köln 1983, zitiert: Peus

Prasse, Christian — Aktienrecht - Die Unzulässigkeit von Stock Options für Aufsichtsräte, in: MDR 2004, S. 792 - 794, zitiert: Prasse, MDR 2004

Quick, Reiner — Abschlussprüfung und Beratung - Zur Vereinbarkeit mit der Forderung nach Urteilsfreiheit, in: DBW 2002, S. 622 - 643, zitiert: Quick, DBW 2002

Rebmann, Kurt; Rixecker, Roland; Säcker, Franz-Jürgen — Münchener Kommentar zum Bürgerlichen Gesetzbuch, Band 4, §§ 611 - 704, 4. Auflage, München 2005, zitiert: Bearbeiter in: MünchKomm BGB

Reichert, Jochem; Brandes, Stephan M. — Mitbestimmung der Arbeitnehmer in der SE: Gestaltungsfreiheit und Bestandsschutz, in: ZGR 2003, S. 767 - 797, zitiert: Reichert/Brandes, ZGR 2003

Reichert, Jochem; Schlitt, Michael — Konkurrenzverbot für Aufsichtsratsmitglieder?, in: AG 1995, S. 241 - 254, zitiert: Reichert/Schlitt, AG 1995

Reichert, Jochem; Weller, Marc-Philippe — Haftung von Kontrollorganen, in: ZRP 2002, S. 49 - 56, zitiert: Reichert/Weller, ZRP 2002

Richardi, Reinhard; Wlotzke, Otfried (Hrsg.) — Münchener Handbuch zum Arbeitsrecht, Band 1, Individualarbeitsrecht I, 2. Auflage, München 2000, zitiert: Bearbeiter in: Münchener Hdb. ArbR Bd. 1

Richter, Stefan — Aktienoptionen für den Aufsichtsrat?, in: BB 2004, S. 949 - 956, zitiert: Richter, BB 2004

Ring, Harald — Trennung von gleichzeitiger Prüfung und Beratung - Ein geeigneter Weg zur Überwindung der aktuellen Vertrauenskrise?, in: Wpg 2002, S. 1345 - 1354, zitiert: Ring, Wpg 2002

Ringleb, Henrik-Michael; Kremer, Thomas; Lutter, Marcus; v. Werder, Axel — Kommentar zum Deutschen Corporate Governance Kodex, München 2003, zitiert: Bearbeiter in: Kodex-Kommentar

Röller, Wolfgang — Aufsichtsrat quo vadis?, in: AG 1994, S. 333 - 336, zitiert: Röller, AG 1994

Rosen, Rüdiger v. — Beruf: Aufsichtsrat, in: BB 2000, Heft 35, 1. Seite, zitiert: v. Rosen, BB 2000, Heft 35, 1. Seite

Rössler, Stefan — Das Audit Committee als Überwachungsinstrument des Aufsichtsrats, Landsberg/Lech 2001, zitiert: Rössler

Roth, Günther; Wörle, Ulrike — Die Unabhängigkeit des Aufsichtsrats - Recht und Wirklichkeit, in: ZGR 2004, S. 565 - 630, zitiert: Roth/Wörle, ZGR 2004

Säcker, Franz Jürgen — Aufsichtsratsausschüsse nach dem Mitbestimmungsgesetz 1976, Düsseldorf 1979, zitiert: Säcker

ders.	Rechtliche Anforderungen an die Qualifikation und Unabhängigkeit von Aufsichtsratsmitgliedern, in: AG 2004, S. 180 - 186, zitiert: Säcker, AG 2004
Saitz, Bernd; Braun, Frank	Das Kontroll- und Transparenzgesetz, Wiesbaden 1999, zitiert: Bearbeiter in: Saitz/Braun, KonTraG
Schäfer, Hans-Bernd; Ott, Claus	Lehrbuch der ökonomischen Analyse des Zivilrechts, 4. Auflage, Berlin 2005, zitiert: Schäfer/Ott
Scheffler, Eberhard	Der Aufsichtsrat - nützlich oder überflüssig?, in: ZGR 1993, S. 63 - 76, zitiert: Scheffler, ZGR 1993
ders.	Aufgaben und Zusammensetzung von Prüfungsausschüssen (Audit Committees), in: ZGR 2003, S. 236 - 263, zitiert: Scheffler, ZGR 2003
ders.	Zum Rollenverständnis der Aufsichtsräte, in: DB 2000, S. 433 - 437, zitiert: Scheffler, DB 2000
Schiessl, Maximilian	Deutsche Corporate Governance post Enron, in: AG 2002, S. 593 - 604, zitiert: Schiessl, AG 2002
ders.	Leitungs- und Kontrollstrukturen im internationalen Wettbewerb, in: ZHR 167 (2003), S. 235 - 256, zitiert: Schiessl, ZHR 167 (2003)
Schimansky, Herbert; Bunte, Hermann-Josef; Lwowski, Hans-Jürgen	Bankrechts-Handbuch (Bd. I - II), 3. Auflage, München 2071, zitiert: Bearbeiter in: Bankrechts-Handbuch
Schlegelberger, Franz; Quassowski, Leo	Aktiengesetz, 3. Auflage, Berlin 1939, zitiert: Schlegelberger/Quassowski
Schmidt, Karsten	Gesellschaftsrecht, 3. Auflage, Köln 1997, zitiert: Schmidt, GesR

Scholz, Franz — Kommentar zum GmbH-Gesetz, 9. Auflage, Köln 2000, zitiert: Bearbeiter in: Scholz, GmbHG

Schwalbach, Joachim — Effizienz des Aufsichtsrats, in: AG 2004, 186 - 190, zitiert: Schwalbach, AG 2004

Schwark, Eberhard — Corporate Governance: Vorstand und Aufsichtsrat, in: Hommelhoff/Lutter et al., Corporate Governance; Beihefte der Zeitschrift für das gesamte Handelsrecht und Wirtschaftsrecht 71 2002, S. 75 - 117, zitiert: Schwark, ZHR Beiheft 71

Seibert, Ulrich — Aktienrechtsreform in Permanenz?, in: AG 2002, S. 417 - 420, zitiert: Seibert, AG 2002

ders. — Der Deutsche Corporate Governance Kodex ist da, in: BB 2002, S. 581 - 583, zitiert: Seibert, BB 2002

Seibt, Christoph H. — Deutscher Corporate Governance Kodex und Entsprechens-Erklärung (§ 161 AktG), in: AG 2002, S. 249 - 259, zitiert: Seibt, AG 2002

Seidel, Wolfgang — Der Deutsche Corporate Governance Kodex - eine private oder doch eine staatliche Regelung?, in: ZIP 2004, S. 285 - 294, zitiert: Seidel, ZIP 2004

ders. — Kodex ohne Rechtsgrundlage, in: NZG 2004, S. 1095 - 1096, zitiert: Seidel, NZG 2004

Semler, Johannes — Leitung und Überwachung der Aktiengesellschaft, 2. Auflage, Köln 1996, zitiert: Semler, Leitung und Überwachung

ders. — Entscheidungen und Ermessen im Aktienrecht, in: Habersack, Mathias; Hommelhoff, Peter; Hüffer, Uwe; Schmidt, Karsten: Festschrift für Peter Ulmer, Berlin 2003, 627 - 642, zitiert: Semler, FS Ulmer

ders.	Rechtsvorgabe und Realität der Organzusammenarbeit in der Aktiengesellschaft, in: Schneider, Uwe H. u. a. (Hrsg.), Festschrift für Marcus Lutter, Köln 2000, S. 721 - 734, zitiert: Semler, FS Lutter
ders.	Doppelmandats-Verbund im Konzern - Sachgerechte Organisation oder rechtlich unzulässige Verflechtung? -, in: Lutter, Marcus u. a. (Hrsg.), Festschrift für Ernst C. Stiefel, München 1987, S. 719 - 762, zitiert: Semler, FS Stiefel
Semler, Johannes; Schenck, Kersten von	Arbeitshandbuch für Aufsichtsratsmitglieder, 2. Auflage, München 2004, zitiert: Bearbeiter in: Semler/v. Schenck
Semler, Johannes; Stengel, Arndt	Interessenkonflikte bei Aufsichtsratsmitgliedern von Aktiengesellschaften am Beispiel von Konflikten bei Übernahmen, in: NZG 2003, S. 1-8, zitiert: Semler/Stengel, NZG 2003
Servatius, Bernhard	Ordnungsgemäße Vorstandskontrolle und vorbereitende Personalauswahl durch den Aufsichtsratsvorsitzenden, in: AG 1995, S. 223 - 225, zitiert: Servatius, AG 1995
Stadler, Markus C.	Die Beratung des Vorstandes der Aktiengesellschaft durch den Aufsichtsrat, München 1998, zitiert: Stadler
Staudinger, Julius von	J. von Staudingers Kommentar zum Bürgerlichen Gesetzbuch, §§ 616 - 630, Neubearbeitung 2002, Berlin 2002, zitiert: Bearbeiter in: Staudinger BGB
Steinmann, Horst; Klaus, Hans	Zur Rolle des Aufsichtsrats als Kontrollorgan, in: AG 1987, S. 29 - 34, zitiert: Steinmann/Klaus, AG 1987
Streinz, Rudolf	EUV/EGV, München 2003, zitiert: Bearbeiter in: Streinz, EUV/EGV

Teichmann, Christoph	Gestaltungsfreiheit im monistischen Leitungssystem der Europäischen Aktiengesellschaft, in: BB 2004, S. 53 - 60, zitiert: Teichmann, BB 2004
Theisen, Manuel René	Grundsätze ordnungsgemäßer Kontrolle und Beratung der Geschäftsführung durch den Aufsichtsrat, in: AG 1995, S. 193 - 203, zitiert: Theisen, AG 1995
Theisen, Manuel René; Wenz, Martin (Hrsg.):	Die Europäische Aktiengesellschaft. Recht, Steuern und Betriebswirtschaft der Societas Europaea (SE). 2. Auflage, Brüssel 2005, zitiert: Theisen/Wenz
Ulmer, Peter	Der Deutsche Corporate Governance Kodex - ein neues Regulierungsinstrument für börsennotierte Aktiengesellschaften, in: ZHR 166 (2002), S. 150 - 181, zitiert: Ulmer, ZHR 166 (2002)
ders.	Aufsichtsratsmandat und Interessenkollision, in: NJW 1980, S. 1603 - 1607, zitiert: Ulmer, NJW 1980
ders.	Aktienrecht im Wandel, in: AcP (202) 2002, S. 143 - 178, zitiert: Ulmer, AcP (202) 2002
Vetter, Eberhard	Update des Deutschen Corporate Governance Kodex, in: BB 2005, S. 1689 - 1695, zitiert: Vetter, BB 2005
Volhard, Rüdiger; Weber, Dolf	Abschlussprüfung und Interessenkonflikte, in: Habersack, Mathias; Hommelhoff, Peter; Hüffer, Uwe; Schmidt, Karsten: Festschrift für Peter Ulmer, Berlin 2003, S. 865 - 887, zitiert: Volhard/Weber, FS Ulmer
Voormann, Volker	Der Beirat im Gesellschaftsrecht, 2. Auflage, Köln 1990, zitiert: Voormann
Wälzholz, Eckhard	Besonderheiten der Satzungsgestaltung bei der Familien-AG (Teil I und II), in: DStR 2004, S. 779 - 781, 819 - 822, zitiert: Wälzholz, DStR 2004

Wardenbach, Frank — Interessenkonflikte und mangelnde Sachkunde als Bestellungshindernisse zum Aufsichtsrat der AG, Köln 1996, zitiert: Wardenbach

Wellkamp, Ludger — Aufsichtsrat und Board-Modell - Auf dem Weg zu einer einheitlichen Unternehmensverfassung?, in: INF 1995, S. 561 - 565, zitiert: Wellkamp, INF 1995

Werder, Axel von; Talaulicar, Till; Kolat, Georg L. — Kodex Report 2003: Die Akzeptanz der Empfehlungen des Deutschen Corporate Governance Kodex, in: DB 2003, S. 1857 - 1863, zitiert: v. Werder/Talaulicar/Kolat

Wiedemann, Herbert — Gesellschaftsrecht, Bd. 1, Grundlagen, München 1980, zitiert: Wiedemann, GesR Bd. 1

Wilsing, Hans-Ulrich — Der Regierungsentwurf des Gesetzes zur Unternehmensintegrität und Modernisierung des Anfechtungsrechts, in: DB 2005, S. 35 - 40, zitiert: Wilsing, DB 2005

Windbichler, Christine — Zur Trennung von Geschäftsführung und Kontrolle bei amerikanischen Großgesellschaften, in: ZGR 1985, S. 50 - 73, zitiert: Windbichler, ZGR 1985

Witte, Jürgen; Bultmann, Britta — Unternehmensrating - Rechtsschutz und legislativer Handlungsbedarf, in: Achleitner, Ann-Christin; Everling, Oliver (Hrsg.), Rechtsfragen im Rating, München 2005, S. 89 - 118, zitiert: Witte/Bultmann in: Rechtsfragen im Rating

Wöhe, Günter; Döring, Ulrich — Einführung in die allgemeine Betriebswirtschaftslehre, 22. Auflage, München 2005, zitiert: Wöhe/Döring

Ziemons, Hildegard — Erteilung des Prüfungsauftrags an den Abschlussprüfer einer Aktiengesellschaft durch einen Aufsichtsratsausschuss?, in: DB 2000, S. 77 - 81, zitiert: Ziemons, DB 2000

Zimmermann, Gebhard; Wortmann, André	Der Shareholder-Value-Ansatz als Institution zur Kontrolle der Führung von Publikumsgesellschaften, in: DB 2001, S. 289 - 294, zitiert: Zimmermann/Wortmann, DB 2001
Zöllner, Wolfgang (Hrsg.)	Kölner Kommentar zum Aktiengesetz, Band 2, §§ 76 - 117 AktG, 2. Auflage, Köln 1996, zitiert: Bearbeiter in: Kölner Kommentar AktG
Zöllner, Wolfgang; Noack, Ulrich (Hrsg.)	Kölner Kommentar zum Aktiengesetz, Band 6, §§ 15 - 22 AktG, 3. Auflage, Köln 2004, zitiert: Bearbeiter in: Kölner Kommentar AktG
Zweigert, Konrad; Kötz, Hein	Einführung in die Rechtsvergleichung auf dem Gebiete des Privatrechts, 3. Auflage, Tübingen 1996, zitiert: Zweigert/Kötz

Zitierte Tagespresse:

- FAZ, 20.12.2006, S. 11, Vorstände sollen nicht mehr in Aufsichtsrat wechseln
- www.handelsblatt.com, 19.09.2006, Ahold-Bilanzskandal: Ex-Manager bekennt sich schuldig
- Handelsblatt, 21.08.2006, S. 11, Bezahlung gut, Leistung unklar
- FAZ, 12.06.2006, S. 20, Lanfermann, Georg; Maul, Silja: Prüfungsausschüsse werden zum Mindeststandard
- FAZ, 26.05.2006, S. 11, Schuldsprüche im Enron-Prozess
- FAZ, 21.04.2006, S. 14, Ferdinand Piech hat hoch gepokert
- www.handelsblatt.com, 05.04.2006, Ahold: Einfach zu perfekt
- Handelsblatt, 03.01.2006, S. 1, Konzerne umgehen Cromme-Kodex
- FAZ, 30.12.2005, S. C 7, Viel Lärm um schreckliche Hüpfer
- www.handelsblatt.com, 29.09.2005, Parmalat Chronik: Die größte Bilanzaffäre Europas
- FAZ, 17.05.2005, S. 13, Spuk der guten Aktionäre
- FAZ, 11.05.2005, Das Gesetz behandelt Hedgefonds wie jeden anderen Investor
- FAZ, 25.01.2005, S. 16, Franz Josef Dazert 80 Jahre
- FAZ, 27.06.2003, S. 19, Parkettgespräch: Der intelligente Investor
- FAZ, 29.04.2002, S. 25, Müller, Herbert; Pfitzer, Norbert: Neue Rahmenbedingungen für die Wirtschaftsprüfung
- FAZ, 07.09.1999, S. 30, Viele haben das Desaster kommen gesehen
- Die Zeit, 04.04.1997, S. 17, Machtverlust
- FAZ, 06.12.1994, S. 22, In den Grundfesten erschüttert, mit zahlreichen Widersachern im Streit

Zitierte Europäische Rechtsakte

- Richtlinie 2006/46/EG des Europäischen Parlaments und des Rates vom 14. Juni 2006 zur Änderung der Richtlinien des Rates 78/660/EWG über den Jahresabschluss von Gesellschaften bestimmter Rechtsformen, 83/349/EWG über den konsolidierten Abschluss, 86/635/EWG über den Jahresabschluss und den konsolidierten Abschluss von Banken und anderen Finanzinstituten und 91/674/EWG über den Jahresabschluss und den konsolidierten Abschluss von Versicherungsunternehmen, ABl. L 224 vom 18.6.2006, S. 1 - 7

- Richtlinie 2006/43/EG des Europäischen Parlaments und des Rates vom 17. Mai 2006 über Abschlussprüfungen von Jahresabschlüssen und konsolidierten Abschlüssen, zur Änderung der Richtlinien 78/660/EWG und 83/349/EWG des Rates und zur Aufhebung der Richtlinie 84/253/EWG des Rates, ABl. L 157 vom 9.6.2006, S. 87 - 107

- EG: Empfehlung der Kommission vom 15. Februar 2005 zu den Aufgaben von nicht geschäftsführenden Direktoren/Aufsichtsratsmitgliedern/börsennotierter Gesellschaften sowie zu den Ausschüssen des Verwaltungs-/Aufsichtsrats, ABl. L 52 vom 25.2.2005, S. 51 – 63 (Empfehlung 2005/162/EG)

- 2004/913/EG: Empfehlung der Kommission vom 14. Dezember 2004 zur Einführung einer angemessenen Regelung für die Vergütung von Mitgliedern der Unternehmensleitung börsennotierter Gesellschaften, ABl. L 385 vom 29.12.2004, S. 55 - 59

- Berichtigung der Verordnung (EG) Nr. 809/2004 der Kommission vom 29. April 2004 zur Umsetzung der Richtlinie 2003/71/EG des Europäischen Parlaments und des Rates betreffend die in Prospekten enthaltenen Angaben sowie die Aufmachung, die Aufnahme von Angaben mittels Verweis und die Veröffentlichung solcher Prospekte und die Verbreitung von Werbung (ABl. L 149 vom 30.4.2004), ABl. L 186 vom 18.7.2005, S. 3 - 104

- Richtlinie 2004/39/EG des Europäischen Parlaments und des Rates vom 21. April 2004 über Märkte für Finanzinstrumente, zur Änderung der Richtlinien 85/611/EWG und 93/6/EWG des Rates und der Richtlinie 2000/12/EG des Europäischen Parlaments und des Rates und zur Aufhebung der Richtlinie 93/22/EWG des Rates, ABl. L 145 vom 30.4.2004, S. 1 – 44

- Siebente Richtlinie 83/349/EWG des Rates vom 13. Juni 1983 aufgrund von Artikel 54 Abs. 3 Buchstabe g) des Vertrages über den konsolidierten Abschluß (Konzernrechnungslegungsrichtlinie), ABl. L 193 vom 18.7.1983, S. 1 - 17, zuletzt geändert durch Richtlinie 2003/51/EG des Europäischen Parlaments und des Rates [...], ABl. L 178 vom 17.7.2003, S. 16 - 22
- Mitteilung der Kommission an den Rat und das Europäische Parlament, Modernisierung des Gesellschaftsrechts und Verbesserung der Corporate Governance in der Europäischen Union - Aktionsplan, KOM(2003) 284 endgültig.
- Report of The High Level Group of Company Law Experts on a modern regulatory Framework for company law in Europe, Brüssel, 4. November 2002
- Empfehlung der EU-Kommission vom 16. Mai 2002 - Unabhängigkeit des Abschlussprüfers in der EU - Grundprinzipien", ABl. L 191 vom 19.7.2002, S. 22 - 57
- Empfehlung der Kommission vom 16. Mai 2002, Unabhängigkeit des Abschlussprüfers in der EU - Grundprinzipien (Bekannt gegeben unter Aktenzeichen K (2002) 1873) (Text von Bedeutung für den EWR (2002/590/EG)), ABl. L 191 vom 19.7.2002, S. 22 - 57
- Mitteilung der Kommission, Vorschläge die von der Kommission zurückgezogen werden, Überholte Vorschläge, 21.12.2001, KOM(2001)763 endgültig/2
- Richtlinie 2001/86/EG des Rates vom 8. Oktober 2001 zur Ergänzung des Statuts der Europäischen Gesellschaft hinsichtlich der Beteiligung der Arbeitnehmer, ABl. L 294 vom 10.11.2001, S. 22 - 32
- Richtlinie 2000/12/EG des Europäischen Parlaments und des Rates vom 20. März 2000 über die Aufnahme und Ausübung der Tätigkeit der Kreditinstitute, ABl. L 126 vom 26.5.2000, S. 1 - 59
- Richtlinie 91/674/EWG des Rates vom 19. Dezember 1991 über den Jahresabschluß und den konsolidierten Abschluß von Versicherungsunternehmen, ABl. L 374 vom 31.12.1991, S. 7 - 31
- Richtlinie 85/611/EWG des Rates vom 20. Dezember 1985 zur Koordinierung der Rechts- und Verwaltungsvorschriften betreffend bestimmte Organismen für gemeinsame Anlagen in Wertpapieren (OGAW), ABl. L 375 vom 31.12.1985, S. 3 - 18

- Vorschlag einer fünften Richtlinie zur Koordinierung der Schutzbestimmungen, die in den Mitgliedstaaten den Gesellschaften im Sinne des Artikels 58 Absatz 2 des Vertrages im Interesse der Gesellschafter sowie Dritter hinsichtlich der Struktur der Aktiengesellschaft sowie der Befugnisse und Verpflichtungen ihrer Organe vorgeschrieben sind, ABl. C 131 v. 13.12.1972, S. 49, (Strukturrichtlinie), zurückgezogen durch: KOM(2001)763 endgültig/2, DG Markt, Bii.

Kolibri 360 GmbH
Ferdinand-Jühlke-Straße 7
99095 Erfurt, Deutschland
produktsicherheit@kolibri360.de

Druck:
CPI Druckdienstleistungen GmbH
im Auftrag der
Kolibri 360 GmbH
Ferdinand-Jühlke-Str. 7
99095 Erfurt